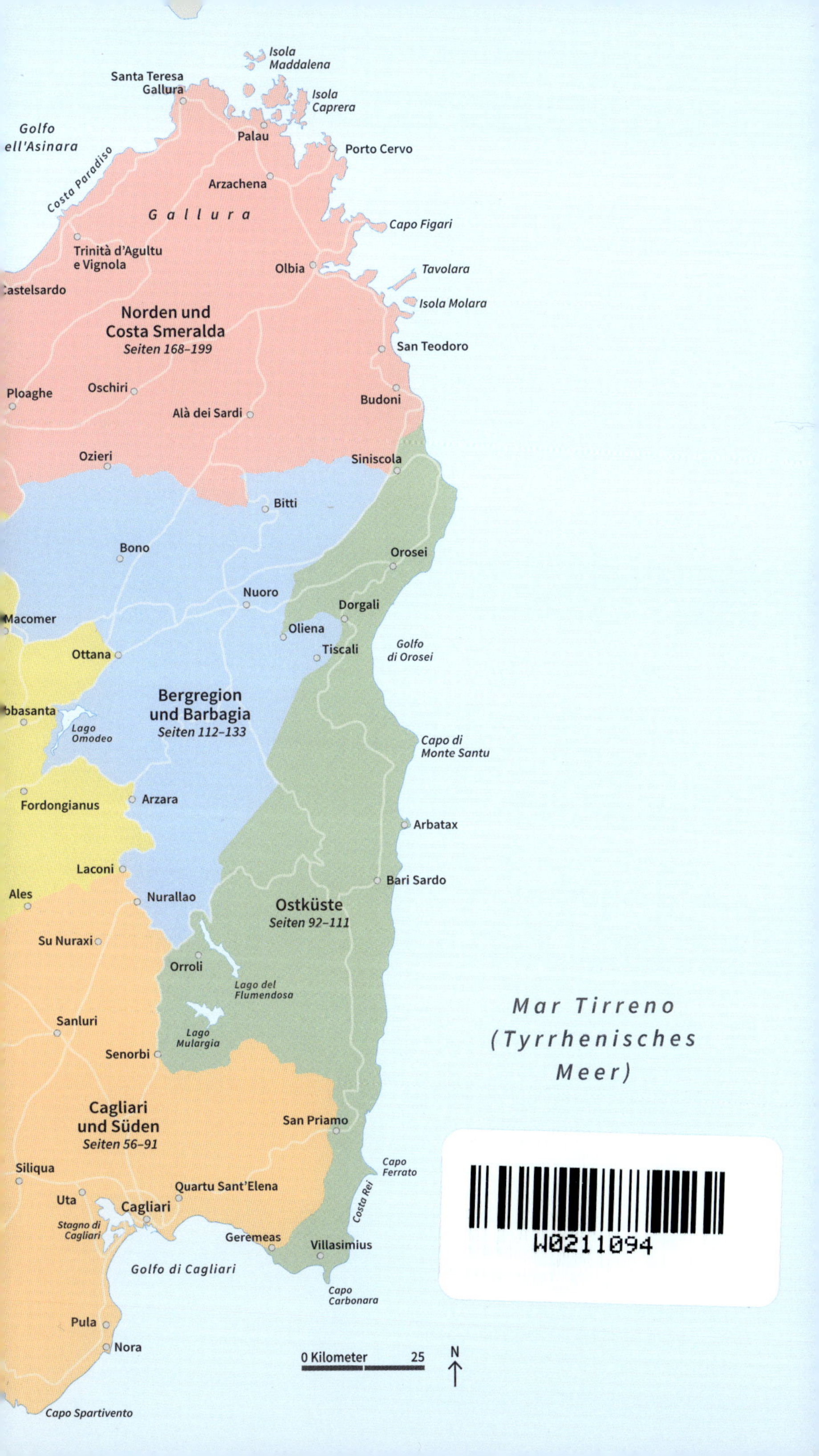
Isola Maddalena
Santa Teresa Gallura
Isola Caprera
Golfo ell'Asinara
Palau
Porto Cervo
Costa Paradiso
Arzachena
G a l l u r a
Capo Figari
Trinità d'Agultu e Vignola
Olbia
Tavolara
astelsardo
Isola Molara
Norden und Costa Smeralda
Seiten 168–199
San Teodoro
Ploaghe
Oschiri
Alà dei Sardi
Budoni
Ozieri
Siniscola
Bitti
Bono
Orosei
Nuoro
Dorgali
Macomer
Oliena
Tiscali
Golfo di Orosei
Ottana
Bergregion und Barbagia
Seiten 112–133
bbasanta
Lago Omodeo
Capo di Monte Santu
Arzara
Fordongianus
Arbatax
Laconi
Bari Sardo
Ales
Nurallao
Ostküste
Seiten 92–111
Su Nuraxi
Orroli
Lago del Flumendosa
Mar Tirreno (Tyrrhenisches Meer)
Lago Mulargia
Sanluri
Senorbi
Cagliari und Süden
Seiten 56–91
San Priamo
Capo Ferrato
Siliqua
Quartu Sant'Elena
Costa Rei
Uta
Cagliari
Stagno di Cagliari
Geremeas
Villasimius
Golfo di Cagliari
Capo Carbonara
Pula
Nora
0 Kilometer 25
N
Capo Spartivento

INSPIRIEREN / PLANEN / ENTDECKEN / ERLEBEN

SARDINIEN

DK Vis-à-Vis

SARDINIEN

INHALT

SARDINIEN ENTDECKEN 6

Willkommen auf Sardinien **8**
Liebenswertes Sardinien **10**
Sardinien auf der Karte **14**
Die Regionen Sardiniens **16**
Erkundungstouren **20**
Sardiniens Themen **26**
Das Jahr auf Sardinien **46**
Kurze Geschichte **48**

SARDINIEN ERLEBEN 54

Cagliari und Süden **56**
Ostküste **92**
Bergregion und Barbagia **112**
Westküste **134**
Norden und Costa Smeralda **168**

REISE-INFOS 200

Reiseplanung **202**
Auf Sardinien unterwegs **204**
Praktische Hinweise **208**
Register **210**
Sprachführer **218**
Danksagung, Bildnachweis und Impressum **222**

Links: *Festa di Sant'Efisio in Cagliari* (siehe S. 60–67)
Vorhergehende Doppelseite: *Bosa – überragt von seiner Burgruine* (siehe S. 148–151)
Umschlag: *Strand von Capriccioli an der Costa Smeralda* (siehe S. 168–199)

SARDINIEN
ENTDECKEN

Der malerische Bergort Jerzu

Willkommen auf Sardinien 8

Liebenswertes Sardinien 10

Sardinien auf der Karte 14

Die Regionen Sardiniens 16

Erkundungstouren 20

Sardiniens Themen 26

Das Jahr auf Sardinien 46

Kurze Geschichte 48

WILLKOMMEN AUF SARDINIEN

Wilde unerschlossene Küsten mit weichen Sandstränden und türkis glitzernden Buchten. Geheimnisvolle prähistorische Bauwerke und eindrucksvolle mittelalterliche Städte. Ausgelassene Feste mit uralten Traditionen, köstlichem Essen und süffigen Weinen. Dies alles hat Sardinien zu bieten – und noch viel mehr. Stellen Sie sich einfach Ihre ganz persönliche Traumreise zusammen!

1 *Mediterran: Fassaden im mittelalterlichen Bosa*

2 *Bunt: Frauen in traditioneller Tracht auf der Festa di Sant'Efisio*

3 *Im Freien: Café in Olbia*

4 *Traumküste: goldbrauner Sandstrand bei Muravera*

An Sardiniens Küsten sind in den vergangenen Jahrtausenden immer wieder Einwanderer und Eroberer gelandet. Geprägt von unterschiedlichsten kulturellen Einflüssen, fasziniert die Mittelmeerinsel heute mit ihrer Mischung von Baustilen, Traditionen und Küchen. Von ihrer langen Geschichte zeugen die prähistorischen Nuraghen ebenso wie die Bräuche auf den fröhlichen Dorffesten.

Die vom Wind geformten Landschaften Sardiniens haben aber auch Naturschätze zu bieten. Jenseits der Küste mit ihren idyllischen Stränden und fantastischen Felsformationen wie am Capo Testa stößt man im gebirgigen Landesinneren auf Herden von Wildpferden und auf duftende Macchia.

Beeindruckend sind auch die Zentren der Insel, die Hauptstadt Cagliari mit ihren exzellenten Museen und Restaurants sowie malerische, mittelalterliche Ortschaften wie Alghero und Bosa. Traditionen spielen noch immer eine große Rolle in abgelegenen Regionen, wo in Berchidda, Gavoi und anderen Hirtendörfern würziger Käse und aromatischer Wein produziert werden.

Auf Sardinien gibt es überwältigend viel zu entdecken. Die Regionen der Insel stellen wir Ihnen in einzelnen Kapiteln vor – samt Experten- und Entdeckertipps. Praktische Infos, detaillierte Karten und genau beschriebene Touren helfen Ihnen beim Aufenthalt vor Ort. Viel Spaß auf Sardinien!

LIEBENSWERTES SARDINIEN

An einsamen Stränden tiefenentspannen. Auf aufregenden Bergwanderungen Wildpferde und prähistorische Bauten entdecken. In hübschen Dörfern Wein und frischen Fisch genießen. In Sardinien kann man sich leicht verlieben.

1 Malerische Straßen

Wie aus der Sportwagenwerbung: Sardiniens Überlandstraßen schlängeln sich um eindrucksvolle Berggipfel, an herrlichen Küsten entlang und durch bewaldete Täler.

2 La-Maddalena-Archipel

In den Buchten des La-Maddalena-Archipels *(siehe S. 172–177)* plätschert das Meer in allen Türkisschattierungen zwischen erodierten Felsen an weiße Sandstrände.

3 Traditionsreiche Feste

Sardiniens Veranstaltungskalender ist das ganze Jahr über voller traditioneller Feste, die mit bunten Trachten, Musik, köstlichem Essen und Wein Genuss für alle Sinne bieten.

Bosas pastellfarbene Häuser 4

Unterhalb der Ruinen einer Burg aus dem 12. Jahrhundert leuchten in Bosa *(siehe S. 148–151)* die Pastellfarben der Häuserreihen bei Sonnenuntergang auf.

Hervorragende Weine 5

Auf Sardinien wird seit Urzeiten exzellenter Wein gekeltert und getrunken. Die Hundertjährigen der Insel führen ihre Langlebigkeit auf den roten Cannonau zurück.

Frischer Fisch und Meeresfrüchte 6

Sardinien ist perfekt für Fans von frischem Seafood. Die Auswahl reicht von gegrillten Tunfischsteaks auf San Pietro *(siehe S. 74f)* bis zu Safran-Garnelen in Oristano *(siehe S. 154f)*.

Artenreiche Tierwelt 7

Von den Wildpferden der Giara di Gesturi *(siehe S. 91)* bis zu den Flamingos, die im Marschland bei Cagliari *(siehe S. 65)* nisten – Sardiniens Tierwelt ist faszinierend.

Versteckte Buchten 8

Auf Bootsfahrten entlang Sardiniens wilden Küsten findet jeder sein versteckt liegendes Robinson-Idyll an einem der vielen abgeschiedenen Strände der Insel.

9 Duftende Macchia

Der aromatische Duft der Macchia ist ein sinnlicher Genuss und im Parco Nazionale dell'Asinara *(siehe S. 157)* und an den Piscinas-Dünen *(siehe S. 72f)* besonders intensiv.

10 Wandern in der Codula di Luna

Uralte Wege schlängeln sich durch dieses zerklüftete Tal. Unterwegs sieht man Schäfer, die ihre Herden in der sonnenverbrannten Landschaft hüten *(siehe S. 98f)*.

Das Beste vom Schaf: Pecorino *11*

Sardiniens bekanntester Käse schmeckt gereift als pikante Raviolifüllung ebenso wie als junger Frischkäse zusammen mit Honig und Zitrone in *seadas* (frittierten Teigtaschen).

Uralte historische Stätten *12*

Von der jahrtausendealten Geschichte der Insel erzählen Nuraghen-Siedlungen *(siehe S. 70f)* sowie phönizische und römische Städte wie Nora *(siehe S. 90f)* und Tharros *(siehe S. 152f)*.

SARDINIEN
AUF DER KARTE

Für diesen Reiseführer wurde Sardinien in fünf Regionen unterteilt: Cagliari und Süden, Ostküste, Bergregion und Barbagia, Westküste sowie Norden und Costa Smeralda. Jede Region hat eine eigene Farbe, wie auf der Karte zu sehen.

Isola Maddalena
Santa Teresa Gallura
Isola Caprera
Golfo dell'Asinara
Palau
Porto Cervo
Costa Paradiso
Arzachena
Gallura
Capo Figari
Trinità d'Agultu e Vignola
Olbia
Tavolara
Castelsardo
Isola Molara
Norden und Costa Smeralda
Seiten 168–199
San Teodoro
Ploaghe
Oschiri
Budoni
Alà dei Sardi
Ozieri
Siniscola
Bitti
Goceano
Orosei
Bono
Nuoro
Dorgali
Macomer
Oliena
Tiscali
Golfo di Orosei
Ottana
Bergregion und Barbagia
Seiten 112–133
Abbasanta
Lago Omodeo
Capo di Monte Santu
Fordongianus
Arzara
Arbatax
Laconi
Ostküste
Seiten 92–111
Bari Sardo
Ales
Nurallao
Mar Tirreno (Tyrrhenisches Meer)
Su Nuraxi
Orroli
Lago del Flumendosa
Lago Mulargia
Sanluri
Senorbì
Sarrabus
Cagliari und Süden
Seiten 56–91
San Priamo
Capo Ferrato
Siliqua
Quartu Sant'Elena
Uta
Costa Rei
Cagliari
Stagno di Cagliari
Geremeas
Villasimius
Golfo di Cagliari
Capo Carbonara
Pula
Nora
0 Kilometer 25
N
Capo Spartivento

DIE REGIONEN SARDINIENS

Sardinien ist berühmt für seine Strände, die Insel bietet aber auch dichte Eichenwälder und Täler mit Weingärten sowie im Inneren weitläufige Hochebenen, tiefe Schluchten und Granitgebirge. Dazwischen liegen Dörfer und Städte, die größten in der Regel nahe der Küste.

Seiten 56 – 91

Cagliari und Süden

Sardiniens Hauptstadt liegt im Süden, der im Vergleich zum Norden dünner besiedelt ist. Cagliaris elegante Architektur verströmt lässigen Charme, seine Museen bieten eine faszinierende Einführung in die Geschichte der Insel – die man zudem ganz handfest an der prähistorischen Stätte Su Nuraxi und in der Römerstadt Nora erkunden kann. An der Costa Verde nisten Flamingos in Lagunen, die von Sanddünen und blühender Macchia umgeben sind. Sonnenhungrige kommen an den Traumstränden der Baia Chia und der Insel San Pietro auf ihre Kosten.

Entdecken
Dünen, archäologische Stätten, Museen, Restaurants

Sehenswert
Cagliari, Su Nuraxi, Iglesias, San Pietro, Piscinas-Dünen

Genießen
Einen Spaziergang durch das mittelalterliche Viertel Castello in Cagliari samt frischer Fischküche in einem traditionellen Ristorante

Seiten 92–111

Ostküste

Ausgedehntes Weideland und felsige Berge prägen den abgeschiedenen Osten, wo man in den Bauerndörfern das authentische Sardinien entdeckt. Viele Gebiete der Region sind bis heute relativ isoliert – und äußerst lohnende Ziele. An der fast unzugänglichen Küste am Golfo di Orosei reihen sich abgeschiedene Höhlen und Buchten, einige sind wie die Cala Luna nur mit dem Boot oder zu Fuß erreichbar. Der Nationalpark Gennargentu ist ein wildes Mekka für Wanderer, die mit etwas Glück hoch am Himmel Steinadler und auf zerklüfteten Gipfeln Mufflons erspähen.

Entdecken
Einsame Buchten, Höhlen, Bergwanderwege

Sehenswert
Nationalpark Gennargentu, Codula di Luna

Genießen
Eine Fahrt entlang malerischer Berge mit dem kleinen grünen Touristenzug Trenino Verde – mit fantastischer Aussicht

→

Seiten 112–133

Bergregion und Barbagia

Im gebirgigen Herzen von Sardinien führen Schäferpfade über zerklüftete Berge, wo sich uralte Dörfer hoch über steilen Tälern an die Felsen pressen. Die Bewohner dieser abgeschiedenen Region haben viele Elemente des traditionellen sardischen Lebensstils beibehalten, nicht zuletzt ihre farbenfrohen eindrucksvollen Feste. Hinreißend ist auch die an Attraktionen reiche Landschaft, in der die Nuraghen-Siedlung am Monte Tiscali den Forschern noch Rätsel aufgibt und schöne Wanderwege durch schattige Wälder führen.

Entdecken
Rotwein, Pecorino, Feste

Sehenswert
Nuoro, Tiscali

Genießen
Die Stimmung und die Kostüme beim Karnevalsumzug in Mamoiada

Seiten 134–167

Westküste

Die archäologische Stätte Tharros bezeugt eindrucksvoll, wie sehr die Naturhäfen und das fruchtbare Land dieser windigen Region schon in der Antike Handelsschiffe anlockten. Schöne Fotomotive sind die mittelalterlichen Städte Bosa und Alghero, wo man sich köstlichen Hummer schmecken lassen kann. Nicht minder malerisch präsentieren sich Capo Caccia mit seinen stimmungsvollen Höhlen und unterirdischen Seen, die idyllischen Strände der Halbinsel Sinis und die Weingärten rund um Oristano, der hübschen Hauptstadt der Vernaccia-Weinbauregion.

Entdecken
Meeresfrüchte, Höhlen, antike Ruinen, Weißwein

Sehenswert
Alghero, Capo Caccia, Bosa, Tharros, Oristano

Genießen
Einen Spaziergang durch die faszinierenden Tempelruinen der antiken phönizisch-römischen Stadt Tharros

Seiten 168–199

Norden und Costa Smeralda

An der Costa Smeralda zeigt Sardinien seine Postkarten-Seite: Felsküste, glitzerndes türkisblaues Meer und Traumstrände mit weißem Sand. Nicht weiter erstaunlich, dass die hiesigen Seebäder in der Gunst der Urlauber ganz oben stehen. Doch man findet auch Ruhe auf den unberührten Inseln des La-Maddalena-Archipels kurz vor Korsika und in den windigen Tälern im Landesinneren, wo es eine ganze Reihe von großartigen romanischen Kirchen zu entdecken gibt.

Entdecken
Strände, Inseln, feine Küche, mittelalterliche Kirchen

Sehenswert
La-Maddalena-Archipel, Santissima Trinità di Saccargia, Sassari

Genießen
Eine Bootsfahrt zu den traumhaften Inseln und Stränden des La-Maddalena-Archipels

←

1 Dächerlandschaft: Blick über Cagliaris Altstadt

2 Feierlich: Interieur der Kathedrale von Cagliari

3 Abendruhe: Spaziergang am Strand Poetto

4 Südfrüchte: Stand im Mercato Civico di San Benedetto

2 TAGE
in Cagliari

Tag 1

Vormittags Die meisten von Cagliaris zahlreichen Sehenswürdigkeiten liegen in der stimmungsvollen Altstadt. Am besten beginnt man den Tag im gut erhaltenen mittelalterlichen Castello-Viertel mit einem Frühstück vom Mercato Civico di San Benedetto. In der weitläufigen Markthalle kann man sich mit frischem Brot, Gebäck, Obst, Käse und mehr eindecken. Danach besichtigen Sie die schöne, im pisanischen Stil gestaltete Kathedrale *(siehe S. 61)* aus dem 13. Jahrhundert und spazieren im Anschluss durch das imposante Tor am anderen Ende der Piazza Palazzo zur Cittadella dei Musei *(siehe S. 62)*. Der Museumskomplex besitzt eine großartige Sammlung archäologischer Funde sowie asiatischer und Renaissance-Kunst.

Nachmittags Im Caffè Libarium Nostrum (Via Santa Croce 35) lassen Sie sich mittags Pizza oder Pasta schmecken. Ausgeruht und gestärkt steigen Sie anschließend auf einen der mittelalterlichen Verteidigungstürme der Stadtmauer – entweder auf die Torre di San Pancrazio (derzeit wegen Renovierung geschlossen) oder die Torre dell'Elefante. Von dort können Sie den großartigen Panoramablick über die Stadt bis zum Meer genießen.

Abends Bummeln Sie weiter zur Bastione San Remy *(siehe S. 60f)*, wo der weite Blick über den Hafen und Cagliaris Marschen und Salzpfannen vor allem bei Sonnenuntergang schlicht umwerfend ist. Die breite Promenade aus dem 19. Jahrhundert wird von eleganten Bars gesäumt, in denen Sie den Abend bei Cocktails oder anderen Drinks ausklingen lassen können.

Tag 2

Vormittags Am Corso Vittorio Emanuelle II frühstücken Sie in einem der Cafés typisch sardisch mit Kaffee und Hörnchen. Gestärkt spazieren Sie zum grünen Orto Botanico *(siehe S. 63)*, wo Sie zwischen heimischen und exotischen Pflanzen Grotten und römische Relikte erspähen. Gleich oberhalb dieser schattigen Oase stehen die Ruinen des Amphitheaters *(siehe S. 60)*. Die riesige Arena war einst Schauplatz großer Spektakel. Von dort führt ein kurzer Weg über den Hügel zur Galleria Comunale d'Arte *(siehe S. 63)*, in der eine exzellente Sammlung moderner sardischer Kunst auf Ihre Neugier wartet.

Nachmittags Weiter geht es ins moderne Viertel Villanova, wo das EXMA *(siehe S. 65)* – ein Kunstzentrum in einem alten Schlachthaus – Ausstellungen präsentiert. Ganz in der Nähe liegt das moderne Mood (Via San Lucifero 63), geeignet für ein leichtes Mittagessen. Nach einem kurzen Spaziergang Richtung Westen erreichen Sie eine der ältesten Kirchen Sardiniens, San Saturnino *(siehe S. 65)* aus dem 5. Jahrhundert. In dem Bauwerk, das im Zweiten Weltkrieg von Bomben beschädigt wurde, sind noch römische Relikte zu sehen. Dann spazieren Sie zur Via Dante Alighieri und nehmen den Bus zum Strand Poetto *(siehe S. 64)*. Am sieben Kilometer langen Sandstrand steigen Sie dort aus, wo es Ihnen am besten gefällt.

Abends Erfrischt vom Schwimmen im Meer genießen Sie auf der schönen Strandterrasse des Frontemare (Viale Lungomare del Golfo) köstliche Meeresfrüchte. Nach einem Aperol Spritz oder auch zwei spazieren Sie im weichen Sand am Strand entlang – in den südsardischen Sonnenuntergang.

1

3

2

4

7 TAGE
im Norden Sardiniens

Tag 1
Von Olbia fahren Sie gen Norden nach Porto Rotondo *(siehe S. 186)* an der Costa Smeralda. Nach einer Strandpause an der schönen Spiaggia del Principe folgen Sie der Küstenstraße bis ins schicke Porto Cervo *(siehe S. 189)*. Weiter geht die Fahrt nach Arzachena *(siehe S. 190)*, unterwegs essen Sie im Restaurant La Rocca da Chiara (www.ristorantelarocca-bajasardinia.com) zu Mittag. Nach dem Besuch des Archäologieparks in Arzachena lassen Sie den Tag an der Küste in Palau *(siehe S. 188)* ausklingen.

Tag 2
Setzen Sie früh mit der Fähre nach La Maddalena über, der Hauptinsel des La-Maddalena-Archipels *(siehe S. 172–175)*. Dort bummeln Sie durch das hübsche Hafenviertel und brunchen bei Zi Antò *(siehe S. 172)*. Nach einem langen Bootsausflug zu den umliegenden Inseln fahren Sie zurück nach Palau und essen abends am Strand im Ristorante Faro (www.ristorantefaropalau.com).

Tag 3
Die Route führt weiter an Sardiniens Nordwestküste, mittags schmecken im ruhigen Küstenort Isola Rossa *(siehe S. 197)* Grillfisch und Muscheln in der Bar Ristorante Il Cormorano (Spiaggia la Marinedda). Von dort fahren Sie nach Castelsardo *(siehe S. 196f)*, wo Sie durch steile Gassen zu hübschen Kirchen und zur alten Burg spazieren und durch die Korbwarenläden bummeln. Abends essen Sie romantisch im Ristorante L'Incantu (www.ristoranteincantu.it).

Tag 4
Nach kurzer Fahrt landeinwärts erreichen Sie Sassari, Sardiniens zweitgrößte Stadt *(siehe S. 180–185)*. Dort essen Sie Pizza im Il Quirinale *(siehe S. 185)* und besichtigen den Duomo mit der prächtigen Fassade. Nach einem Eis in der Gelateria Bosisio Passione Bio (Via Camillo Cavour 26) spazieren Sie erfrischt über die Piazza d'Italia zum Museo Nazionale und seiner Sammlung mit Nuraghen- und römischen Artefakten. Erholung

5

1 *Klein, aber fein: der Hafen von Porto Rotondo* ↑

2 *Umgeben von Macchia: die Spiaggia del Principe*

3 *Türkisfarbenes Meer: am Strand La Pelosa bei Sassari*

4 *Prähistorische Überbleibsel: Nuraghe Palmavera*

5 *Alles in Pastell: Häuser in Bosa*

bietet der hübsche Strand La Pelosa nördlich von Stintino *(siehe S. 157)*. Den Abend verbringen Sie in Sassari.

Tag 5

Nach kurzer Fahrt erreichen Sie im Südwesten die Hafenstadt Alghero *(siehe S. 138–145)*, wo Sie die Stadtmauer, Schmuckläden und den Dom erkunden. Nach dem Mittagessen im La Piadina del Pozzo *(siehe S. 139)* fahren Sie zu den Sandstränden im Norden und zur Nuraghe Palmavera. Bei gutem Wetter unternehmen Sie einen Bootsausflug zur Grotta di Nettuno am Capo Caccia *(siehe S. 146f)*. Zurück in Alghero, speisen Sie Hummer auf katalanische Art im Nautilus *(siehe S. 139)* und lassen den Abend in der Kelu Lounge Bar (Via Lido 11) ausklingen.

Tag 6

Auf der landschaftlich beeindruckenden Küstenstraße führt der Weg von Alghero nach Bosa *(siehe S. 148–151)*. Dort genießen Sie den Blick von der Burg aus dem 12. Jahrhundert und bummeln durch das mittelalterliche Viertel Sa Costa. Nach dem Mittagessen mit köstlicher Focaccia im Bacco Bistrot (Corso Vittorio Emanuele II) folgen Sie dem Flusslauf des Temo durch die Stadt und weiter nach Bosa Marina, wo Sie den Nachmittag am Strand verbringen. Abends essen Sie in der Stadt im Sa Nassa (Lungo Temo Alcide De Gasperi 13) am Fluss.

Tag 7

Im östlich gelegenen Nuoro *(siehe S. 116f)* lassen Sie sich von sardischer Kultur faszinieren – ein perfekter Einstieg ist das Museo del Costume mit seinen traditionellen Masken und Trachten. Sehenswert sind auch das Museo Deleddiano, das über die einheimische Schriftstellerin Grazia Deledda informiert, und das Kunstmuseum MAN. Nach dem Mittagessen gehen Sie östlich von Nuoro am Monte Ortobene zum Wandern. Danach genießen Sie in Nuoro Ihr Abendessen in einem der gastfreundlichen Restaurants rund um den Corso Giuseppe Garibaldi.

1

3

2

4

7 TAGE

im Süden Sardiniens

Tag 1

Starten Sie an der Westküste in Oristano *(siehe S. 154 f)*, von dessen großer Geschichte die Museumssammlungen im Antiquarium Arborense und die Kathedrale mit dem achteckigen Turm erzählen. Nach einer Stärkung im Rossini Café (Via Gioacchino Rossini 21) bewundern Sie in Santa Giusta die romanische Basilica di Santa Giusta *(siehe S. 166f)* und verkosten Weine der Region im Entio (Via Giovanni XXIII).

Tag 2

Mit Proviant versehen, erkunden Sie die Halbinsel Sinis, wo Sie – am besten mit Führer – das antike Tharros *(siehe S. 152f)* besichtigen. Von dort ist es nicht weit zu den Kirchen San Giovanni di Sinis *(siehe S. 166)* und San Salvatore *(siehe S. 164f)*, einem Bau mit zwei Ebenen, der von Pilgerunterkünften umgeben ist. Auf dem Weg zurück nach Oristano essen Sie abends auf der Strandterrasse des Il Lido Restaurant (Lungomare Eleonora d'Arborea 6) in Torre Grande.

Tag 3

Auf der SS *Carlo Felice* fahren Sie nach Su Nuraxi, dem größten Nuraghen-Komplex *(siehe S. 68f)*. Dort besuchen Sie am besten erst das Museum und nehmen dann an einer Führung teil. Weiter geht es nach Süden zum Agriturismo Su Stai (www.agriturismosustai poderevalbella.it), wo Sie essen und auch übernachten. Doch zuvor fahren Sie noch in das nahe gelegene Sanluri *(siehe S. 78)*, dessen Burg eine unterhaltsame Sammlung von Militaria sowie skurrile historische Exponate besitzt.

Tag 4

Fahren Sie gen Westen nach Guspini und auf der S126 südwärts zu den Nuraghen-, karthagischen und römischen Relikten des gut erhaltenen Tempels von Antas *(siehe S. 82f)*. Dann besuchen Sie weiter südlich in Iglesias *(siehe S. 76f)* das Bergbaumuseum Museo dell'Arte Mineraria und besichtigen danach den Porto Flavia, einen in die Klippen gebauten Bergwerkshafen aus den 1920er Jah-

1 *Durch dichte Vegetation: Wanderweg auf der Halbinsel Sinis* ↑

2 *Prähistorische Turmbauten: Groß-Nuraghe Su Nuraxi*

3 *Beschaulich: Carloforte auf San Pietro*

4 *Betrieb am frühen Abend: Ristorante Mirage bei Baia Chia*

5 *Malerisch: Blick auf Cagliaris Altstadt Castello*

ren. Auf der Klippe können Sie im nahen 906 Operaio (Passeggiata del belvedere di Nebida) Pizza sowie Sonnenuntergang genießen. Danach übernachten Sie in Iglesias.

Tag 5

Fahren Sie nach Portovesme und von dort mit der Fähre nach San Pietro *(siehe S. 74f)*. In der Inselstadt Carloforte essen Sie mittags Thunfisch im Ristorante da Andrea (www.ristorantedaandrea.it). Weiter geht es mit der Fähre zur Nachbarinsel Sant'Antioco *(siehe S. 86f)*. Dort erkunden Sie in Sant'Antioco phönizische und punische Relikte, das Museum und die Katakomben unter der Basilika. Abends genießen Sie im Agriturismo Sa Ruscitta (www.saruscitta.com) ein traditionellen Essen und übernachten dort.

Tag 6

Fahren Sie über den Damm, der Sant'Antioco mit Sardinien verbindet, und weiter auf der malerischen Küstenstraße. Unterwegs laden die schönen Strände von Baia Chia *(siehe S. 88)* zum Baden ein – und mittags das Ristorante Mirage (www.miragechia.it) zu Fisch und Meeresfrüchten. Weiter geht es nach Nordosten zur karthagisch-römischen Stätte Nora *(siehe S. 90f)*. Im nahen Pula erholen Sie sich bei einem Eis in der Gelateria Sottozero (Viale Nora 91). Nach 30 Minuten Fahrt ist Sardiniens Hauptstadt Cagliari *(siehe S. 60–67)* erreicht. Dort bietet das Jazzino (Via Carloforte 74) donnerstags bis samstags abends Jazz und kreative Küche.

Tag 7

Den letzten Tag gehen Sie entspannt mit einem Brunch im Mercato Civico di San Benedetto an. Dann bummeln Sie durch das Altstadtviertel Castello zur Cittadella dei Musei, die exzellente Kunst- und archäologische Sammlungen präsentiert. Abends spazieren Sie ins Marina-Viertel im Südwesten der Stadt zum Restaurant Dal Corsaro (www.stefanodeidda.it). Dort genießen Sie als perfekten kulinarischen Abschluss Ihrer Reise das elfgängige sardische Menü.

Römische Relikte

Sardinien wurde 238 v. Chr. eine römische Provinz, aus dieser Ära sind noch viele Relikte erhalten – bisweilen an überraschender Stelle. Beim Baden an den Stränden von Santa Teresa Gallura *(siehe S. 188f)* lohnt der Blick auf die herumliegenden großen Granitsteine: Diese unvollendeten Säulen sollten einst für große römische Bauwerke auf dem Festland dienen. Am besten erhalten sind die antiken Städte Nora *(siehe S. 90f)* und Tharros *(siehe S. 152f)*, die Bäder in Fordongianus *(siehe S. 163)* und das noch heute genutzte Amphitheater *(siehe S. 60)* in Cagliari.

← *Römisches Amphitheater in Cagliari, 2. Jahrhundert n. Chr.*

Schon gewusst?

Sardinien könnte Platons Insel des Atlas gewesen sein – das legendäre Atlantis.

SARDINIEN FÜR GESCHICHTSFANS

Seien es die rätselhaften Steinbauten der Nuraghen oder die imposanten Kathedralen und Festungen der Spanier – Sardiniens Aussehen wurde von vielen Kulturen geprägt. Auf der ganzen Insel kann man an historischen Stätten auf Zeitreise gehen.

Historische Bauwerke

Mit den Eroberern, die im Mittelalter eindrangen, veränderte sich Sardiniens Architektur. An den Kirchen des Logudoro *(siehe S. 198f)* zeigt sich in Arkaden und gotischen Elementen der pisanische Einfluss – besonders eindrucksvoll an der gestreiften Santissima Trinità di Saccargia *(siehe S. 178f)*. Spanisch geprägt sind die Dome in Alghero *(siehe S. 138–145)* und Sassari *(siehe S. 180–185)* sowie Cagliaris Altstadt Castello *(siehe S. 66f)*.

Die Santissima Trinità di Saccargia von außen sowie die Fresken in der Apsis (Detail) ↑

TOP 4 Archäologiemuseen

Civico Museo Archeologico Villa Abbas, Sardara
Klein, aber informativ, besitzt neolithische Keramiken *(siehe S. 79)*.

Museo Archeologico Nazionale, Cagliari
Die Exponate reichen von neolithischen Werkzeugen bis zu römischen Artefakten *(siehe S. 62)*.

Museo Civico Giovanni Marongiu di Cabras
Präsentiert die rätselhaften Giganten von Mont'e Prama *(siehe S. 164)*.

Museo Archeologico Nazionale »G. A. Sanna«, Sassari
Zur Sammlung gehören auch phönizische Skarabäen und römische Speere *(siehe S. 184f)*.

Geheimnisvolle Nuraghen

Von den Erbauern der »Nuraghen« genannten Steinbauten, deren Kultur um 1800 bis 500 v. Chr. *(siehe S. 70f)* auf Sardinien blühte, ist relativ wenig bekannt – außer, dass sie äußerst produktiv waren: Sie hinterließen mehr als 7000 Nuraghen. Einige sind geschützte Anlagen, wie die Nuraghe Maiori in Tempio Pausania *(siehe S. 193)* und Su Nuraxi in Barumini *(siehe S. 68f)*, doch tatsächlich stößt man überall auf der Insel auf Nuraghen. Manche stehen mitten in Feldern, andere ganz unauffällig an Ortsrändern oder versteckt im Wald.

←

Besucher auf einer Führung durch die gut erhaltene Groß-Nuraghe Su Nuraxi

Ein Zug fährt entlang der malerischen Costa Smeralda ↑

SARDINIENS

TRAUMHAFTE TOUREN

Sardinien steht als Reiseziel vor allem für Strandurlaub. Doch die Insel bietet auch eine Menge sehr guter Gründe, von der Sonnenliege aufzustehen, die Tasche zu packen und sich mit sardischen Spezialitäten für ein Picknick einzudecken – dann ist man für atemberaubende Touren perfekt gerüstet.

Mit dem Auto unterwegs

Sardiniens kurvige Straßen bieten unzählige Möglichkeiten, alle Ecken der Insel zu erkunden. Unterwegs erlebt man großartige Landschaften mit zerklüfteten Bergen und grünen Ebenen, erkundet uralte Nuraghen und genießt sardische Küche in Bauernhoflokalen. Besonders eindrucksvoll sind die Route am Monte Albo *(siehe S. 130f)*, die eine herrliche Aussicht über die Berge bietet, und eine Fahrt durch den Logudoro *(siehe S. 198f)*, wo die zahlreichen romanischen Kirchen nicht nur Architekturfans gefallen.

↑ *Bergstraßen an den Macchia-Hängen des Monte Albo*

Zugfahrten

Bequemer als mit dem Zug lassen sich Sardiniens wunderbare Landschaften kaum genießen. Mit der preisgünstigen Eisenbahngesellschaft Trenitalia kann man die Insel der Länge nach von Nord nach Süd entdecken *(siehe S. 205)*. Ungewöhnlicher sind die Fahrten mit der Schmalspurbahn Trenino Verde *(siehe S. 110f)*. Wenn der altmodische Zug auf einer seiner fünf Sightseeing-Strecken durch unberührte Berglandschaften und uralte Dörfer schnauft, fühlt man sich auch ein wenig auf einer Zeitreise.

Expertentipp
Bootsausflüge

Zum Umfang vieler Bootstouren gehören auch eine Mahlzeit und Getränke, dennoch lohnt es sich vor allem bei Tagesausflügen, Snacks und Wasser einzupacken – und einen Sonnenschirm, der Schatten liefert.

↑ *Boote dümpeln im schönen Hafen von La Maddalena*

Inselhüpfen

Die vielen kleinen Inseln, die rings um Sardinien im Meer liegen, sind beliebte Ziele für Bootsausflüge. Veranstalter und Bootsverleiher findet man überall. Fil Rouge Sail *(siehe S. 174)* beispielsweise organisiert sehr schöne ruhige Segeltörns durch den traumhaften La-Maddalena-Archipel. Naturbegeisterte genießen Ausflüge zum Nationalpark Asinara *(siehe S. 157)*, Tauchfans finden vor Tavolara *(siehe S. 195)* ihr sardisches Glück.

↑ *Beliebtes Ziel für Bootsausflüge: der malerische La-Maddalena-Archipel*

Mondlandschaften
Blanke Granitfelsen bilden in vielen Regionen Sardiniens Landschaften, die nicht von dieser Welt zu sein scheinen. Als sardischer Neil Armstrong wandert man auf einem der beliebtesten Pfade ins »Tal des Mondes«, die Codula di Luna *(siehe S. 98f)*. Wie auf einem anderen Stern fühlt man sich auch im Valle della Luna am Capo Testa *(siehe S. 188f)* zwischen den Felsen, die die Kräfte von Wind und Meer je nach Lage anders geformt haben.

→

In der vom Wind gemeißelten Felslandschaft des Valle della Luna

SARDINIENS WUNDER DER NATUR

Sardinien ist wild und vom Wetter gezeichnet, eindrucksvoll und faszinierend mit atemberaubenden Höhlen, hohen Sanddünen, aromatisch duftenden Blumen und imposanten Felsformationen. Wer auf der Insel mit offenen Augen unterwegs ist, entdeckt unvergessliche Naturlandschaften.

Tropfsteinhöhlen
Sardiniens Untergrund ist eine magische Höhlenwelt mit schimmernden bizarren Kalksteinformationen. Am schönsten ist die riesige Grotta di Nettuno *(siehe S. 146f)* mit dem glasklaren unterirdischen Marmorasee, in dem früher Mönchsrobben schwammen. Die stimmungsvolle Höhle kann man entweder zu Fuß auf beleuchteten Wegen erkunden oder aus der Perspektive der Mönchsrobben bei einem Tauchausflug.

←

Die Tropfsteine in der Grotta di Nettuno spiegeln sich im klaren Marmorasee

Fotomotiv
Pan di Zucchero
Die steile Felsengruppe Pan di Zucchero ragt nur wenige Hundert Meter in der Bucht von Masua vor der Küste aus dem tiefblauen Meer auf. Fotografieren Sie die Kambrium-Kalksteingruppe am besten bei Sonnenuntergang, wenn der »Zuckerhut« zu glühen scheint.

Duftende Wildblumen

Mit Sardinien untrennbar verbunden ist der süß-aromatische Duft der Macchia. Die typisch mediterrane Vegetation erstreckt sich an der Küste und in den Bergen, auch im Nationalpark Gennargentu *(siehe S. 96f)* und auf der Insel San Pietro *(siehe S. 74f)*. Am intensivsten duftet die Macchia im Frühjahr.

→

Blühender Affodill, eine typische Pflanze der Macchia

Imposante Dünen

Sardiniens Küste ist an vielen Orten schlicht spektakulär, doch die Piscinas-Dünen *(siehe S. 72f)* spielen noch einmal in einer eigenen Liga. Die riesigen, teils 60 Meter hohen Sandberge bieten Lebensraum für Sardische Rothirsche und Unechte Karettschildkröten.

→

Wanderin in den sich ständig verändernden Piscinas-Dünen

Als Issohadores verkleidete Teilnehmer beim Karneval in Mamoiada ↑

SARDINIENS LEBENDIGES BRAUCHTUM

Ob Käseherstellung, Kunsthandwerk oder Volksmusik – im sardischen Alltag spielen jahrhundertealte, teils einmalige Traditionen eine bedeutende Rolle. Besonders intensiv kann man sie in den Bergdörfern der Insel erleben, wo man bei den vielen Festen herzlich willkommen ist.

Schäferessen

Auf den sardischen Geschmack kommt man bei einer Tour durch das Bergdorf Orgosolo *(siehe S. 125)*, wie sie z. B. Jebel Sardinia (www.jebelsardinia.com) organisiert. In der Regel umfasst sie eine Führung zu den Wandmalereien und malerischen Ruinen sowie ein wunderbares Mittagessen im Wald, das von einheimischen Schäfern zubereitet wird – typischerweise mit *pane carasau* (Fladenbrot), Oliven, Pecorino, gebratenem Fleisch, Obst der Saison und Wein.

→

Beim Mittagessen mit den einheimischen Schäfern im Wald bei Orgosolo

Standhafte Dörfer

Hoch in den Bergen im Herzen Sardiniens liegt das ruhige Dorf Ollolai *(siehe S. 122f)*. Ollolai ist berühmt für seine Korbflechtereien und seine Feste, zu denen farbenfrohe Kostüme genauso gehören wie guter Wein und gutes Essen. Nicht weit entfernt feiert auch das Dorf Mamoiada *(siehe S. 122)* gern – vor allem den Karneval, dessen Bräuche das exzellente Museo delle Maschere Mediterranee nicht nur zur Faschingszeit erklärt. In beiden Dörfern kann man zudem hervorragend Cannonau und lokal produzierten Pecorino kaufen.

← *Ein Mamuthone, eine Karnevalsfigur in Mamoiada*

TOP 3 Traditionelle Feste

Karneval in der Barbagia
Dazu gehören uralte Rituale, Freudenfeuer, bizarre Masken und jede Menge lokale Spezialitäten.

Cavalcata Sarda
Aufregende Pferderennen, wunderbare Trachten und Obertongesang sind bei diesem Frühlingsfest in Sassari *(siehe S. 46)* unverzichtbar.

Sagra del Redentore,
Die große Wallfahrt auf den Monte Ortobene bei Nuoro wird von schöner Chormusik begleitet *(siehe S. 47)*.

Expertentipp
Bauernmuseum

Das Museo del Costume in Nuoro *(siehe S. 116f)* bietet mit seinen Exponaten zum Alltag in einem Bauerndorf eine gute Einführung in die traditionelle Kultur der Insel.

↑ *Obertonsänger in der Sherden Overtone Singing School*

Gesangsschulen

Obertongesang *(cantu a tenòre)* wird auf Sardinien seit der Nuraghen-Zeit praktiziert, heute vor allem in der Bergregion Barbagia. In der Regel wird er von vier Personen aufgeführt, die sich gegenüberstehen und jeweils einen unterschiedlichen Tonumfang besitzen. Obertongesang ist häufig auf Festen zu hören, improvisierte Sessions gibt es jedoch immer. Wer Obertongesang lernen möchte, kann in der Sherden Overtone Singing School in Mogoro (www.cantodifonico.eu) an Workshops und Sommercamps teilnehmen.

Wälder und Felder

Sardiniens Pflanzenwelt ist nicht nur schön, sondern schmeckt auch gut. Gebratenes Fleisch wird mit Wildkräutern aus den Wäldern und der Macchia gewürzt, etwa *porceddu* (am Spieß gebratenes Spanferkel) und *agnello* (Lamm). Feigen, Honig und Mandeln sind Zutaten in Nachspeisen und Süßigkeiten. Aus dem sardischen Durumweizen werden Hunderte Brotsorten gebacken – am häufigsten das knusprige *pane carasau,* das oft zu Mahlzeiten gereicht wird.

→ Croccante alle mandorle *aus sardischen Mandeln*

SARDINIEN FÜR FOODIES

Sardiniens Küche basiert auf einer einfachen Bauernküche und ist definitiv italienisch, wenn auch mit ganz eigenen Aromen, die ihr einen unverwechselbaren Charakter verleihen. Die herzhaften Gerichte werden sorgfältig aus saisonalen Zutaten der Insel und des umliegenden Meers zubereitet.

Würziger Pecorino

Sardiniens berühmtester Käse wird aus Schafsmilch erzeugt und ist in den Varianten *sardo*, *romano* und *fiore sardo* erhältlich, sei es an Marktständen oder bei einer Führung über einen Milchbauernhof wie Argiolas Formaggi in Dolianova (www.argiolasformaggi.com).

Pecorino aus Schafsmilch, eine sardische Käsespezialität ↑

Hoch die Gläser

Seitdem die Phönizier die ersten Reben nach Sardinien brachten, wird auf der Insel Wein gekeltert. Beliebte Sorten sind Cannonau – ein kräftiger Roter, der gut zu gebratenem Fleisch passt –, weißer Vermentino aus Trauben, die vorwiegend im Norden wachsen, und der süßere Vernaccia, der als Aperitif getrunken wird. Das typische Getränk der Insel ist jedoch der Mirto, ein starker Likör aus den Blättern und Blüten (weißer Mirto) oder Beeren (roter Mirto) der Myrthe.

←

Gemütliches Treffen bei einem Gläschen sardischen Cannonau-Weins

Su Filindeu

Immer Anfang Mai und Oktober pilgern zahllose Wallfahrer anlässlich des Franziskusfests zum Santuario di San Francesco in Lula, um die seltenste Pasta der Welt zu essen. Die *su filindeu* (»Fäden Gottes«) werden von einheimischen Frauen zubereitet, wobei nur noch wenige die Kunst beherrschen, die superdünnen Fadennudeln nach einem über 500 Jahre alten Rezept herzustellen. Die Nudeln werden in einer Brühe aus Schafsfleisch mit Käse serviert und tun sowohl der Seele als auch dem Körper gut.

Schon gewusst?

Cannonau-Weine sind reich an sekundären Pflanzenstoffen, die lebensverlängernd wirken sollen.

Früchte des Meeres

Die Sarden waren traditionell zwar eher Bauern als Fischer, dennoch spielen Meeresfrüchte eine prominente Rolle auf den Speisekarten der Insellokale. Neugierige Gourmets genießen neben Klassikern wie gegrillter Hummer, *pizza ai frutti di mare* und Oktopussalat auch ungewöhnliche Spezialitäten wie *bottarga* (Rogen der Großkopfmeeräsche), *orziadas* (frittierte Seeanemonen) oder *spaghetti ai ricci* (Spaghetti mit Seeigeln).

→

Spaghetti ai ricci *werden mit frisch gefangenen Seeigeln zubereitet*

Knallrosa Flamingos

An Sardiniens Westküste nisten jedes Jahr zwischen Spätsommer und dem beginnenden Frühjahr Tausende Rosaflamingos in Marschen und Salzwasserlagunen. Die *sa genti arrubia* (das rosa Volk), wie sie die Sarden nennen, lassen sich am besten im Umland von Oristano – dort vor allem im Naturschutzgebiet Sale Porcus *(siehe S. 165)* – und von Cagliari *(siehe S. 65)* sowie im Stagno di San Teodoro *(siehe S. 194)* beobachten. Das Marschgebiet, in dem die Vögel nisten, kann man mit dem Boot und zu Fuß auf gut markierten Wegen erkunden.

→

Rosaflamingos in einer Lagune an der Küste bei Cagliari

SARDINIENS TIERWELT

Unter den zahlreichen Wildtieren, die Sardiniens Berge, Täler und Küstengewässern bevölkern, finden sich überraschend viele seltene Arten. Die Insel ist ein kleines Naturparadies, ihre Landschaften bieten Lebensräume für stämmige Wildpferde und elegante Rosaflamingos.

Wildpferde

Die wild lebenden Cavallini della Giara kommen nur auf Sardinien vor und wurden vermutlich schon im 9. Jahrhundert v. Chr. von den Phöniziern eingeführt. Heute leben die kleinen kräftigen trittsicheren Pferde ausschließlich auf der Hochebene Giara di Gesturi *(siehe S. 91)*. Bei Ausflügen in das landschaftlich eindrucksvolle Gebiet Parco della Giara (www.parcodellagiara.it), die auf der Webseite angeboten werden, kann man sie zwischen Korkeichen und Nuraghen frei laufen sehen.

←

Wilder Hengst im leichten Galopp zwischen den Korkeichen auf der Giara di Gesturi

Die Rückkehr der Mönchsrobben

Mittelmeer-Mönchsrobben waren früher im Mittelmeer und im Atlantik bis zum Madeira-Archipel weitverbreitet. Schon in der Römerzeit wurden sie verfolgt, heute zählen sie weniger als 800 Tiere und sind die seltenste Flossenfüßerart der Welt. Umso schöner, dass sie nun wieder im Golfo di Orosei vorkommen, wo ihnen die Höhlen an der Küste Schutz bieten. Mit sehr viel Glück kann man sie dort sichten.

Scheue Mufflons

Die Wildschafe mit dem dichten Fell und den gebogenen Hörnern sind auf Sardinien alteingesessene Bewohner. Ihr bis vor Kurzem bedrohter Bestand nimmt heute dank intensiver Schutzmaßnahmen wieder zu. Am ehesten sieht man Mufflons in trockenen Bergregionen wie im Nationalpark Gennargentu *(siehe S. 96f)*, wo sie bei den Felswänden grasen.

→

Misstrauisch äugt der zähe Mufflon zwischen den Bäumen hervor

Weiße Esel

Auf der ehemaligen Gefängnisinsel Asinara *(siehe S. 157)*, die heute als Nationalpark geschützt wird, leben rund 100 endemische Albino-Esel zusammen mit Wildschweinen und Mufflons. Man kann die Tiere nur auf organisierten Touren ab Stintino *(siehe S. 157)* oder Porto Torres *(siehe S. 156)* sehen.

→

Keiner weiß, woher sie kamen: weiße Esel auf der Insel Asinara

Familienfreundliche Strände

Gut ausgestattete sichere Strände sind mit einer grünen Flagge gekennzeichnet. Davon gibt es auf Sardinien mehr als 25, zu den besten zählen der flache Strand Santa Giusta in Oristano *(siehe S. 154f)*, die Strände des beliebten Urlaubsorts Santa Teresa Gallura *(siehe S. 188f)* und diejenigen von Bari Sardo *(siehe S. 105)*. Daneben gibt es Hunderte genauso familienfreundliche Strände, besonders idyllisch sind z. B. die Sandstrände von Chia *(siehe S. 88)* und Maria Pia in Alghero *(siehe S. 141)*.

→

Sicherer Badespaß am flachen Sandstrand Santa Giusta

SARDINIEN FÜR FAMILIEN

Sardinien ist mit seinen Traumstränden, seiner faszinierenden Geschichte und seiner herzhaften Küche ein bei Familien beliebtes Reiseziel. Die Insel bietet reichlich Möglichkeiten, unvergessliche Ferientage zu erleben.

Urlaub auf dem Bauernhof

Glücklicherweise nehmen viele Bauernhöfe auf Sardinien auch Familien auf, die hier nicht zuletzt reichlich Platz zum Spielen und viele Tiere zum Streicheln finden. Gemütliche Zimmer, gute Küche und freundliche Gastgeber bieten z. B. das Agriturismo Sa Mendhula bei Olbia (www.samendhula.com), das Country Hotel Su Baione in Abbasanta (www.subaione.it) und La Fattoria delle Tartarughe in Sinnai (www.lafattoriadelletartarughe.it).

←

Viel Platz zum Toben auf einem sardischen Agriturismo

TOP 3 **Familienwanderungen**

Porto Conte
Westlich von Alghero *(siehe S. 138–145)* verlaufen im riesigen Wald Porto Conte auch für Kinder geeignete Wege.

Capo Testa
Hier führt ein ganzes Netz von kurzen Wegen durch die Macchia zu einer versteckten Höhle *(siehe S. 188f)*.

Cala Goloritzé
Der 7,5 Kilometer lange Weg an der Hochebene bei Santa Maria Navarrese *(siehe S. 100)* gefällt sogar Teenagern.

Spannende Museen

Kindern gefällt das Freilichtmuseum Parco Museo S'Abba Frisca in Dorgali *(siehe S. 100f)*, in dem sie das traditionelle sardische Alltagsleben kennenlernen können. Im Museo dell'Arte Mineraria in Iglesias *(siehe S. 76f)* kann man riesige Bergbaumaschinen bestaunen und alte Stollen erkunden.

Vorführung im Parco Museo S'Abba Frisca ↑

Eiscafés

Der Ruf der italienischen Eismacher ist legendär. Diese Gelaterie zählen zu den besten der Insel.

Intenso Gelateria
Piazza Giuseppe Garibaldi 46, Cagliari
€€€

La Pecora Nera
Via Luigi Galvani 70, Olbia
€€€

Unterhaltsame Freizeitparks

Was tun, wenn es am Strand zu windig ist? Eine Alternative sind Wasserparks wie Aquafantasy in Isola Rossa (www.aquafantasy.it) und BluFan bei Pula (www.blufan.net). Oder man erkundet in wenigen Stunden die ganze Insel im Parco Sardegna in Miniatura in Tuili (www.sardegnainminiatura.it). Dort sind Sardiniens Sehenswürdigkeiten im maßstabsgetreuen Kleinformat versammelt.

↑ *Riesenrutsche im Wasserpark Aquafantasy*

Ausreiten
Pferde spielen auf Sardinien seit phönizischer Zeit eine wichtige Rolle, selbst an religiösen Festtagen dürfen vielerorts rasante Pferderennen nicht fehlen. Geführte Ausritte durch die schöne Landschaft bei Sant'Antioco *(siehe S. 86f)* bietet das Centro Ippico Meurreddus a Cuaddu (www.facebook.com/Meurreddus).

→ *Auf Ausritten erlebt man Sardiniens schöne Landschaften besonders intensiv*

OUTDOOR-AKTIVITÄTEN
AUF SARDINIEN

Mit seinem sonnigen Mittelmeerklima und der großartigen Natur ist Sardinien ein Paradies für Outdoor-Fans. Zwischen hohen Gipfeln und tiefen Höhlen warten auf der ganzen Insel spannende Erlebnisse in grandioser Landschaft.

Wandern
Im Landesinneren bietet Sardinien eine faszinierende Mischung aus wilder Bergwelt und sanften Hügeln, prähistorischen Bauwerken, schattigen Wäldern und duftender Macchia. Am besten erkundet man diese eindrucksvollen Szenerien auf den vielen Wanderwegen. Die schönsten Touren führen zum Supramonte, durch das Gennargentu-Massiv *(siehe S. 96f)* und den Sulcis.

Wanderweg mit umwerfender Aussicht im Gennargentu-Massiv ↑

Entdeckertipp
Abenteuerspielplatz
Kinder aller Altersgruppen lieben den großen, kostenlosen Abenteuerspielplatz Gregoland in Porto Cervo *(siehe S. 189)*. Zur Ausstattung gehören Klettergerüste, schattige Picknickplätze – und ein Traumblick über die Bucht.

Höhlen erkunden

In Sardiniens Untergrund kann man eine faszinierende verborgene Welt entdecken. Am Monte Tiscali versteckt sich in einer riesigen Höhle das prähistorische Nuraghen-Dorf Tiscali *(siehe S. 118f)*. In den Grotte Is Janas bei Sadali leben der Sage nach kleine *janas* (halb hexenartige, halb feenhafte Wesen). In die Grotta del Bue Marino *(siehe S. 99)*, die nach den »Meeresochsen« *(bue marino)* – oder Mönchsrobben – benannt ist, die hier früher lebten, zieht es nicht nur Höhlenfans, sondern auch Musikfreunde: Ein Raum der Höhle dient sogar als Konzertsaal beim Cala Gonone Jazz Festival, das immer Ende Juli am Golfo di Orosei stattfindet.

← *Auf Entdeckungstour im prähistorischen Höhlendorf Tiscali*

TOP 4 Höhlen ohne Andrang

Grotta di Su Mannau, Fluminimaggiore
Das riesige, 540 Millionen Jahre alte Höhlensystem diente bereits den Römern als Kultstätte.

Grotte Is Zuddas, Santadi
In der Weihnachtszeit steht in einer der Höhlenkammern eine märchenhafte Krippe *(siehe S. 89)*.

Grotta Su Marmuri, Ulassai
Unterirdische Seen, Fledermäuse und schön kühl – ideal an heißen Tagen *(siehe S. 105)*.

Sa Oche e Su Bentu, Oliena
In den Sälen der »Stimme des Winds« verursachen Luftströmungen laute Geräusche *(siehe S. 124f)*.

Klettern

Das tief zerklüftete Sardinien ist dank seiner vielen Felswände ein beliebtes Ziel für Kletterer. Berühmte Klettergebiete mit zahlreichen Routen sind z. B. Domusnovas bei Iglesias *(siehe S. 76f)* und Cala Gonone bei Nuoro. Für Gruppen gut geeignet ist die Gola Su Gorropu mit unterschiedlich schwierigen Routen. Hier kommen Kletterer aller Leistungsstufen zum Zug.

↑ *Beim Klettern an den Felsen der Schlucht Gola Su Gorropu*

Sardiniens Strände schützen

Sardiniens Strände sind als Ökosysteme durch die steigende Zahl der Besucher bedroht. Diese verursachen z. B. ein Riesenproblem, wenn sie Sand und Muscheln mitnehmen. Zum Schutz beitragen kann jeder, indem er auf diese Souvenirs verzichtet. An manchen Stränden sind Handtücher und Taschen verboten, damit man den Sand nicht versehentlich mitnimmt. Seit 2020 wird die Besucherzahl am La Pelosa durch Eintrittsgeld reguliert.

SARDINIENS STRÄNDE

Idyllische Buchten, weicher weißer Sand und glitzerndes türkisblaues Wasser, in dem es von Fischen wimmelt und antike Schätze liegen – Sardiniens Strände gehören zu den schönsten der Welt. An der über 1600 Kilometer langen Küste der Insel findet jeder sein eigenes kleines Paradies.

Entspannung pur

Die meisten Stadt- und Dorfstrände sind perfekt für alle, die gern Leute beobachten, Strandlokale und eine bequeme Ausstattung lieben. Besonders einladend sind der beliebte Strand La Pelosa in Stintino *(siehe S. 157)* und der Poetto *(siehe S. 64)* in Cagliari – die Promenade des kilometerlangen Sandstrands säumen Palmen, Restaurants und Bars. Die Spiaggia del Principe in Porto Cervo *(siehe S. 189)* liegt wunderschön wie in einem mediterranen Fjord, am Strand von Santa Teresa Gallura *(siehe S. 188f)* herrscht immer buntes Leben.

↓ *(Sonnen-)Baden an der Spiaggia del Principe*

Traumhafte Ruhe

Wer keinen Trubel mag, findet an abgelegenen Stränden Erholung. Nur per Boot oder auf langen Wanderungen erreicht man Cala Luna *(siehe S. 98f)* und viele andere Buchten am Golfo di Orosei. Relativ abgeschieden präsentiert sich der Berchida-Strand *(siehe S. 104)*, wo zwischen roten Felsen und Wacholder Nuraghen stehen und Flamingos nisten. Robinson-Feeling erlebt man an einem der 300 traumhaften Strände im La-Maddalena-Archipel *(siehe S. 172–175)* – dazu braucht es nur eine Karte und ein bisschen Entdeckergeist.

← *Einer der vielen abgelegenen Strände am Golfo di Orosei: die idyllische Cala Luna*

Die Madonna del Naufrago *des sardischen Künstlers Pinuccio Sciola* ↑

Unterwasserwelt

Das Meer vor Sardinien ist sehr sauber und von vielen Tieren und Wasserpflanzen bevölkert. Die besten Schnorchelreviere liegen im Golfo di Orosei, vor den Stränden bei Stintino *(siehe S. 157)* und in den Lagunen der Halbinsel Sinis. Bei der antiken Stadt Nora *(siehe S. 90f)* ist der Meeresboden mit römischen Relikten übersät, bei Villasimius *(siehe S. 106)* steht eine riesige Madonnenfigur von Pinuccio Sciola in der Tiefe.

↑ *Das klare saubere Wasser vor Sardinien ist perfekt zum Schnorcheln*

Schöner Schmuck
Typisch sardischer Schmuck ist zart und filigran, die kunstvollen Arbeiten sieht man häufig auf den vielen Festen der Insel. Alghero *(siehe S. 138–145)* ist berühmt für seinen Korallenschmuck, allerdings sollte man nur Schmuck mit Authentizitätsnachweis kaufen, der belegt, dass die Koralle nachhaltig geerntet wurde.

←
Ein Goldschmied arbeitet an einem filigranen Schmuckstück

SARDINIENS KUNSTHANDWERK

Auf Sardinien spielt Kunsthandwerk seit der Antike eine große Rolle. Noch heute sieht man, wie die Handwerker jahrhundertealte Techniken anwenden. Vom Korkschnitzen über Töpfern bis zum Korbflechten pflegt jede Stadt und jede Ortschaft ihre spezielle Handwerksform und ihren eigenen Stil.

Kunstvolle Keramik
Typische handgetöpferte sardische Keramik besitzt weiche Formen und ist in Naturtönen glasiert – sie kann ihre antiken Wurzeln nicht verleugnen. Die schönste Auswahl auf der Insel bietet CMA Ceramica Maestri d’Arte (www.cma-ceramica-maestri-darte.business.site) in Oristano.

→
Handgetöpferte Keramik mit stilisierten Naturmotiven

Expertentipp
Bezahlen

Gehandelt wird auf Sardinien höchstens an Marktständen ohne Preistafeln, in Läden ist es nicht üblich. Die meisten kleineren Läden bevorzugen übrigens Barzahlung.

Feine Flechtereien

In Castelsardo *(siehe S. 196f)* kann man den vielen Korbflechtern der Stadt dabei zusehen, wie sie ihr uraltes Handwerk ausüben – und die Geschichte der Flechtkunst im exzellenten Museo dell'Intreccio kennenlernen. Auf der Suche nach schönen bunten Körben ist man hier genau richtig, insbesondere während der Handwerksmesse im August.

↑ *Gekonnt: eine Korbflechterin in Castelsardo bei der Arbeit*

Höllisch scharfe Hirtenmesser

Die wertvollsten Exemplare der berühmten sardischen Hirtenmesser, der *resolza* (Rasiermesser), werden in Pattada *(siehe S. 197)* handgeschmiedet. Authentische Messer – und keine der häufigen Imitationen – erhält man bei der Coltelleria di Deroma Antonio in Pattada (Piazza Vittorio Veneto 8).

← *Traditionelles sardisches Hirtenmesser mit Holzgriff*

Naturprodukt Kork

Auf dem Land und vor allem in der trockenen Region um Calangianus *(siehe S. 191)* fallen knorrige Bäume mit roten Stämmen ins Auge, deren Rinde abgeschält wurde: Korkeichen. Sie versorgen die Insel schon seit vorrömischer Zeit mit Weinkorken. Fantasievolle Handwerker haben für das vielseitige Material viele andere Verwendungsmöglichkeiten gefunden und verarbeiten es zu Schüsseln, Schachteln und sogar Stiften.

→ *Inspektion von Weinkorken aus regionalem Kork in Calangianus*

DAS JAHR AUF SARDINIEN

Januar

△ **Cap d'Any** *(Anfang Jan)*. Neujahrsfest in Alghero mit Livemusik, Tanz, traditionellem Essen und viel Wein.

Fest des Sant'Antonio Abate *(16./17. Jan)*. Mit Freudenfeuern und Prozessionen ehren Ortschaften im Landesinneren den Ägypter Antonius den Großen, den »Vater der Mönche«.

Februar

Sagra del Bogamarì *(ganzer Monat)*. Alghero feiert mit reichlich gutem Essen den Seeigel.

△ **Karneval** *(Mitte Feb)*. Bunte Umzüge, rasante Pferderennen und sonstige Unterhaltung.

Sa Sartiglia *(Faschingsdienstag)*. Besonders bunt wird in Oristano gefeiert.

Mai

Festa di Sant'Efisio *(1.–4. Mai)*. Das Ende der Pestepidemien im 17. Jahrhundert wird mit einem Trachtenumzug mit dekorierten Ochsenkarren von Cagliari nach Pula gefeiert.

△ **Cavalcata Sarda** *(Ende Mai)*. Zum Frühlingsfest in Sassari gehören Volksmusik, Trachten, ein Markt, Reiterumzug und Pferderennen.

Juni

Festa di San Giovanni Battista *(24. Juni)*. Zu dem Volksfest in Quartu Sant'Elena gehören Freudenfeuer, Mandelkuchen und rund 3000 Jahre alte vorchristliche Rituale.

△ **Sardegna Pride** *(Ende Juni–Anfang Juli)*. In Cagliari finden zur alljährlichen LGBT-Veranstaltung Regenbogenumzüge statt.

September

Corsa degli Scalzi *(1. Wochenende)*. In Cabras erinnert ein Barfußrennen an die Rettung der Statue des hl. Salvatore vor den Mauren.

Festa Manna *(7.–15. Sep)*. Zu Ehren von Luogosantos Schutzpatron finden Konzerte, Tänze und archäologische Führungen statt.

△ **Autunno in Barbagia** *(7. Sep–Mitte Dez)*. Herbstfeste in den Dörfern der Barbagia.

Oktober

Fest der Santa Vitalia *(1. Mo)*. Serrenti erinnert mit dem religiösen Fest an das Märtyrertum von Santa Vitalia im Jahr 120.

△ **Sagra delle Castagne e delle Nocciole** *(letzter So)*. In Aritzos Straßen feiert man gut gelaunt mit gerösteten Kastanien, Nüssen, Craft-Bier und Wein.

März

Karwoche (Sa Chida Santa) *(März/Apr)*. In der Karwoche wird auf der ganzen Insel mit düsteren Prozessionen, uralten Ritualen und Gesängen der Passion Christi in Jerusalem gedacht.

△ **Ostersonntag** *(März/Apr)*. Der Tag der Auferstehung Christi wird mit Gottesdiensten und Musik gefeiert, Familien treffen sich zum traditionellen Ostermahl.

April

△ **Festa Patronale** *(2. Sa nach Ostern)*. Die Festa zu Ehren des Schutzpatrons von Sant'Antioco gehört zu den ältesten christlichen Festen auf Sardinien und wird mit Essen, Wein, Feuerwerk und Livemusik gefeiert.

Fiera di San Marco *(25. Apr)*. Die Fiera in Ollastra wird seit 1839 mit Bauernmärkten, Reitveranstaltungen und Wettbewerben für Zuchtvieh veranstaltet.

Juli

△ **S'Ardia** *(5.–8. Juli)*. Spektakuläres Pferderennen rund um die Kirche in Sedilo.

L'Isola delle Storie *(Anfang Juli)*. Dreitägiges Literaturfest in Gavoi.

Festa della Madonna del Naufrago *(Mitte Juli)*. Eine Prozession in Villasimius gedenkt der schiffbrüchigen Seeleute.

August

Sa Coia Maurreddina *(1. So)*. Santadi führt das historische Ritual der maurischen Hochzeit auf.

△ **Festa di Santa Maria del Mare** *(1. So)*. Im Sonntagsstaat nehmen Bauern und Fischer in Bosa an der Bootsprozession auf dem Temo teil.

Sagra del Redentore *(29. Aug)*. Nuoro feiert den Tag, an dem die riesige Bronzestatue des Cristo Redentore (Christus der Erlöser) 1901 auf dem Monte Ortobene aufgestellt wurde.

November

△ **Rassegna dei Vini Novelli** *(Anfang Nov)*. Milis feiert den neuen Wein des Orts und der Region mit Verkostungen und Essen.

Festa della Madonna dello Schiavo *(15. Nov)*. Beim Patronatsfest in Carloforte wird bei der Prozession eine hochverehrte Madonnenfigur durch die Stadt getragen.

Dezember

Sagra delle Salsicce *(1. So)*. Beim Wurstfest in Siligo lässt man sich an Ständen alle erdenklichen Wurstsorten, italienische Weine und Biere schmecken.

△ **Natale** *(25. Dez)*. Zu Weihnachten gehören auf ganz Sardinien Kunsthandwerksmärkte, Nikolausumzüge und schöne Krippen.

1

KURZE GESCHICHTE

Aufgrund seiner Lage im westlichen Mittelmeer war Sardinien immer wieder Ziel von Invasoren aus allen Himmelsrichtungen. Die große Insel war jedoch nur schwer zu unterwerfen. Ihre eindrucksvolle Kultur und Architektur zeugen noch heute vom Aufstieg und Fall ihrer verschiedenen Besatzer.

Erste Siedler

Menschen erreichten Sardinien erstmals wohl vor rund 450 000 bis 150 000 Jahren über einen Naturdamm, der die Insel damals mit dem toskanischen Festland verband. Um 9000 v. Chr. kamen Siedler aus Kleinasien, von der afrikanischen Küste, der Iberischen Halbinsel und Ligurien – angelockt von den fruchtbaren Böden und den Obsidianminen am Monte Arci.

Um 3000 v. Chr. hatte sich Sardiniens Bevölkerung in Stämme aufgegliedert. Die kriegerischen Schafhirten lebten in Dörfern, deren Häuser mit Stroh gedeckt waren, und bestatteten die Verstorbenen in Felsgräbern. Um 1800 v. Chr. war aus die-

Schon gewusst?

Die Ruinen am Monte d'Accoddi gleichen den Zikkuraten oder Tempeltürmen in Mesopotamien.

Chronik

250 000 v. Chr.

Etwa so alt ist der Fingerknochen eines Hominiden, der in einer Höhle im Logudoro gefunden wurde

150 000 v. Chr.

Aus dieser Zeit stammen Sardiniens älteste Steinwerkzeuge, sie wurden in jüngerer Zeit bei Perfugas bei Ausgrabungen entdeckt

1800 v. Chr.

Aufstieg der Nuraghen-Kultur

1000 v. Chr.

Phönizische Schiffe legen an der Küste an

ser bäuerlichen Gesellschaft die Nuraghen-Kultur *(siehe S. 70f)* entstanden. Sie heißt nach den runden Turmbauten (Nuraghen), die sie auf der ganzen Insel errichtete. Der Zweck dieser noch vielerorts erhaltenen Bauwerke ist bislang nicht geklärt.

Phönizier, Karthager und Römer

Ab etwa 1000 v. Chr. nutzten die Phönizier Buchten an Sardiniens Küsten als Naturhäfen für ihre Handelsschiffe und gründeten mit Zunahme des Handels Nora, Sulcis, Tharros, Olbia, Bithia und Karalis, das heutige Cagliari. Als die Einheimischen, die der Entwicklung erst friedlich gegenüberstanden, die Siedlungen verstärkt angriffen, baten die Phönizier 509 v. Chr. Karthago (heute Tunis) um Hilfe. Nach Karthagos Niederlage im Ersten Punischen Krieg (264 – 41 v. Chr.) fiel Sardinien 238 v. Chr. an die siegreichen Römer, die die Rohstoffe – Weizen und Metalle – der Insel ausbeuteten und die Sarden zur Zwangsarbeit heranzogen. Diese leisteten vor allem im Landesinneren lange erbitterten Widerstand gegen die Römer, die die Insel nie ganz eroberten. Mit dem Ende des weströmischen Reichs im 5. Jahrhundert n. Chr. endete auch Roms Herrschaft auf Sardinien.

1 *Karte von Sardinien aus dem 17. Jahrhundert* ↑

2 *Relikte eines Bauwerks aus dem 3. Jahrtausend v. Chr. am Monte d'Accoddi*

3 *Weihgabe in Form eines Bronzeschiffs, Nuraghen-Kultur*

4 *Antike Stele mit phönizischer Inschrift aus Nora*

730–700 v. Chr.
Bau erster phönizischer Häfen

550 v. Chr.
Die neu ankommenden Karthager gründen erste punische Städte

241 v. Chr.
Karthago unterliegt im Ersten Punischen Krieg

227 v. Chr.
Sardinien wird zusammen mit Korsika römische Provinz

66 n. Chr.
Das römische Sardinien wird kaiserliche Provinz; auf der Insel werden Legionen stationiert

1

Mittelalter

Die germanischen Vandalen nutzten Roms Schwäche und eroberten von ihrem Königreich an der Küste Nordafrikas aus 465 n. Chr. Sardinien. Rund 80 Jahre später gelangte es unter die Herrschaft Ostroms und wurde zu einer seiner sieben afrikanischen Provinzen. In den folgenden Jahrhunderten fiel Sardinien auch aufgrund der wiederholten arabischen Invasionen in ein Machtvakuum und wurde schließlich in die vier autonomen *giudicati* (Judikate) Torres, Gallura, Arborea und Cagliari aufgeteilt. Nach heftigen Kämpfen mit den Arabern übernahmen Pisa und Genua um das Jahr 1000 Teile der Insel. Als König Jakob II. von Aragón auf seine Ansprüche auf Sizilien verzichtete, erhielt er im Gegenzug von Papst Bonifatius VIII. Korsika und Sardinien als päpstliche Lehen. 1323 traf Jakobs Sohn Alfons IV. mit seinem Heer auf Sardinien ein.

Spanische Herrschaft

Ende des 14. Jahrhunderts war Arborea als einziger *giudicato* unabhängig geblieben. Doch auch dieses Judikat fiel nach dem Tod seiner Regentin Eleonora d’Arborea 1404 unter spani-

Eleonora d’Arborea

Eleonora d’Arborea (1340 –1404) hatte 1383 den *giudicato* Arborea von ihrem Vater geerbt und 1394 die Herrschaft über fast ganz Sardinien erlangt. 1392 veröffentlichte sie mit der *Carta de Lógu* Sardiniens erstes offizielles Gesetzbuch. Der bis 1827 gültige Kodex enthielt u. a. Bestimmungen, die die Rechte der Frauen verteidigten.

Chronik

456
Zur Zeit von Westroms Untergang erobern die Vandalen Sardinien

534
Sardinien fällt an Ostrom und wird zu einer seiner afrikanischen Provinzen

600
Papst Gregor der Große drängt auf die auch zwangsweise Christianisierung Sardiniens

711
Beginn der Jahrhunderte der arabischen Invasionen

1016
Papst Benedikt VIII. bittet Genua und Pisa um Intervention

2

3

sche Herrschaft. In der folgenden, rund 300 Jahre langen, teils stürmischen spanischen Ära wurden u. a. Sardiniens erste Universitäten gegründet: 1562 in Sassari und 1629 in Cagliari. Durch den Spanischen Erbfolgekrieg (1701–14), der nach dem Tod des kinderlosen Königs Karl II. von Spanien im Jahr 1700 ausbrach, fiel die Insel an Österreich – das Sardinien jedoch bereits 1720 im Tausch gegen Sizilien an König Vittorio Amedeo II aus dem Haus Savoyen übertrug.

Königreich Sardinien

Zu den ersten Handlungen der savoyischen Regierung zählte die Erweiterung der sardischen Universitäten, allerdings führte eine schwere Wirtschafts- und Sozialkrise zu Aufständen, zudem breitete sich das Banditentum aus. Nach der Revolution von 1789 scheiterte Frankreich an der Eroberung Sardiniens, das 1795 jedoch selbst rebellierte. Cagliari erlebte eine kurze Revolution, die Savoyer führten im frühen 19. Jahrhundert Reformen ein. 1847 wurde das Königreich Sardinien in einer *fusione perfetta* mit dem savoyischen Piemont verbunden. 1861 schlossen sich beide Gebiete dem neuen Königreich Italien an.

1 *Alfons IV. von Aragón, Sardiniens Herrscher im 14. Jahrhundert* ↑

2 *Alte Bücher in der Bibliothek der Universität von Cagliari*

3 *Gedenktafel für Carlo Felice, von 1821 bis 1823 König von Sardinien*

1323
Alfons von Aragón landet auf Sardinien

1402
Anno de Sa Mortagia Manna – das Jahr der großen Pestepidemie

1720
Sardinien fällt im Tausch gegen Sizilien an das Haus Savoyen

1857
Giuseppe Garibaldi, einer der Gründerväter Italiens, lässt sich auf Caprera nieder

1861
Sardinien und Piemont schließen sich dem Königreich Italien an

Zunehmende Industrialisierung

Nach der Einigung Italiens schritt Sardiniens Industrialisierung voran: 1871 entstand die erste Eisenbahnlinie, die Bergwerke im Sulcis und Iglesiente nahmen den Betrieb auf. Die ersten Tageszeitungen wurden gegründet. Nuoro wurde zum Zentrum einer kulturellen Bewegung, der auch die Schriftstellerin und Nobelpreisträgerin Grazia Deledda angehörte. Im Ersten Weltkrieg wurde der Heldenmut der Brigata Sassari zum Symbol neuen sardischen Selbstbewusstseins, das 1921 zur Gründung der Partei Partito Sardo d'Azione führte. Die Bergbauindustrie wuchs, 1938 weihte Mussolini die Bergarbeiterstadt Carbonia ein. Im Zweiten Weltkrieg erlebte Sardinien keine Besetzung, jedoch zerbombten die Alliierten 1943 fast ganz Cagliari. Bis zur Neueröffnung der Fährlinien 1947 war die Insel jahrelang vom Rest der Welt isoliert.

LA DOMENICA DEL CORRIERE

↑ *Frühe sardische Zeitung von 1899*

Landschaftliche Veränderungen

Sardinien wurde am 31. Januar 1948 eine autonome Region Italiens. In den folgenden Jahren führte ein Programm zur Landgewinnung und Anlage von Stauseen wie dem Lago Omo-

Chronik

1889–99
Eine Sondereinheit der Armee kämpft gegen das grassierende Banditentum

1926
Die sardische Schriftstellerin Grazia Deledda erhält den Nobelpreis

1943
Alliierte Bomben zerstören große Teile Cagliaris

1950
Die Malaria ist auf der Insel ausgerottet

1962
Die Erschließung der Costa Smeralda löst einen Tourismusboom aus

3

deo am Fluss Tirso zu einer erheblichen Verbesserung der Gesundheit der Bevölkerung in einstigen Malariagebieten. Die Trockenlegung der Küstenmarschen war der entscheidende Anstoß für die moderne Entwicklung der Insel. Sardiniens schöne Küsten, seit Jahrtausenden verlassen und gemieden, konnten nun für den Tourismus und den Bau von Seebädern erschlossen werden. Luxusvillen und Feriendörfer schossen wie Pilze aus dem Boden, und die »Smaragdküste« Costa Smeralda entwickelte sich zum weltberühmten Urlaubsziel. Das neu gewonnene Land konnte zudem erstmals landwirtschaftlich für den Anbau von Obst und Gemüse genutzt werden.

Sardinien heute

Sardiniens Wirtschaft hat sich gewandelt: Die Schafzucht nimmt ab, Industrie, Tourismus und Dienstleistungssektor wachsen. Dies hat teils negative Folgen für die Umwelt, steht doch das moderne Leben in Konkurrenz mit wertvollen Ressourcen wie unberührte Natur und Habitatvielfalt. Die Insel hat sich deshalb der Nachhaltigkeit verschrieben, der Ökotourismus nimmt zu.

1 *Bau der Eisenbahnlinie Tirso-Orzieri im 19. Jahrhundert* ↑

2 *Die 1938 unter Mussolini erbaute Bergarbeiterstadt Carbonia*

3 *Luxuriöses Hotel an der Costa Smeralda*

1971
Erstmals leben auf Sardinien mehr Industriearbeiter als Bauern

1985
Francesco Cossiga aus Sassari wird zum Präsidenten der Republik Italien gewählt

1998
Renato Soru gründet Tiscali, einen der größten Internetdienstleister Europas

2011
Sardiniens erste Windparks nehmen den Betrieb auf

2017
Alghero ist Startpunkt des 100. Giro d'Italia

SARDINIEN
ERLEBEN

Straße im Villanova-Viertel in Cagliari

Cagliari und Süden **56**

Ostküste **92**

Bergregion und Barbagia **112**

Westküste **134**

Norden und Costa Smeralda **168**

Blick über die Dächer der Altstadt Cagliaris (siehe S. 60 – 67)

Cagliari und Süden

Seit 5000 v. Chr. war das südliche Sardinien ein Zentrum des Bergbaus, nachdem die ersten Siedler gelernt hatten, wie man Kupfer und Silber abbaut und verarbeitet. Im 1. Jahrtausend v. Chr. gelangten die Phönizier auf die Insel und gründeten Nora, Sardiniens älteste Stadt, als Handelsbasis, um von hier aus das Erz über das Mittelmeer zu verschiffen. Im 8. bis 6. Jahrhundert v. Chr. gründeten sie Cagliari, damals Karalis (Felsenstadt), als Zwischenstopp auf der Schiffsroute zwischen dem Libanon und Iberien. Die Stadt wurde schnell ein bedeutendes Handelszentrum im Mittelmeerraum und prosperierte unter den Römern 700 Jahre lang. 534 wurde sie Teil des Byzantinischen Reichs.

1258 eroberten die Pisaner Cagliari und den Rest der Region und verhalfen ihr mit der Erweiterung der Silberminen zu Reichtum. Bis zur Zeit des Faschismus wurde das erzreiche Gebiet von verschiedenen Mächten ausgebeutet. Nach dem Zweiten Weltkrieg kam der Bergbau zum Erliegen. Cagliari, das im Krieg stark bombardiert worden war, erlebte eine Zeit des Wiederaufbaus. Der Hafen der Stadt ist nach wie vor eine wichtige Drehscheibe für den Schiffsverkehr.

Stagno di Cabras
S. Salvatore
San Giovanni di Sinis
Cabras
131
Solarussa
388
Allai
Samugheo
Oristano
Santa Giusta
Asuni
Westküste
Seiten 134–167
Golfo di Oristano
Senis
442
Monte Arci 812 m
Arborea
Capo della Frasca
Ales
Giara di Gesturi
26
Nuragus
Gonnosnò
131
Sant'Antonio di Santadi
Terralba
Uras
442
Su Nuraxi
2
Turri
Barumini
San Nicolò d'Arcidano
Mogoro
Mannu
Lunamatrona
126
Pardu Atzei
Villanovaforru
11
Villamar
9
Sardara
Marina di Arbus
Pabillonis
Monte Arcuentu 785 m
Terme di Sardara
197
131
Costa Verde
12
Sanluri
6
Montevecchio
Furtei
13
Guspini
Piscinas-Dünen
3
197
San Gavino Monreale
Arbus
10
Campidano
Naracauli
126
Gonnosfanadiga
293
Serrenti
Samassi
Villacidro
Capo Pecora
196
Monte Linas 1236 m
Nuraminis
Fluminimaggiore
Leni
Serramanna
131
Buggerru
15
16
Tempel von Antas
293
Monastir
Villasor
San Sperate
126
Masua
Vallermosa
Mannu
Domusnovas
Decimoputzu
Decimomannu
Costa di Masua
14
Iglesias
5
130
130
Assemini
Siliqua
Cixerri
7
Uta
Gonnesa
Villamassargia
Elmas
Bacu Abis
293
Stagno di Cagliari
Portoscuso
Monte Arcosu
Carbonia
22
San Pietro
19
Narcao
Capoterra
4
126
Acquacadda
Carloforte
Matzaccara
Nuxis
Monte Caravius 1116 m
Maddalena Spiaggia
Calasetta
San Giovanni Suergiu
293
17
La Caletta
Lago di Monte Pranu
Santadi
195
Punta delle Colonne
21
126
23
Tratalias
Sant'Antioco
18
Isola Manna
Giba
Punta Sebera 979 m
Sarroch
Porto Botte
Golfo di Palmas
Pula
Sant'Anna Arresi
Cannai
195
Nora
24
Teulada
Stagno de is Brebeis
Santa Margherita
Capo di Pula
Capo Sperone
Punta Menga
195
Domus de Maria
Costa del Sud
20
Baia Chia
Capo Teulada
Capo Spartivento

Cagliari und Süden

Highlights

1 Cagliari
2 Su Nuraxi
3 Piscinas-Dünen
4 San Pietro
5 Iglesias

Sehenswürdigkeiten

6 Sanluri
7 Uta
8 Serri
9 Sardara
10 Arbus
11 Villanovaforru
12 Costa Verde
13 Guspini
14 Costa di Masua
15 Buggerru
16 Tempel von Antas
17 Calasetta
18 Sant'Antioco
19 Carbonia
20 Baia Chia
21 Tratalias
22 Monte Arcosu
23 Santadi
24 Nora
25 Parco dei Sette Fratelli
26 Giara di Gesturi
27 Quartu Sant'Elena

Blick über die Stadt vom Castello-Viertel aus ↑

1

Cagliari

D6 154 000 Via Roma 145 +39 070 677 8173 So Sant'Efisio (1. Mai) cagliariturismo.it

Seine geschützte Lage machte Cagliari früh zu einem wichtigen Hafen. Im 8. bis 6. Jahrhundert v. Chr. gründeten die Phönizier die Stadt. Allerdings verdankt Cagliari sein heutiges Aussehen den Pisanern, die im Mittelalter das Viertel Castello ausbauten. Meer und Marschen flankieren die Hauptstadt Sardiniens auf drei Seiten – man hat eine wunderbare Aussicht in alle Richtungen.

①

Palazzo Civico

Via Roma +39 070 67 71

In der Via Roma, Ecke Largo Carlo Felice, steht der elegante Palazzo Civico (Rathaus). Er wurde im frühen 20. Jahrhundert im neogotischen Stil erbaut und nach dem Zweiten Weltkrieg restauriert, da er stark bombardiert worden war. Die Fassade zieren Spitzbogenfenster und Türmchen. In der Sala della Giunta und der Sala del Consiglio hängen Bilder von Filippo Figari und Giovanni Marghinotti, die Ereignisse der sardischen Geschichte zeigen.

②

Römisches Amphitheater

Viale Sant'Ignazio da Laconi Mi, Fr, So 10–16 1. Jan, 25. Dez beneculturalicagliari.it

Im Nordwesten der Stadt steht der bedeutendste Bau aus der Römerzeit. Das imposante Amphitheater aus dem 2. Jahrhundert v. Chr. wurde im Stil griechischer Theater direkt aus dem Fels gehauen. Hier gab es Zirkusveranstaltungen mit wilden Tieren wie auch *naumachiae*, Nachstellungen von Seeschlachten. Durch ein Kanalsystem konnte man die Arena fluten.

Ein Großteil des Mauerwerks stürzte im Mittelalter ein, zudem wurden die Steine zum Bau des Castello-Viertels verwendet. Von den Überresten sind noch die *cavea*, die Grube für die wilden Tiere, sowie Gänge hinter den Rängen, unterirdische Passagen und einige Ränge, auf denen einst die Zuschauer saßen, zu sehen.

③

Bastione San Remy

Terrazza Umberto I 24 Std.

Die im späten 19. Jahrhundert auf den spanischen Schutzwällen erbaute Bastion erreicht man von der Piazza Costituzione über eine Treppe zur Terrazza Umberto I (oder über die Porta dei

Fotomotiv
Stadtpanorama

Der Blick von der Bastione San Remy über die Stadt ist perfekt für ein Panoramafoto. Der große Bogen des Bauwerks ist ein gutes Hilfsmittel, um den gewünschten Ausschnitt festzulegen.

Leoni, wenn die Treppe geschlossen ist). Von dort hat man einen herrlichen Blick über die Küste und die Marschen. Die archäologische Stätte kostet Eintritt.

Die Krypta unter dem Altar birgt die Gräber der Mitglieder des Hauses von Savoyen sowie die Überreste von 200 Märtyrern.

Highlight

④

Kathedrale

Piazza Palazzo tägl. 9–20 duomodicagliari.it

Cagliaris Cattedrale di Santa Maria bauten die Pisaner im 11./12. Jahrhundert. Die heutige Fassade, die ständig verändert wurde (vor allem im 17. Jahrhundert), ist Ergebnis einer Restaurierung in den 1930er Jahren, um den romanischen Stil wiederherzustellen. Die vier Löwen am Eingang stammen aus dieser Zeit. Im Inneren findet man barocke Verzierungen und Originaldetails. Nahe dem Eingang stehen zwei Kanzeln. Meister Guglielmo schuf sie 1162 für den Dom von Pisa, die toskanische Stadt überließ sie dann Cagliari. Zur Gemäldesammlung im Kapitelsaal gehört die Guido Reni zugeschriebene *Geißelung Christi*. Die Krypta unter dem Altar birgt die Gräber der Mitglieder des Hauses von Savoyen sowie die Überreste von 200 Märtyrern. Im **Museo del Duomo** (Schatzkammer) sind prächtige Kirchenschätze wie Kelche, Amphoren und ein großes vergoldetes Kreuz zu sehen.

Museo del Duomo
Via del Fossario 5
Di–Fr 16:30–19:30, Sa, So 10–13, 16:30–19:30
museoduomodicagliari.com

Expertentipp
Geführte Tour

Die Piazza Yenne im Castello-Viertel wird von Boutiquen, Eisdielen und Cafés gesäumt. Eine kostenlose Führung beginnt am Obelisken (Mo – Fr 10 Uhr). Die Führer tragen pinkfarbene T-Shirts.

⑤

Cittadella dei Musei

Piazza Arsenale **+39 070 675 7627**

Zum Museumskomplex im Norden des Castello-Viertels, dem früheren königlichen Waffenlager auf dem Gelände der spanischen Zitadelle, gehören drei exzellente Museen: das Museo Archeologico Nazionale, das Museo Civico d'Arte Siamese Stefano Cardu und die Pinacoteca Nazionale.

Das **Museo Archeologico Nazionale** widmet sich der sardischen Geschichte und zeigt im Erdgeschoss die Artefakte chronologisch von der Jungsteinzeit bis zum Mittelalter. Auf den übrigen Stockwerken sind sie nach Fundstätten geordnet. Im neolithischen Saal stehen Alabasterstatuen weiblicher Gottheiten, darunter eine kreuzförmige aus Senorbi. Aus der späten Bronzezeit stammen Schlachtäxte. Herausragend sind die nuraghischen Bronzefigurinen aus dem Tempio di Teti in Abini. Zur Sammlung gehört ein Votivschwert, das mit Hirschen und der Figur eines Stammeshäuptlings oder Kriegers verziert ist. Im dritten Saal steht die Statuette eines Musikers mit *launeddas*, dem sardischen Blasinstrument.

Von der Herrschaft der Phönizier und Römer zeugen Objekte, die vor allem bei Cagliari, Tharros und Nora gefunden wurden: Amulette und Schmuck, kleine bunte Glasköpfe und Terrakotta-Votivstatuetten. Besonders schön sind ein Goldarmband und Goldohrringe aus Tharros.

Frühchristliche Objekte wie Krüge, Lampen und Goldschmuck bieten Einblick in die mittelalterliche Kultur der Insel und zeigen den Einfluss byzantinischer, vandalischer und maurischer Invasoren.

Das **Museo Civico d'Arte Siamese Stefano Cardu** zeigt einen Großteil der 1300 Objekte, die der Sarde Stefano Cardu, der am Hof des Königs von Siam diente, 1917 der Stadt schenkte. Die Gold- und Silberarbeiten, Elfenbeinstatuen und Vasen stammen meist aus dem 11. Jahrhundert.

Die dreistöckige **Pinacoteca Nazionale** enthält einen Mix aus Kunstwerken und ethnologischen Objekten. Der Eingang zur Pinacoteca liegt im Obergeschoss. Dort hängen Gemälde des 15. und 16. Jahrhunderts, darunter katalanische und sardische Altarbilder wie die *Verkündigung* von Joan Mates (1391–1431), *Sant'Eligio* von Maestro di Sanluri (16. Jh.) und Michele Cavaros *Nostra Signora della Neve* (1568).

Die mittlere Etage beherbergt Gemälde aus dem 17. und 18. Jahrhundert. Dort sieht man auch die alten Mauern der spanischen Festung (1552 – 63). Im Erdgeschoss hängt das restaurierte *Retablo di San Cristoforo* aus der Chiesa di San Francesco di Stampace, das 1871 von einem Blitz beschädigt wurde.

←

Madonna della Consolazione *von Michele Cavaro, Pinacoteca Nazionale*

Museo Archeologico Nazionale
Cittadella dei Musei
Di – So 9 – 20
museoarcheocagliari.beniculturali.it

Museo Civico d'Arte Siamese Stefano Cardu
Cittadella dei Musei
Di – So 9 –18/20
sistemamuseale.museicivicicagliari.it

Pinacoteca Nazionale
Cittadella dei Musei
Di – So 9 – 20 **pinacoteca.cagliari.beniculturali.it**

Ausstellung im Museo Archeologico Nazionale, Teil der Cittadella dei Musei (Detail) ↑

Highlight

Restaurants

Sa Piola
Das romantische Restaurant ist für sein *bue rosso* (in Rotwein geschmortes Rindfleisch) bekannt. Zum Nachtisch sollten Sie *seadas* probieren – gefüllte süße Teigtaschen.

Vico I Santa Margherita 3 +39 070 666 714

€€€

Principi di Dan
In dieser Enoteca am Hafen kann man all die köstlichen sardischen Weine testen. Dazu gibt es hervorragende heimische Salami.

Via Napoli 77
19 – 24 Uhr
facebook.com/principidi.dan

€€€

Dulcis Pasticceria
Genießen Sie zum Kaffee die Amaretti und das Tiramisu dieser modernen Konditorei.

Via Lodovico Baylle 25 dulcispasticceria.it

€€€

⑥

Galleria Comunale d'Arte

Giardini Pubblici, Largo Giuseppe Dessì Di – So 10 – 20 (Sep – Mai: bis 18) sistemamuseale.museicivicicagliari.it

Die städtische Kunstgalerie zeigt wichtige Arbeiten sardischer Künstler vom späten 19. Jahrhundert bis in die 1970er Jahre. Im Erdgeschoss sind Werke von Francesco Ciusa zu sehen, im ersten Stock zeitgenössische Kunst.

⑦

Orto Botanico

Viale Sant'Ignazio da Laconi 11-13 Apr – Okt: Di – So 9 –18; Nov – März: Di – So 9 –14 sites.unica.it/hbk

Der 1866 gegründete Botanische Garten beherbergt über 500 Arten tropischer Pflanzen aus Nord- und Südamerika, Afrika, Asien, aus dem pazifischen Raum und vom Mittelmeer.

Das Areal ist voller kleiner Höhlen wie der Grotta Gennari, wo Farne kultiviert werden, sowie römischer Tunnel, durch die Wasser in die Gärten geleitet wurde. Es gibt auch eine römische Galerie und einen Brunnen.

⑧

Necropoli Tuvixeddu

Via Falzarego tägl. 8:30 – 21:30

Hunderte von Grabkammern einer punischen Nekropole liegen westlich des Botanischen Gartens. Die Felsgräber mit ihren Wandmalereien lohnen einen Besuch, vor allem die *Tomba del Sid* und die *Tomba dell'Ureo* (mit dem Bild einer geflügelten Kobra).

⑨

Grotta della Vipera

Viale Sant'Avendrace Di, Do, Sa 9 – 14, 16 – 19 beniculturalicagliari.it

In der Höhle wurde Attilia Pomptilla, die Frau des Cassius Philippus, im 1. Jahrhundert n. Chr. bestattet. Zwei Schlangen zieren ihr Grab – daher der Name »Vipergrab«. An den Wänden befinden sich Inschriften auf Griechisch und Latein.

Café

Caffè Libarium Nostrum
Unter den Markisen der beliebten Café-Bar an den Resten der alten Stadtbefestigung Cagliaris kann man bei einem Aperol Spritz entspannen. Kostenlos dazu gibt es eine wunderbare Aussicht auf die Stadt und das Meer. Besonders romantisch ist die Atmosphäre natürlich bei Sonnenuntergang.

Via Santa Croce 33
+39 346 522 0212

⑩

Poetto

Viale Lungomare del Golfo PF, PQ, Poetto Express
cagliariturismo.it

Cagliaris berühmtester Strand verläuft acht Kilometer lang vom mit römischen Ruinen bedeckten Vorgebirge Sella del Diavolo nach Margine Rosso an der Küste von Quartu Sant'Elena. Den weitläufigen weißen Strand erreicht man mit einer kurzen Busfahrt vom Zentrum Cagliaris. Das türkisfarbene seichte Wasser des Golfo degli Angeli ist perfekt für Kinder. Am Strand gibt es fünf Bushaltestellen. Man kann Räder und Boote mieten oder in Dutzenden von Lokalen und Bars abhängen. Die Einheimischen joggen und kitesurfen hier oder spielen Beachvolleyball. In der Nähe sind die Salzebenen, wo sich bisweilen Flamingos niederlassen, sowie die Saline di Molentargius, wo schon die Römer Salz gewannen.

⑪

Unterirdisches Cagliari

Viale Sant'Ignazio +39 389 285 0025 nur Führungen (siehe Website)
cagliaritour.com

Nordöstlich des Zentrums finden sich im Gebiet unterhalb des Römischen Amphitheaters, des Krankenhauses und des Botanischen Gartens von den Phöniziern aus dem Fels gehauene unterirdische Gänge und Kammern. Die spektakulärste wurde nach König Vittorio Emanuele II. benannt. Von der Casa di Riposo in der Viale Sant'Ignazio steigt man in diesen unheimlichen Raum hinab.

Die rund 2500 Quadratmeter Wandfläche sind mit einer Abdeckung überzogen, um sie vor der Feuchtigkeit zu schützen.

Schon gewusst?
Buenos Aires ist nach der Basilica di Nostra Signora di Bonaria in Cagliari benannt.

⑫

Villa di Tigellio

Via Giovanni Carbonazzi
Sommer: 10–13, 16–20; Winter: 9–17
cagliariturismo.it

Südöstlich des Botanischen Gartens liegt die Villa di Tigellio mit drei Römervillen und Bädern aus der Kaiserzeit. Das erste Haus besitzt ein Tablinum (Empfangsraum für das Familienoberhaupt, später Repräsentationsraum), das direkt ins zentrale Atrium führt.

← *Ideal für Sonnenanbeter und Wassersportler: der Strand Poetto bei Cagliari*

13 EXMA

Via San Lucifero 71
Di–So 10–13, 17–21
consorziocamu.it/spazi/exma

Der frühere städtische Schlachthof im Osten des Castello-Viertels wurde Mitte des 19. Jahrhunderts errichtet und 1964 geschlossen. Das dunkelrote, mit steinernen Kuhköpfen verzierte Gebäude dient heute als Kunstzentrum der Stadt (EXMA = Exhibiting and Moving Arts).

Hier finden regelmäßig Wechselausstellungen von Fotografien, Gemälden und Skulpturen sowie Kurse für Kinder und Erwachsene statt. Im Sommer werden klassische Konzerte im Hof, im Winter im Auditorium veranstaltet.

14 Marschen und Salzebenen

Molo Sanità **cagliariturismo.it** **P von der Via Roma zum Poetto, 8 nach Santa Gilla**

Rund um die Außengebiete von Cagliari erstreckt sich entlang dem Westufer der Bucht ein Netz von Marschen und Seen. Die Lagune des Stagno di Santa Gilla erreicht mit der alten Macchiareddu-Salztonebene eine Ausdehnung von 4000 Hektar. Die Salinen sind als einzige in diesem Gebiet noch in Betrieb.

Nach langer Vernachlässigung wurde das Marschland um Cagliari zum Schutzgebiet erklärt. Seither gibt es wieder eine artenreiche Fauna. Der Stagno di Molentargius östlich der Stadt ist ein beliebter Zwischenstopp für Zugvögel. Mindestens 170 Arten – ein Drittel der Vogelpopulation Europas – wurden hier gesichtet. Zwischen August und März locken die Flamingos viele Naturliebhaber an. Seit 1993 nisten die farbenprächtigen Vögel erneut an der Rändern der Molentargius-Marsch.

15 San Saturnino

Piazza San Cosimo
+39 070 34 282 66
Di – Sa 9 – 16

Die Kirche San Saturnino östlich des EXMA-Gebäudes wird auch Santi Cosma e Damiano genannt. Das schlichte Gotteshaus, das nach 18-jähriger Restaurierung Ende des 20. und Anfang des 21. Jahrhunderts wieder geöffnet ist, gehört zu den ältesten christlichen Bauwerken der Insel. Den Bau begann man im 5. Jahrhundert zum Gedenken an den Märtyrertod von Saturnino (auch Saturno), dem Schutzheiligen der Stadt. Er wurde 304 geköpft, da er seinen christlichen Glauben nicht verleugnen wollte.

Im Mittelalter stiegen San Saturnino und das angrenzende Kloster zum wichtigen religiösen und kulturellen Zentrum auf. San Saturnino, deren Grundriss die Form eines griechischen Kreuzes hatte, wurde im 11. Jahrhundert von Mönchen aus Marseille durch drei Seitenschiffe mit Tonnengewölben erweitert. Im Inneren zeigt eine marmorne Votivtafel das einstige Aussehen der Kirche. Zum Schutz vor weiterem Schaden durch Feuchtigkeit wurden Glasfenster in den Kalktuff gesetzt, die die Kirche modern wirken lassen. Ein Besuch lohnt sich aber auch heute.

↑ *San Saturnino – frühchristliches Heiligtum für den Schutzpatron Cagliaris*

Tierwelt der Marschen

Viele Zugvögel und einheimische Vogelarten bevölkern die Marschen um Cagliari. Sie ernähren sich von kleinen Tieren wie der Salzwassergarnele *(Artemia salina)*, die hier weitverbreitet sind. Neben der großen Flamingopopulation, die manchmal 10 000 Tiere überschreitet, sieht man auch viele andere Wasservogelarten wie etwa Stelzenläufer, Säbelschnäbler, Kormorane und Krickenten. In den Gewässern der Macchiareddu-Salztonebene leben Stockenten, Spießenten und Blesshühner.

Spaziergang im Viertel Castello

Länge 1 km **Dauer** 20 Min. **Bushaltestelle** Indipendenza

Castello, das älteste Viertel Cagliaris, wurde von Pisanern und Aragoniern auf einem Hügel erbaut. Seine prächtigen Patrizierhäuser und die Kathedrale schützte eine massive Stadtmauer. Als Cagliaris Funktion als Machtzentrum im Lauf der Zeit schwand, verfielen die eleganten Gebäude. Gleichwohl ist Castello mit seinen Wachtürmen und seiner Promenade entlang Teilen der alten Festungsanlage ein wunderbarer Ort für einen Bummel.

← *Innenraum der eleganten Kathedrale von Cagliari*

Die mehrfahch umgebaute **Kathedrale** vereint pisanische, aragonische und barocke Elemente. Das mit mehrfarbigem Marmor ausgestattete Innere zieren schöne Skulpturen *(siehe S. 61)*.

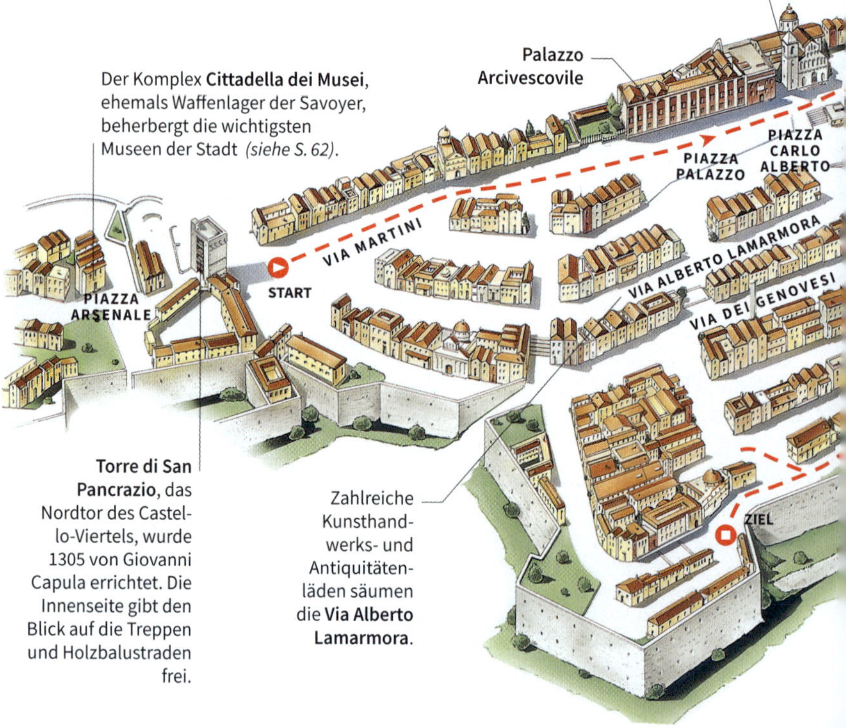

Palazzo Arcivescovile

Der Komplex **Cittadella dei Musei**, ehemals Waffenlager der Savoyer, beherbergt die wichtigsten Museen der Stadt *(siehe S. 62)*.

Torre di San Pancrazio, das Nordtor des Castello-Viertels, wurde 1305 von Giovanni Capula errichtet. Die Innenseite gibt den Blick auf die Treppen und Holzbalustraden frei.

Zahlreiche Kunsthandwerks- und Antiquitätenläden säumen die **Via Alberto Lamarmora**.

↑ *Großer Bogen am Eingang zur Bastione San Remy*

Zur Orientierung
Siehe Karte S. 61

Der **Palazzo Boyl** bei der Bastione San Remy wurde 1840 erbaut. Er umfasst die Überreste der Torre dell'Aquila (Adlerturm), eines der großen pisanischen Türme über den Eingangstoren der Altstadt.

Anfang des 20. Jahrhunderts entstand auf den spanischen Festungsmauern die **Bastione San Remy**. Sie besitzt eine Terrasse mit Ausblick *(siehe S. 60f)*.

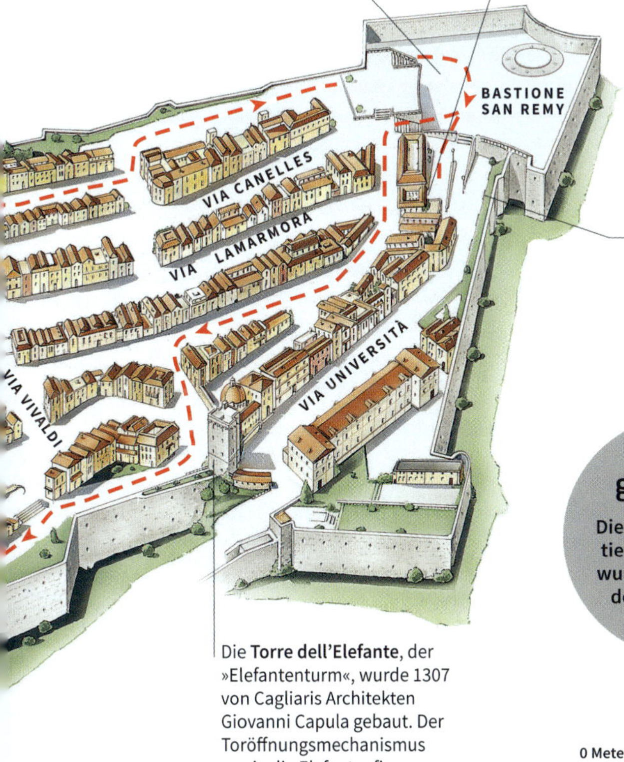

Die **Porta due Leoni**, das Tor zum unteren Hafenviertel, verdankt seinen Namen zwei romanischen Löwenköpfen *(leoni)* über dem Torbogen.

Schon gewusst?

Die Köpfe der exekutierten Gefangenen wurden an der Torre dell'Elefante aufgehängt.

Die **Torre dell'Elefante**, der »Elefantenturm«, wurde 1307 von Cagliaris Architekten Giovanni Capula gebaut. Der Toröffnungsmechanismus sowie die Elefantenfigur an der Fassade, der der Turm seinen Namen verdankt, sind noch heute zu sehen.

→ *Blick auf die Siedlung mit Umgebung: zentrale Bastion von Su Nuraxi*

Schon gewusst?

Die Groß-Nuraghe Su Nuraxi ist die einzige UNESCO-Welterbestätte auf Sardinien.

2

Su Nuraxi

D5 1 km westl. von Barumini bis Barumini, dann 1 km zu Fuß tägl. Kernzeit 9–19 (Winter: bis 16); Museum: Sommer: tägl. 10–20, Winter: 10–17 W fondazionebarumini.it

Die archäologische Stätte der größten und am besten erhaltenen Groß-Nuraghe auf Sardinien ist ein faszinierender Ort. Sie ist von fruchtbarem Ackerland umgeben und besteht aus einem labyrinthischen Dorf, das sich um den zentralen Turm erstreckt. Su Nuraxi gehört zu den beliebtesten Attraktionen der Insel.

Expertentipp
Familienspaß

Ein paar Minuten zu Fuß von Su Nuraxi entfernt liegt der Parco Sardegna in Miniatura (www.sardegnainminiatura.it). Hier gibt es maßstabsgetreue Miniaturmodelle der Attraktionen der Insel sowie eine genaue Rekonstruktion des Nuraghen-Dorfs.

Ausgrabungen östlich von Barumini brachten mehrere nuraghische Komplexe, darunter diese größte Nuraghen-Festung Sardiniens, ans Licht. Die ursprüngliche Siedlung stammt aus der Mittleren Bronzezeit (um 1500 v. Chr.). Die 19 Meter hohe Anlage auf einem Hügel überragt die Ebene. Im 7. Jahrhundert v. Chr. wurde der Hauptteil der Festung, ein mit vier externen Nuraghen verbundener Turm, aus Angst vor einer karthagischen Invasion durch eine dicke Außenmauer mit Türmen und einem Wehrgang für die Wache verstärkt. Die Siedlung entwickelte sich nach und nach außerhalb der Hauptfestungsanlage mit Ein- und Mehrraum-Behausungen, einer Kornmühle und einer Bäckerei. Das Gebiet war fast 2000 Jahre lang bewohnt, obwohl die oberen Teile der Anlage nach der Eroberung durch die Karthager zerstört wurden und die Stätte so ihre strategische Bedeutung verlor.

Highlight

↑ *Mächtige Steine: im Innern eines der Türme*

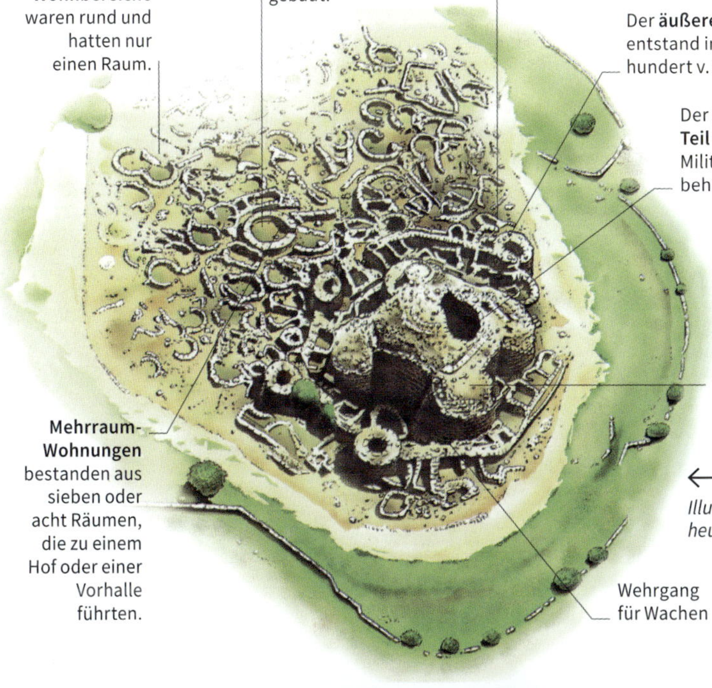

← *Illustration der heutigen Stätte*

Nuraghen

Auf Sardinien gibt es über 7000 Nuraghen, ihre stumpfen Kegel sind ein vertrauter Anblick auf der Insel. Man weiß wenig über ihre Erbauer, eine Zivilisation, deren Blütezeit zwischen 1800 und 500 v. Chr. lag (in einigen Gebieten allerdings widersetzten sich die Nuragher den Römern noch lange nach dieser Zeit). Viele Werke dieser Kultur sind nach wie vor rätselhaft. Nuraghen, oft von einem Dorf und einer Mauer umgeben, dienten sowohl als Wohnungen als auch als Festungen. Es gibt keine Spuren einer Schriftsprache, doch in Gräbern und nahe bei heiligen Brunnen wurden über 1500 Bronzefiguren gefunden. Diese und andere Funde sind in den archäologischen Museen Sardiniens ausgestellt.

Nuraghische Strukturen

Zunächst bestand eine Nuraghe aus nur einem Turm mit einem runden Raum, der sich stufenweise verengte. Die Steinblöcke waren ohne Mörtel zusammengefügt. Diesen Typ Nuraghe sieht man auf Sardinien am häufigsten. Später wurden weitere Türme hinzugefügt und durch Wälle verbunden. Beispiele hierfür sind die Nuraghe Losa in Abbasanta *(siehe S. 160)*, Su Nuraxi bei Barumini *(siehe S. 68f)* und die Nuraghe Arrubiu bei Orroli *(siehe S. 106)*.

Bronzen

Die Bronzestatuetten der Nuragher variieren in der Größe von wenigen Zentimetern bis zu fast einem halben Meter. Die meisten sind männlich – viele davon Krieger. Doch es gibt auch einige weibliche Figuren, Tiere und Alltagsobjekte wie Boote und Möbel. Es wird angenommen, dass es sich dabei um Votivgaben handelt.

Im Inneren eines Turms in der Groß-Nuraghe Su Nuraxi ↑

Eine Tomba dei Giganti nahe Dorgali ↑

← *Bronzefigur eines Stammeshäuptlings*

Nuraghische Gräber
Die Nuragher bauten riesige, als Tombe dei Giganti (Gigantengräber) bekannte Gräber zur Bestattung ihrer Toten. Die Bezeichnung geht auf die Größe der Grabanlagen zurück, einige boten genügend Platz für mehrere Hundert Körper. Jedes Grab bestand aus einem langen überdachten Gang, erbaut aus großen Steinplatten. Die Form repräsentierte das Horn des Stiergotts. Die Fassade bildete eine gewaltige ovale Stele mit einer Öffnung an der Basis. Zwei Steinreihen auf jeder Seite, die einen Bogen formen, vervollständigten die Grabkammer. Die gebogene Hauptstele war manchmal bis zu drei Meter hoch, vermutlich symbolisierte sie das Tor zur Unterwelt. Um ein typisches Gigantengrab herum befanden sich oft lange Reihen von Menhiren. Man findet die Gräber auf ganz Sardinien, sie konzentrieren sich allerdings im Zentrum der Insel.

↓ *Überbleibsel der massiven Befestigungen der Nuraghe Arrubiu*

Schon gewusst?

Der FKK-Strand am Südende der Piscinas-Dünen gehört zu den größten Europas.

3

Piscinas-Dünen

C5 bis Arbus, dann mit Auto via Ingurtosu weiter

Der goldene Sandstrand von Piscinas erstreckt sich über sieben Kilometer und bildet eine wellige, sich mit dem Wind verändernde Dünenlandschaft von wilder Schönheit.

Die Sandhügel von Piscinas und Is Arenas (auf Sardisch »der Sand«) sind bis zu 50 Meter hohe Wanderdünen an der Mündung des Flusses Piscinas. Die durch den Mistral, den kalten Nordwind aus Frankreich, verursachte Erosion verändert die Landschaft ständig, dennoch breiten sich fest verwurzelte Pionierpflanzen aus. Die robusten Wurzeln des Strandhafers *(Ammophila arenaria)* stabilisieren die Sandhänge allmählich, die dann von anderen salzresistenten Pflanzen wie Wacholder und Zaunwicke überwuchert werden. Diese einzigartige ökologische Nische ist Lebensraum vieler Tiere: Spuren von Füchsen, Wildkatzen, Rebhühnern und Kaninchen sind keine Seltenheit. Erhalten sind auch Ruinen der Minen aus dem 19. Jahrhundert, einst wichtigster Wirtschaftsfaktor des Sulcis.

TOP 3 Weitere Dünen

Torre dei Corsari
Der großartige Strand an der Costa Verde besitzt einen Leuchtturm (17. Jh.) sowie goldene Dünen, die mit Erdbeerbäumen und Wacholder bestanden sind.

Sabbie d'Oro Pistis
Die Hügel an der Costa Verde ragen 30 Meter in die Höhe. Am einen Ende des Strands liegt ein phönizisch-römischer Steinbruch.

Is Arenas Biancas
Der weiße Strand bei Teulada mit seinen zuckrigen Dünen dehnt sich kilometerlang aus.

↑ *Die goldfarbenen Dünen von Piscinas, bewachsen mit struppiger Vegetation*

1 *Die stark verwurzelte* Ammophila arenaria *(Strandhafer) wächst gern auf Sand.*

2 *Überbleibsel der Schmalspurbahn (19. Jh.), die Material von den Minen zum Meer transportierte, sind in Strandnähe sichtbar.*

3 *Das Sardische Rebhuhn bevorzugt sonnige Habitate mit unterschiedlichem Bewuchs. Es wurde von den Römern aus Nordafrika eingeführt.*

4

San Pietro

B7 · 6000 · Delcomar von Calasetta oder Portovesme aus · Via Garibaldi 72 · Delcomar +39 342 1080 330 (Calasetta), +39 349 9349 882 (Portovesme) · San Pietro (29. Juli) · comune.carloforte.su.it

Auf der zweitgrößten Insel im Sulcis-Archipel mit ihrer grandiosen Küstenlinie, den steilen Klippen und hübschen Buchten liegt als einziger Ort die Kleinstadt Carloforte.

Carloforte ist ideal für Spaziergänge, ihre farbenfrohen Gassen führen zum Hafen. Die Insel ist nach dem Apostel Petrus benannt, der hier bei einem Sturm Zuflucht gesucht haben soll. Bis 1736 war sie praktisch unbewohnt. In jenem Jahr bot Carlo Emanuele III sie einer Gemeinde ligurischer Korallenfischer an, deren Vorfahren auf die Insel Tabarka vor Tunesiens Küste verbannt worden waren. Die ligurischen Ursprünge San Pietros sind in der Architektur, dem Dialekt und der Küche, die allerdings auch nordafrikanisch beeinflusst ist, erkennbar. Die zerklüftete Küste hat wunderschöne Buchten, die nur per Boot erreichbar sind. Sie ist ein Paradies für Taucher, Schnorchler und Hochseefischer. In den Klippen leben Wanderfalken, Korallenmöwen und die seltenen Eleonorenfalken.

Expertentipp
Per Pedalkraft

Die Insel kann man gut per Fahrrad erkunden – die 14,5 Kilometer lange südöstliche Schleife entlang der SP103 führt durch Farmland und Macchia an hohen Klippen entlang. Mieträder gibt es in Carloforte.

1

2

1 Silberfarbene Felsen auf der einen Seite und brauner Fels auf der anderen – sie umschließen die Bucht Cala Fico, ein Habitat der Eleonorenfalken.

2 Die Felsformation Colonne di Carloforte ist nach den trachytischen Stelen benannt, die steil aus dem Meer ragen.

3 Die Buch von La Caletta bietet, beschützt von der Punta Spalmatore, einen weißen Sandstrand, an den das kristallklare Wasser schwappt.

3

Highlight

Schon gewusst?

Die Einwohner San Pietros sprechen Tabarchino, einen Genueser Dialekt aus dem 16. Jahrhundert.

↑ *Die einzige bewohnte Stadt der Insel San Pietro: farbenfrohe Straße in Carloforte*

5

Iglesias

C6 · 27 000 · Via Isonzo 7 · +39 0781 274 200 · Osterwoche · comune.iglesias.ca.it

Iglesias wurde im 13. Jahrhundert von Graf Ugolino della Gherardesca gegründet. Damals wurden die einstigen römischen Minen der Gegend wiedereröffnet. Mitte des 19. Jahrhunderts war Iglesias ein wichtiges Bergbauzentrum. Nach dem Zweiten Weltkrieg brach die Industrie ein, viele Minen wurden aufgegeben. Zeugen dieser Vergangenheit sind noch zu sehen und stehen in Kontrast zum gut erhaltenen historischen Zentrum der Stadt.

Die attraktive Piazza Lamarmora in Iglesias' Altstadt ↑

①
Castello di Salvaterra

Via Monte Altari · +39 0781 274 507 · nach Vereinbarung (rufen Sie im Tourismusbüro an)

Ein kurzer Spaziergang von der Piazza Quintino Sella nach Norden führt zum Castello di Salvaterra, einem pisanischen Turm von 1284, der Teil der mittelalterlichen Befestigungsanlage war. Er ist nach dem Hügel benannt, auf dem er steht. Von dort hat man einen fantastischen Blick über die Stadt.

Weitere Überbleibsel der Stadtmauer sind entlang der Via Eleonora d'Arborea und Via Roma zu sehen. Einst standen 23 Türme entlang der Mauer mit ihren vier Toren. Sie sollten Iglesias (damals Villa di Chiesa) vor aragonischen Eindringlingen schützen, die allerdings 1324 die Stadt eroberten und sie umbenannten.

Expertentipp
Führungen

Einheimische Anbieter haben diverse Touren im Programm, die zu nahen Attraktionen, etwa zum Minenhafen Porto Flavia, zum Bergbaukomplex Monteponi und zur Grotta di Su Mannau führen.

②
Chiesa di San Francesco

Piazza San Francesco · +39 0781 274 507 · tägl. 8:30–11:30, 17–19

Die Kirche San Francesco wurde zwischen dem 14. und 16. Jahrhundert errichtet. Das aus dem heimischen rosafarbenen Granit erbaute Gotteshaus besitzt noch einige schöne Elemente der katalanischen Gotik. Die Seitenkapellen waren den Adelsfamilien gewidmet. Der originale Altar der Kirche befindet sich in der Pinacoteca Nazionale in Cagliari *(siehe S. 62)*.

③
Orto Botanico Linasia

Località Case Marganai · +39 0781 220 97 · Di–So 8–13:30, 15–19

Der große Botanische Garten Linasia mit einheimischen Pflanzen liegt im Staatswald von Marganai, zehn Kilometer nordöstlich von Iglesias.

In der Nähe befinden sich die Grotta di San Giovanni

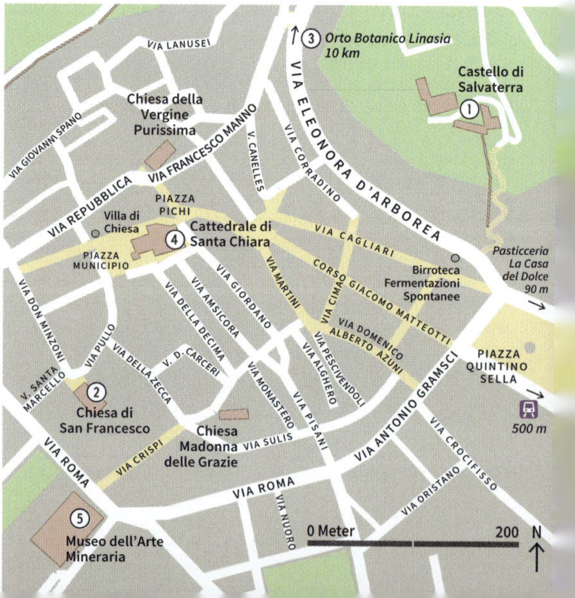

Highlight

und das Gigantengrab Sa Domu 'e s'Orcu. Durch den Wald verlaufen einige schöne Wanderwege, zudem stößt man auf Relikte des einstigen Bergbaus.

④

Cattedrale di Santa Chiara

Piazza del Municipio
+39 0781 221 42 tägl. 9–12:30, 15–20

Die Kathedrale steht gegenüber dem Palazzo del Municipio. Die Kirche mit romanischer Fassade von 1288 wurde Ende des 17. Jahrhunderts vollendet. Der Glockenturm besitzt eine Bronzeglocke (1337) von Andrea Pisano, der für seine Arbeit am Duomo in Florenz bekannt ist. In der Krypta gibt es eine Sammlung ungewöhnlicher Sakralkunst.

Die Straßen um die Kathedrale säumen Häuser mit schmiedeeisernen Balkonen im aragonischen Stil.

← *Einfache Ziegelfassaden – Cattedrale di Santa Chiara und ihr Glockenturm*

⑤

Museo dell'Arte Mineraria

Via Roma 47 +39 0781 350 03 vorrübergehend geschlossen museo artemineraria.it

Das von Freiwilligen organisierte Museum zur Bergbaugeschichte liegt gleich außerhalb der Altstadt. Es präsentiert eine fantastische Sammlung an Fotografien, Maschinen und Werkzeugen, die mit dem Bergbau verbunden sind. Bei Führungen können Besucher Tunnel besichtigen, die von den Studenten in den 1930er Jahren als Teil ihrer Ausbildung geschlagen wurden. Im Zweiten Weltkrieg dienten die Tunnel als Luftschutzkeller und Krankenlager.

Das Museum liegt im Institut Asproni, einem eleganten Jugendstil-Gebäude, das auch ein Geologiemuseum mit einer Sammlung an Fossilien und Mineralien beherbergt.

Restaurants

Pasticceria La Casa del Dolce
In der kleinen Bäckerei gibt es sardisches Gebäck, frisch gebackene Brote und hübsche kleine Kuchen.

Via Valverde 17
+39 0781 221 30

€€€

Birroteca Fermentazioni Spontanee
Das freundliche Wirtshaus serviert exzellente Craft-Biere, saftige Steaks und Burger aus verschiedenen Fleischarten.

Via Cagliari 101
+39 347 091 4873

€€€

Villa di Chiesa
In dem angenehmen Ristorante auf dem historischen Hauptplatz kommen Seafood-Pasta und vegetarische Pizzas auf den Tisch.

Piazza del Municipio 9 +39 339 475 2687
Mo

€€€

←

General Nino Villa Santas Arbeitszimmer im Castello di Sanluri

SEHENSWÜRDIGKEITEN

6 Sanluri

D5 8500 Via Mazzini 74
www.castellodisanluri.it

Sanluri entstand im 14. Jahrhundert um die Burg von Eleonora d'Arborea *(siehe S. 50)*. Aragonier nahmen sie 1409 ein. Die massive quadratische Anlage ist mit einem kunstvollen schmiedeeisernen Tor und Türmen an allen vier Ecken versehen.

Heute gehört die Burg den Nachfahren von General Nino Villa Santa, einem Veteranen des italienisch-türkischen Kriegs. Sie beherbergt einige Museen, darunter das **Museo Risorgimentale Duca d'Aosta** mit Memorabilien aus dem Ersten Weltkrieg. Unter den Exponaten ist auch ein Bett aus dem 16. Jahrhundert. Im Obergeschoss liegt das Museo delle Ceroplastiche mit 343 künstlerischen Wachsmodellen von 1500 bis 1800. In der Eingangshalle steht eine Skulptur von San Michele.

Das **Museo Storico Etnografico** im restaurierten, noch heute betriebenen Convento dei Cappuccini, einem Kapuzinerkloster (6. Jh.) auf einem Hügel über der Stadt, zeigt Werkzeuge und archäologische Funde.

Museo Risorgimentale Duca d'Aosta
Castello di Sanluri +39 070 930 7105 nur Sa, So 10 – 18, am besten vorher anrufen

Museo Storico Etnografico
Via San Rocco 6 +39 070 930 7107 tägl. 9 –12, 15:30 –19 (nur nach Voranmeldung)

Sardischer Safran

Safran, das »rote Gold«, wird aus den Griffeln von *Crocus sativus* gewonnen. Er gehört zu den teuersten Gewürzen der Welt. Der meiste Safran wird auf der Campidano-Ebene in den kleinen Dörfern außerhalb von Sanluri angebaut, etwa in Turri, San Gavino Monreale und Villanovafranca. Anfang November wird in den Gemeinden das kostbare Gewürz mit einem Fest gefeiert. Dann können Besucher die Felder besichtigen, die komplizierte Ernte beobachten und traditionelle Gerichte mit Safran probieren, etwa *fregula* und Lammeintopf, aber auch Eis.

7 Uta

D6 8700
Piazza S'Olivariu
comunas.it/uta/

Das Städtchen Uta liegt am Rand der Campidano-Ebene, die sich von Cagliari aus nördlich nach Oristano erstreckt. Am Stadtrand steht die 1140 von Mönchen aus Marseille erbaute Kirche **Santa Maria**. Ihre Fassade aus hellem Stein mit dunkleren Blöcken zieren Blendbogen und ein kleiner Glockengiebel. Menschen-, Hirsch- und Kalbsköpfe sowie geometrische Muster schmücken die Bogen.

Das Dorf **San Sperate**, acht Kilometer nordöstlich von Uta, ist ein Open-Air-Museum mit Hunderten von Wandbildern. Hinzu kommen Skulpturen des einheimischen Künstlers Pinuccio Sciola.

Santa Maria
Via Santa Maria +39 070 96 9630 nur nach Voranmeldung

San Sperate
Via Sassari 12
sansperate.net

8 Serri

D5 · 650 · Rathaus, Via Municipio 5 · +39 0782 806 081 · www.comuneserri.it

Das Zentrum der Schafzucht liegt am Rand der Trexenta-Berge. Direkt am Vorgebirge liegt das **Santuario Nuragico di Santa Vittoria**, eine der faszinierendsten Nuraghen-Stätten Sardiniens. In den Ruinen fand man Bronze-Votivstatuetten, heute im Museo Archeologico Nazionale *(siehe S. 62)* in Cagliari.

Hier betete man am heiligen Brunnen zum Gott des Wassers. Der Brunnen ist über 13 erstaunlich gleich große Basaltstufen zu erreichen. Nach kurzem Marsch kommt man zum *Recinto delle Feste* (Fest-Bereich). Der elliptische Bau hat einen von Pilgerräumen umgebenen Säulenhof. Vielleicht handelt es sich um einen Vorläufer der ländlichen Heiligtümer *(cumbessias* oder *muristeni)*, die man heute in vielen Landkirchen findet.

Santuario Nuragico di Santa Vittoria
7 km nordwestl. · tägl. 9–19 · acropolinuragica.it

9 Sardara

D5 · 4000 · Piazza Gramsci 1 · provincia.mediocampidano.it

Sardara liegt am Rand der Campidano-Ebene zwischen den mittelalterlichen Fürstentümern Arborea und Cagliari. Aus dieser Zeit stammen gut erhaltene Steinhäuser rund um San Gregorio. Die Fassade der romanischen Kirche (6. Jh.) wurde im 13./14. Jahrhundert gotisch umgebaut. Am Westrand des Orts steht die Kirche Beata Vergine Assunta (16. Jh.) mit interessanten Säulen und Bogen sowie einem Sternengewölbe.

Nahe der Kirche befinden sich die Überreste des nuraghischen Brunnentempels Sant'Anastasia. Diese überkuppelte, unterirdische Kammer (9./10. Jh. v. Chr.) ist auch als *Funtana de is Dolus* (Brunnen des Schmerzes) bekannt. Die Gläubigen kamen wegen des heilenden Quellwassers hierher. Das Wasser wurde von einem Kanal von der Quelle zum Tempel transportiert. Das kleine **Civico Museo Archeologico Villa Abbas** an der Piazza Libertà bei den Ruinen präsentiert Funde der Stätte und von anderen Stätten in der Nähe. Besonders interessant sind die Kopien zweier Bogenschützen aus Bronze. Die Originale stehen im Museo Archeologico Nazionale *(siehe S. 62)* in Cagliari. Vom Balkon des Museums sieht man bis zum Castello di Monreale und über die Umgebung.

Die Ruinen des Castello di Monreale, einer Festung des Fürstentums Arborea, liegen etwa einen Kilometer von Sardara entfernt auf einem Hügel. Etwas weiter westlich stehen die Ruinen römischer Bäder. In der Nähe stößt man auf die gotische Santa Maria de Is Acquas.

Civico Museo Archeologico Villa Abbas
Piazza Libertà 7 · Di–So 10–19 · coopculture.it

Schon gewusst?

Das Sardische ist eine eigene romanische Sprache und kein italienischer Dialekt.

↑ *Strenge Fassade: Santa Maria de Is Acquas nahe Sardara*

10 Arbus

C6 6200 Via XX Settembre 27 arbus turismo.it

Granithäuser prägen das Dorf an den Hängen des Monte Linas. In Arbus werden die *arresojas arburesa*, traditionelle Messer mit gebogener Klinge, gefertigt.

Folgt man der N126 sieben Kilometer nach Südwesten und dann einer kurvigen Bergstraße nach Westen, gelangt man zum Bergarbeiterdorf Ingurtosu. Die einst von rund 1000 Bergarbeitern bewohnten Häuser sind heute verlassen. Den Kiefernwald rund um die verfallenen Häuser pflanzten die Arbeiter.

Zwischen alten Minen, verlassenen Gebäuden und ehemaligen Abraumhalden führt eine Schotterstraße nach Naracauli mit den Ruinen eines Minenkomplexes, der kurz nach dem Ersten Weltkrieg entstand. Früher brachte ein Zug Blei und Zink zum Meer, wo es verschifft wurde. Überbleibsel der Schmalspurbahn sind am Strand von Piscinas zu sehen *(siehe S. 72f)*.

> Entdeckertipp
> **Scharfe Klingen**
> In der Via Roma in Arbus, nahe der Piazza Mercato und direkt neben der Messerschmiede Arburesa, liegt das Museo del Coltello Sardo (museodelcoltello.it) mit Museumsladen, ein Muss für Fans scharfer Klingen. Es wurde vom Messerschmied Paolo Pusceddu gegründet und zeigt Hunderte alter und neuer sardischer Messer. Unter den Exponaten ist ein Prachtexemplar, das 1986 als »Größtes Klappmesser der Welt« ins *Guinness-Buch der Rekorde* kam.

↑ *Traditionell hergestellte sardische Messer im Museo del Coltello Sardo in Arbus*

11 Villanovaforru

D5 650 Piazza Costituzione 1 comune. villanovaforru.su.it/

Das kleine Bauerndorf, eine spanische Gründung vom Anfang des 17. Jahrhunderts, hat viel von seinem ursprünglichen Aussehen bewahrt. Viele Häuser besitzen noch originale Zierelemente. Im Monte Granatico (früher ein Getreidelager) am Hauptplatz präsentiert das kleine, aber exzellente **Museo Civico Archeologico Genna Maria** im Erdgeschoss Funde aus der Nuraghe Genna Maria, darunter Objekte aus Bronze, Eisen und Keramik (9. Jh. v. Chr.). Im ersten Stock sind Demeter und Persephone geweihte Votivobjekte aus der Römerzeit zu sehen.

Genna Maria Parco Archeologico liegt an der Straße nach Collinas, einen Kilometer westlich auf einem Hügel. Die typische Nuraghe *(siehe S. 70f)* wurde 1977 entdeckt, die Ausgrabungen auf der archäologischen Stätte dauern noch heute an. Dicke Mauern mit drei Türmen bilden ein Dreieck, das einen zentralen Turm und einen Hof mit Brunnen umschließt. Eine weitere Mauer mit sechs Ecktürmen umgibt den gesamten Dorfbereich.

Museo Civico Archeologico Genna Maria
Piazza Costituzione 4
+39 070 930 0050 Di–So 9:30–13, 15:30–18 (Apr–Sep: bis 19)

Genna Maria Parco Archeologico
1 km westl. von Villanovaforru saisonal unterschiedl. (siehe Website) gennamaria.it

12

Costa Verde

C5 – 6

Costa Verde (»Grüne Küste«) ist der passende Name für diesen wilden Küstenabschnitt, der mit windschiefer Macchia und Wacholder bedeckt ist. Er verläuft vom Capo Pecora im Süden etwa 50 Kilometer bis Capo Frasca im Norden. Seine Strände sind für ihre sanfte Dünenlandschaft, die verlassenen Minenorte und den scheuen *Cervo sardo* (sardischer Hirsch) bekannt. Das smaragdfarbene Meer wirkt feierlich. Unechte Karettschildkröten legen hier ihre Eier ab, bisweilen sieht man in der Ferne Tümmler. Kitesurfer lieben die Wellen, vor allem im Frühling. Im Sommer paddeln Kajakfahrer von Bucht zu Bucht.

Die nächstgelegenen Städte sind Arbus und Guspini, die sich ein Stück im Hinterland befinden. Sonst gibt es wenig. Highlights sind die Piscinas-Dünen *(siehe S. 72f)* und der abgelegene Scivu-Strand. Sie haben nur bescheidene Einrichtungen, doch sie bieten einen unvergleichlichen mediterranen Sonnenuntergang.

13

Guspini

C6 11 500 Rathaus, Via Don Minzoni 10
comune.guspini.su.it

Guspini liegt inmitten von Olivenhainen in der fruchtbaren Campidano-Ebene vor der Kulisse des Monte Arcuentu. Am Hauptplatz fungiert die Kirche San Nicolò di Mira (17. Jh.) mit der prächtigen Fensterrose als Zentrum des sozialen Lebens. Mit einer Prozession und einem Pferderennen wird die jährliche Festa di Santa Maria del Mare begangen.

Die **Montevecchio-Mine**, acht Kilometer westlich, war seit Mitte des 19. Jahrhunderts eine der größten Europas. Obwohl sie Anfang der 1990er Jahre aufgegeben wurde und seither verfällt, lohnt sich ein Besuch: Arbeiterhäuser, Kirche, Schule und Krankenhaus können besichtigt werden. Führungen stellen die Mine vor, eine Ausstellung illustriert das Leben der Bergarbeiter.

Montevecchio-Mine
8 km westl. von Guspini
saisonal unterschiedl. (siehe Website) **minieramontevecchio.it**

Hotels

Agriturismo Casa Marmida

Auf diesem Bauernhof gibt es einen herrlichen Swimmingpool, köstliche Mahlzeiten und komfortable moderne Zimmer. Obwohl der Hof in Betrieb ist, hört man nur das sanfte Blöken von Schafen und Ziegen, die auf den nahen Weiden grasen.

C6 Strada Provinciale 65, Guspini
casamarmida.com

€€€

Tartheshotel

Die Glastüren der luxuriösen Suiten öffnen sich auf einen Innenhofgarten mit Palmen und lassen die frische Luft der Costa Verde herein. Kleine Wasserfälle werten den Swimmingpool auf.

C6 Via Parigi 1, Guspini **tartheshotel.com**

€€€

← *Gebäuderuinen der Montevecchio-Mine in der Nähe von Guspini*

Schöne Aussicht
Küstensicht

Für die beste Sicht auf die Costa di Masua und ihr Warzeichen Pan di Zucchero sollte man zur alten Mine Porto Flavia gehen. Ob man von den Klippen oberhalb oder einfach vom Strand aus aufs Meer blickt: Die Aussicht ist fantastisch.

14

Costa di Masua

C6

Die Straße von Fontanamare nach Masua, zwölf Kilometer nördlich, folgt der bezaubernden Küste. Masuas kleine Bucht Porto Flavia überragen Kalksteinsäulen, und vor der Küste sieht man das unverwechselbare Profil des Pan di Zucchero (»Zuckerhut«). Die massive steile Felsformation erhebt sich 132 Meter aus dem Meer.

In Nebida bilden die verlassenen Minen bereits echte Industriedenkmäler. Ein Küstenpfad führt zu den Ruinen der verlassenen Gebäude und Schächte der Lamarmora-Mine.

15

Buggerru

C6 1000

Buggerru liegt in einem zum Meer hin offenen Tal. Der im 18. Jahrhundert in einem erzreichen Gebiet gegründete Ort wurde schnell zu einer blühenden Bergarbeiterstadt mit einem Theater und dem Sitz der französischen Société Anonyme des Mines de Malfidano. Im unteren Teil ist eine Skulptur von Pinuccio Sciola den Bergarbeitern gewidmet, die bei der blutigen Niederschlagung des Streiks von 1904 ums Leben kamen. Die Minen sind heute geschlossen, einige aufgelassene Tunnel können aber besichtigt werden.

Heute bietet Buggerru den einzigen Hafen für Freizeitboote zwischen Carloforte und Oristano. Die Docks, in denen früher Frachtschiffe mit Erz beladen wurden, dienen nun als Hafen für Besucher der Westküste. Im Süden liegt die abgeschiedene Cala Domestica, eine felsige, von einem spanischen Wachturm überragte Bucht.

16

Tempel von Antas

C6 Fluminimaggiore
Via Vittorio Emanuele 225
+39 0781 580 990
tägl. 9:30–19:30 (Winter: bis 16:30)

Der antike Tempel wurde erst 1966 entdeckt. Die vermutlich einst nuraghische Kultstätte übernahmen im 4. Jahrhundert v. Chr. die Karthager und weihten sie der Gottheit Sid Addir Babai. Ein Jahrhundert später fügten sie ein Atrium und eine Haupthalle hinzu. Ägyptisches und ionisches Dekor schmückte den Tempel.

Im 3. Jahrhundert bauten die Römer den Tempel um. Sie verwendeten Teile des Materials wie die ionischen

Es stehen nur noch sechs Säulen des Tempels von Antas, doch ein Besuch der isolierten Ruinen inmitten von wilder Macchia lohnt sich.

Abgeschiedener Strand in der Cala Domestica nahe Buggerru

Kapitelle der Säulen und weihten ihn Sardus Pater (eine Anspielung auf den karthagischen Namen), dem Gott und »Schöpfer« Sardiniens. Es stehen nur noch sechs Säulen, doch ein Besuch der isolierten Ruinen inmitten von wilder Macchia lohnt sich.

Südwestlich befinden sich die Ruinen eines nuraghischen Dorfs, dessen Bewohner wohl von den Erzvorkommen angezogen wurden. Darunter sind die römischen Steinbrüche zu sehen, die das Material für die Rekonstruktion des Tempels lieferten. Die sardischen Zwangsarbeiter hatten nur simple Hämmer und Meisel für die Bearbeitung der Steinblöcke, die sie mit Ochsenkarren bergauf transportieren mussten. Vom Tempel führt ein Pfad zur Grotta di Su Mannau, einer heiligen Höhle mit Seen, wo einst vermutlich Rituale stattfanden.

Neun Kilometer nördlich liegt das im 18. Jahrhundert gegründete Dorf Fluminimaggiore im Mannu-Tal. Neun Kilometer westlich Richtung Meer kommt man zum von ausladenden Sanddünen geschützten Portixeddu-Strand. Die Landspitze des Capo Pecora bietet einen herrlichen Blick auf das azurblaue Meer und die Küste.

Ruinen des karthagisch-römischen Tempels von Antas in der Bergwelt des Iglesiente

17 Calasetta

B7 · 2900
comune.calasetta.ci.it

Das zweitgrößte Dorf auf Sant'Antioco *(siehe S. 86f)* wurde 1769 gegründet. Die geraden Straßen führen zum Hauptplatz, wo die Pfarrkirche mit dem arabisch anmutenden Glockenturm steht. Die Straße entlang der Westküste nach Süden bietet einen Panoramablick auf Klippen, Buchten und Strände.

Restaurant

906 Operaio
Von der Terrasse der Pizzeria genießt man zur Pizza auch einen grandiosen Blick aufs Meer. Vom Lokal führen Pfade hinunter zum Strand und zu alten verlassenen Minen.

C6 · Passeggiata del belvedere di Nebida, Nebida
+39 338 916 5388
€€€

Capo Malfatano am südlichen Ende der Insel

18

Sant'Antioco

C7 14 000 Rathaus Piazzetta Italo Diana 1, Infopoint Via Roma 47
visitsantantioco.info

Die Insel Sant'Antioco ist mit Sardinien durch einen Damm verbunden. Von der Straße aus sieht man Ruinen einer römischen Brücke. Dort stehen die *faraglioni*, zwei große Menhire. Es soll sich um eine Nonne und einen Mönch handeln, die sich bei ihrem Ausreißversuch in Stein verwandelten.

Phönizier gründeten die Stadt Sant'Antioco im 8. Jahrhundert v. Chr. und nannten sie Sulki. Der Handel mit Mineralien und Gold aus der Region machte sie zu einem wichtigen Hafen im Mittelmeer. Der griechische Astronom Ptolemäus nannte die Insel *insula plumbaria* (Bleiinsel). Im Zweiten Punischen Krieg (218–202 v. Chr.) nutzten die Karthager den Hafen. Die siegreichen Römer bestraften sie dafür hart. Unter den Römern florierte die Stadt, im Mittelalter führten Piratenüberfälle zum Niedergang.

Die Häuser des malerischen Stadtzentrums mit der von Bäumen gesäumten Hauptstraße Corso Vittorio Emanuele zieren schmiedeeiserne Balkone. Oberhalb der Stadt steht die Kirche **Basilica di Sant'Antioco** (6. Jh.). Sie hatte eine zentrale Kuppel und den Grundriss eines griechischen Kreuzes, wurde aber im 11. Jahrhundert umgebaut. Angeblich ist der Schutzpatron der Insel, der hl. Antiochus, in den Katakomben begraben, zu denen man durch das Querschiff gelangt. Die Leiche des Märtyrers, der von römischen Soldaten in Afrika ermordet wurde, soll hier angetrieben worden sein.

Das **Museo Archeologico** präsentiert eine sehenswerte Sammlung an Schmuck, phönizischen und römischen Tonarbeiten und Funden der Umgebung wie Urnen aus der Nekropole Tophet.

Das **Museo Etnografico** in einer ehemaligen Weinkellerei präsentiert im Hauptsaal Geräte zur Käseherstellung und zum Weinbau. Die Webabteilung zeigt Spindeln und Webstühle. Unter den äußeren Arkaden sind Geräte zur Weinherstellung und Viehzucht ausgestellt.

Die Stadt wird vom Castello Sabaudo, einem Bau aus rotem Stein, beherrscht. Die Aragonier bauten es im 16. Jahrhundert wieder auf. Direkt vor der Stadt liegt auf einem Felsen am Meer **Tophet**, eine Kultstätte der Phönizier und Begräbnisstätte für tot geborene oder kurz nach der Geburt verstorbene Säuglinge. In der Nähe befindet sich eine karthagische Nekropole mit über 40 unter-

Expertentipp
Carolina Ranch

Erkunden Sie die Insel Sant'Antioco auf den Pferden der familienfreundlichen Carolina Ranch (www.carolina ranch.it). Es gibt Ausritte an der Küste und durch Täler mit Nuraghen. Oder Sie buchen eine aufregende Tour mit dem Quad.

↑ *Tophet: Urnen für Säuglinge in der Begräbnis- und Kultstätte der Phönizier*

→ Frammento di Vuoto *(2005) von Giò Pomodoro auf der Piazza Roma, Carbonia*

irdischen Gräbern. Sie diente den Römern als Begräbnisstätte. Deren Gräber wurden in frühchristlicher Zeit als Katakomben genutzt.

Basilica di Sant'Antioco
Via Necropoli +39 0781 830 44 Mo – Sa 9 – 12, 15 – 20, So 10 – 11, 16 – 20

Museo Archeologico
Piazza Sabatino Moscati
tägl. 9 – 19
mabsantantioco.it

Museo Etnografico
Via Necropoli
tägl. 9:30 – 13, 15 – 18 (Sommer: 9 – 19)
mabsantantioco.it

Tophet
Piazza S. Moscati
tägl. 9 – 19
mabsantantioco.it

19

Carbonia

C7 28 000
Rathaus, Piazza Roma 1
comune.carbonia.su.it

Benito Mussolini gründete Carbonia 1938 in der Bergbauregion Sulcis. Die Stadt trägt noch immer Züge faschistischer Stadtplanung und Architektur.

An der Piazza Roma befinden sich das Rathaus, der Torre Civica und die Kirche San Ponziano.

Zu den weiteren Sehenswürdigkeiten in Carbonia gehört das **Museo dei Palaeoambienti Sulcitani E. A. Martel** mit einer Sammlung an Fossilien, von denen einige über 600 Millionen Jahre alt sind. In der Villa Sulcis, der einstigen Residenz des Grubendirektors, ist das **Museo Archeologico** beheimatet. Zu sehen sind Schmuck und Keramik aus dem *domus de janas* (wörtlich »Haus der Feen« – Grotten, die als prähistorische Grabstätten genutzt wurden) sowie Funde vom Monte Sirai.

Westlich von Carbonia führt eine Straße von der SS216 zum Monte Sirai. Allein der Blick auf die beiden Inseln Sant'Antioco und San Pietro lohnt einen Besuch. Die Akropolis im **Parco Archeologico di Monte Sirai** bauten die Phönizier um 750 v. Chr. Die dicke Außenmauer schützte den Bau und die umliegende Garnisonsstadt, die 500 Fuß- und 100 berittene Soldaten beherbergen konnte. Die Ruinen und das Militärlager wurden erst 1962 entdeckt, die Ausgrabungen dauern noch an.

Die Nekropole nordwestlich der Hauptzitadelle ist vorwiegend karthagisch. Man kann aber auch phönizische Gräber und unterirdische punische Grabkammern entdecken.

Museo dei Palaeoambienti Sulcitani E. A. Martel
Grande Miniera di Serbariu +39 345 888 6058 Di – So 10 – 13, 15 – 20 carboniamusei.it

Museo Archeologico
Villa Sulcis, V. Campania
Di – So 10 – 13, 15 – 20
carboniamusei.it

Parco Archeologico di Monte Sirai
3 km südl. von Carbonia +39 345 755 9751 Di – Fr 9 – 20, Sa, So 10 – 13, 15 – 20 carbonia musei.it

Bierlokal

Rubiu Birrificio Artigianale
Die moderne Mikro-Brauerei, Mitglied bei Slow Food, serviert erfrischende helle Biere, goldfarbenes Lager und Dunkelbiere. Dazu gibt es gute Holzofen-Pizzas mit einer großen Auswahl an Belägen. Wer möchte, bekommt auch eine Pizza aus Bio-Teig mit veganem Belag.

C7 Via Bologna 25, Sant'Antioco
19 – 24
rubiubirra.it
€€€

20

Baia Chia

D7 · Via Garibaldi 2, Domus de Maria · comune.domusdemaria.ca.it

An der Südküste (Costa del Sud) gibt es hohe Sanddünen, die Strände erstrecken sich bis zum Capo Spartivento. Im Sand wächst Wacholder, im Marschland tummeln sich Reiher, Purpurreiher, Lappentaucher und andere Zugvögel. Das Areal soll Zentrum eines regionalen Naturschutzgebiets werden.

Der Weiler Chia an der Küstenstraße ist mit seinen Obstplantagen und Feigenbäumen ein beliebtes Besucherziel. Eine holprige Straße führt zur Bucht von Chia. Auf einer Seite wird sie von der Torre di Chia (17. Jh.) geschützt, auf der anderen durch rote Klippen mit Macchia. Die Ruinen des phönizischen **Bithia** am Fuß des Turms können besichtigt werden. Diese alte Stadt, die sowohl in den Schriften von Ptolemäus als auch Plinius d. Ä. erwähnt wird, lag jahrhundertelang im Meer.

Zu sehen sind auch die Ruinen einer punisch-römischen Nekropole und eines vermutlich dem Gott Bes geweihten Tempels. Im Sand fand man Tongeschirr und Amphoren (7. Jh. v. Chr.). Spuren römischer Wandbilder und Mosaiken schmücken die Säulengänge der Häuser. Nahe dem Wachturm findet man alte punische Festungsmauern und eine Zisterne.

Entlang der Küste gibt es Buchten, Dünen und Pinienwälder bis zum Capo Spartivento, das spektakuläre Ausblicke bietet.

Bithia
Domus de Maria, Località Chia · 24 Std.

21

Tratalias

C7 · 1000 · www.comune.tratalias.ca.it

Das Dorf in der Region Sulcis war bis 1513 Sitz der Diözese. Die Fassade der 1213 geweihten pisanisch-romanischen Kathedrale **Santa Maria di Monserrato** wird durch Bogen gegliedert und von einer Fensterrose gekrönt. Das Tympanon ist eigenartig, da der letzte Teil einer Treppe aus ihm ragt.

Seiten und Apsis schmücken Pilaster und Blendbogen. Innen sind die drei Mittelschiffe durch achteckige Säulen voneinander getrennt. Ein Altarbild von 1596 zeigt Johannes den Täufer und den Evangelisten Johannes mit Madonna und Kind.

Santa Maria di Monserrato
Via d. Angeli 18 · +39 078 168 8046 · Sommer: Di–So 9–13, 16–20; Winter: Mi–So 9–13, 15–17

←
Madonnenstatue von Santa Maria di Monserrato in Tratalias

22

Monte Arcosu

D7 · östl. von Santadi an der SP1 · 9–19/17 · wwf.it/dove-interveniamo/il-nostro-lavoro-in-italia/oasi/monte-arcosu

Der Naturpark Monte Arcosu besitzt die größte Macchia-Vegetation im Mittelmeerraum. Bis 1985 war der Park privates Jagdrevier, dessen Tiere durch Wilddiebe dezimiert wurden. Teile dieses privaten Areals stehen nun unter dem Schutz des WWF. Hier können heimische Pflanzen und Tiere existieren. Oberhalb des Bergwalds mit Kork- und Steineichen, Erdbeerbäumen und Wacholder ragen Granitgipfel auf. Das Gebiet wird nur von holprigen Straßen unterbrochen, die Orte wie Santadi und Capoterra im Mannu- und im Gutturu-Mannu-Tal verbinden. Sardische Hirsche, die es bis in die 1890er Jahre noch auf der ganzen Insel gab, erholen sich im Naturpark wieder. Weitere Waldtiere sind Damhirsch, Wildschwein, Wildkatzen und Marder. Am Monte Arcosu kann man zudem Steinadler, Wanderfalken und Hühnerhabichte sehen. Es gibt zwei gut ausgeschilderte Wanderwege: der leichtere Perdu-Melis-Weg und der schwierigere Sa-Canna-Weg. Für beide braucht man zwei Stunden. Erforderlich sind gutes Schuhwerk und Wasser. Karten gibt es beim Besucherzentrum. Dort werden auch Touren, teils mit Übernachtung, angeboten.

219
Das ist die Anzahl der Flechtenarten, die bis jetzt im Naturpark Monte Arcosu entdeckt wurden.

→ *Felsengräber der Nekropole Montessu bei Villaperuccio, in der Nähe von Santadi*

Expertentipp
Spezialitäten
Santadi ist für den Carignano-Wein, aber auch für Käse-, Brot- und Gebäcksorten bekannt. Man kann sie meist auf Agriturismo-Höfen probieren.

23
Santadi

C7 3300 www.comune.santadi.ci.it

Die Altstadt von Santadi liegt am höher gelegenen Nordufer des Flusses Mannu. Im mittelalterlichen Zentrum sind noch traditionelle Häuser aus Vulkangestein erhalten. Beweise für die Besiedlung des Gebiets seit der Nuragher-Zeit sind die hier gefundenen Gold-, Kupfer-, Bronze- und Tongegenstände, die das Museo Archeologico *(siehe S. 62)* in Cagliari zeigt. Werkzeuge und Möbel der Region sind im **Museo Etnografico Sa Domu Antiga** zu sehen. Der Museumsladen verkauft Kunsthandwerk des Sulcis.

Am ersten Sonntag im August wird in Santadi die Zeremonie der Sa Coia Maurreddina (maurische Hochzeit) abgehalten. Das Fest in lokalen Trachten und mit lokalem Essen soll von den Nordafrikanern stammen, die sich zur Römerzeit in der Gegend ansiedelten.

Auf einem Plateau etwas südwestlich von Tratalias liegt die phönizische Festung Pani Loriga (7. Jh. v. Chr.). Fünf Kilometer weiter südlich bietet das Höhlensystem **Grotte Is Zuddas** wunderschöne Stalagmiten- und Stalaktitenformationen. In der (heute geschlossenen) Grotta Pirosu fand man Votivlampen und einen Dreifuß im zypriotischen Stil.

In der **Nekropole Montessu**, drei Kilometer nördlich von Villaperuccio, zeigen einige *domus de janas* Spuren der früheren gelben und roten Wandbemalung. Andere Gräber waren wohl der Andacht vorbehalten.

Museo Etnografico Sa Domu Antiga
Via Mazzini 37 +39 078 194 1010 Di–So 9–13, 16–19

Grotte Is Zuddas
Benatzu saisonal unterschiedl. (siehe Website) grotteiszuddas.com

Nekropole Montessu
Villaperuccio, Località Montessu +39 078 16 4040 Sommer: Di–Fr 9–19, Sa, So 10–18

Kellerei

Cantina di Santadi
Die Weinbaugenossenschaft ist ein Zusammenschluss von 200 Kleinwinzern. Im Weinkeller kann man die preisgekrönten Carignano-Rotweine und die Vermentino-Weißweine verkosten, zusammen mit anderen Weinen aus einheimischen Traubensorten. Für Verkostungen sollten Sie sich vorher anmelden.

C7 Via Giacomo Tachis 14 Mo–Sa cantinadisantadi.it

←

Phönizische Stadt: Säulen und Fußbodenmosaiken im antiken Nora

24

Nora

D7 Viale Nora, Capo di Pula 10–22:30
sardegnaturismo.it

Die Stadt wurde vom 9. bis 8. Jahrhundert v. Chr. unter den Phöniziern auf einer Landzunge erbaut, der perfekte Ort, um in alle Richtungen segeln zu können. Nora war Sardiniens erste Stadt, diesen günstigen Status behielt sie auch unter den Römern, die ihre Straßen von hier aus bauten. Allerdings wurde sie im Mittelalter wegen der häufigen Überfälle der Sarazenen und des Mangels an fruchtbarem Land verlassen. Da das Meer die drei Häfen im Lauf der Zeit überspülte, spannen sich viele Sagen um sie. Taucher und Schnorchler können noch die Römerstraßen erkennen oder Fragmente von Amphoren und anderen Überbleibseln unter Wasser bewundern. Dazu bedarf es einer Genehmigung, die das **Fralomar Diving Center** erteilt.

Die Ruinen an Land – ein wahres Open-Air-Museum – erstrecken sich bis zur Landspitze des Capo di Pula mit der spanischen Torre del Coltelazzo. Ein karthagisches Relikt ist der Tempel der Fruchtbarkeitsgöttin Tanit. Sonst ist wenig aus punischer Zeit erhalten, obwohl Funde in den Gräbern von regem Handel zeugen.

Links vom Haupteingang liegen die mit Mosaiken verzierten römischen Terme di Levante (2./3. Jh. n. Chr.). Das nahe Römische Theater (2. Jh. n. Chr.) war einst mit Marmor verziert. Dahinter liegt das große, rechteckige Forum. Südlich des Theaters zieren Mosaiken mit ockerfarbenen, schwarzen und weißen Steinen das *frigidarium* und das *caldarium* der Thermen. Auch Pflasterstraßen und die Kanalisation sind noch erhalten.

Viele Funde, etwa punische Inschriften, die erstmals den Namen Sardinien erwähnen, bewahrt das Museo Archeologico Nazionale *(siehe S. 62)* in Cagliari auf.

Einige Keramiken der Stätte zählen zur Sammlung des kleinen **Museo Archeologico Patroni** im nahen Pula. Pulas Cafés und Eisdielen sind im Sommer voller Besucher. Die romanische Kirche Sant'Efisio (11. Jh.), die französische Viktorinermönche auf einem phönizischen Grabfeld errichteten, ist Anfang Mai Ziel einer Prozession von Cagliari nach Pula *(siehe S. 46)*. Die Laguna di Nora ist ein wunderbarer Ort für Vogelbeobachter. Hier gibt es auch ein kleines Aquarium und Rehabilitationszentrum für Meeresschildkröten.

Hotel

Il Monastero

Das Hotel in den grünen Hügeln oberhalb des Strands von Quartu Sant'Elena liegt in einem jahrhundertealten umgebauten ehemaligen Kloster und Bauernhaus. Die Zimmer, teils mit Himmelbetten, strahlen eine besondere Atmosphäre aus. Das Restaurant des Hotels hat Tische am tropischen Swimmingpool und serviert exzellente Gerichte.

E7 Via delle Sequoie 14, Geremeas
monasterohotel.it

€€€

Fralomar Diving Center
Santa Margherita di Pula
+39 335 347 631

Museo Archeologico Patroni
Corso Vittorio Emanuele 67, Pula wegen Umbauarbeiten auf unbestimmte Zeit geschlossen

25

Parco dei Sette Fratelli

E6 Besucherzentrum: SS125 bis Muravera, Kreuzung der SP21 nördl. nach Burcei Park: tägl. Sonnenaufgang bis -untergang; Besucherzentrum Forsthaus Noci, Campuomu +39 070 831038 sardegna foreste.it

Der »Park der sieben Brüder« ist nach den sieben Gipfeln benannt, die man von Cagliari aus sieht. Sie überragen die Steineichen und Macchia. Der Gipfel des Serpeddì (1067 m) ist im Winter mit Schnee bedeckt. Der Duft von Erdbeerbäumen, Myrte, Thymian, Lavendel, Wacholder und Eukalyptus liegt in der Luft. Hier ist das Habitat von Wildschweinen, Wildkatzen, Mufflons und Hirschwild. In der Luft ziehen Wanderfalken und Steinadler ihre Kreise. Das Areal ist von Nuraghen, Höhlen, Canyons und alten Maultierpfaden übersät. Im Forsthaus Noci in der Gemeinde Campuomu gibt es Informationen zum Park.

26

Giara di Gesturi

D5 Besucherzentrum: 6 km nordöstl. von Tuili tägl. Sonnenaufgang bis -untergang parcodellagiara.it

Die Hochebene Giara di Gesturi ist für ihre Wildpferde bekannt – und ein Anziehungspunkt für Wanderer. Das Areal wurde vor drei Millionen Jahren von Lavaströmen geformt. Man stößt auf Gruppen von alten krummen Eichen und Korkeichen, unterbrochen von kräftiger Macchia, die vor allem im Frühling duftet. Gepflegte Wege führen zu einigen saisonalen Süßwasserseen *(paùli)*. Hier stillen die *cavallini della Giara* (kleinwüchsige Wildpferde) sowie einige versprengte Herdentiere ihren Durst. Interessant sind auch einige Nuraghen, die meist am Rand des Plateaus liegen. Empfehlenswert sind geführte Touren, die man im Besucherzentrum buchen kann.

27

Quartu Sant'Elena

D6 70 000 Elmas Cagliari Via Cavour 56 (+39 070 233 4657)

Die im Großraum Cagliaris gelegene Stadt gehört zu den größten der ganzen Insel – obwohl sie manche wegen ihrer Nähe zur Hauptstadt nur als Vorort von Cagliari ansehen. Quartu Sant'Elena befindet sich am Rand der gleichnamigen Salztonebene und Marsch, einer beliebten Brut- und Niststätte für Flamingos.

Von der im Mittelalter errichteten Kirche Sant'Agata auf dem Hauptplatz führt die Via Porcu zum Casa Museo Sa Dom'e Farra, wörtlich »Mehlhaus«. Das zu einem interessanten Museum umfunktionierte Landhaus präsentiert mehr als 14 000 traditionelle Werkzeuge aus den Bereichen Land- und Hauswirtschaft, die der frühere Schäfer Gianni Musiu zusammengetragen hat.

Nach einer kurzen Busfahrt Richtung Südwesten erreicht man den beliebten Strand Poetto *(siehe S. 64)*.

Expertentipp
Regionaler Wein

Quartu Sant'Elena ist für seinen Malvasier (Malvasia) bekannt, ein süßer Dessertwein von goldgelber Farbe und reichen Aromen. Man findet ihn auf den Speisekarten der Restaurants der Stadt.

↑ *Wildpferde in den bewaldeten Bereichen der Giara di Gesturi*

Blick vom zerklüfteten Supramonte-Gebirge aufs Meer

Ostküste

Die relativ unwirtliche Ostküste Sardiniens war lange Zeit nur spärlich bevölkert. Für die ersten jungsteinzeitlichen Siedler hatte das felsige Gelände allerdings Vorteile. Sie nutzten die Grotten und Höhlen der Karstlandschaft am Golfo di Orosei als Unterkünfte. Die hohen Gipfel des Supramonte-Gebirges mit ihren erhöhten Aussichtspunkten boten zudem Schutz vor Angreifern: Hier entstand während der Bronzezeit die Nuraghen-Siedlung von Serra Orrios auf einem Plateau mit Blick übers Meer.

Die Römer und spätere Eroberer bauten zwar Straßenverbindungen ins Hinterland, doch die Besiedlung der Region blieb bescheiden. Die Entfernung der Orte von der Küste stand einem größeren Wachstum entgegen. Dies blieb jahrhundertelang so, da auch die Bedrohung durch ständige Piratenüberfälle und Malariaepidemien eine weitergehende Entwicklung zunichtemachte.

Die Ausrottung der die Malaria übertragenden Mücken nach dem Krieg führte zur Errichtung einer Reihe von Seebädern und Ferienorten. Doch zum Großteil ist die Region noch immer die Domäne der wetterfesten Schäfer und ihrer Herden.

Ostküste
Norden und Costa Smeralda
Seiten 168–199
Bergregion und Barbagia
Seiten 112–133
Punta la Batteria
10 Posada
La Caletta
Santa Lucia
Lodè
11 Siniscola
Capo Comino
Mannu
Monte Albo
Monti Remule
125
Lula
Cala Liberotto
Irgoli
Cedrino
131d
8 Galtellì
9 Orosei
Marina di Orosei
129
6 Serra Orrios
5 Dorgali
Cala Gonone
Golfo di Orosei
Nuoro
Oliena
Orotelli
Tirso
131d
Ottana
Sarule
Mamoiada
2 Codula di Luna
1 Nationalpark Gennargentu
Gola Su Gorropu 7
Olzai
Ianna Caguseli
389
Taloro
Genna Silana 1017 m
Urzulei
Capo di Monte Santu
Austis
Tonara
Monti del Gennargentu
Baunei
Talana
Triei
Sorgono
Punta La Marmora 1834 m
389
4 Santa Maria Navarrese
Atzara
Barbagia
Villagrande Strisaili
Ogliastra
Lotzorai
Aritzo
Arbatax
3
Capo Bellavista
Meana Sardo
Lago Alto del Flumendosa
Tortolì
12 Lanusei
Laconi
Seui
198
17 Gairo
14 Bari Sardo
128
Ussassai
Nurallao
13 Jerzu
Esterzili
Isili
Monte S. Vittoria 1212 m
197
Marina di Gairo
Serri
Nurri
Lago del Flumendosa
Capo Sferracavallo
18 Orroli
Tertenia
Mannu
16 Perdasdefogu
Mandas
Melisenda
Lago Mulargia
Siurgus Donigala
Escalaplano
Siehe Karte rechts
Suelli
Goni
Flumendosa
Quirra
San Basilio
Ballao
Senorbì
Quirra
128
San Nicolò Gerrei
Sant'Andrea Frius
Villasalto

Ostküste

Highlights

1. Nationalpark Gennargentu
2. Codula di Luna

Sehenswürdigkeiten

3. Arbatax
4. Santa Maria Navarrese
5. Dorgali
6. Serra Orrios
7. Gola Su Gorropu
8. Galtellì
9. Orosei
10. Posada
11. Siniscola
12. Lanusei
13. Jerzu
14. Bari Sardo
15. Villasimius
16. Perdasdefogu
17. Gairo
18. Orroli
19. Muravera

Schöne Aussicht
Punta La Marmora

Wer den Gipfel der Punta La Marmora erklimmt, genießt eine fantastische Rundumsicht über die ganze Insel. Im Himmel kreisen Raubvögel auf der Suche nach Beute, und mit ein bisschen Glück sehen Sie in der Ferne eine kleine Gruppe der hier heimischen Mufflons.

→ *Ausläufer des Nationalparks an der Küste des Golfo di Orosei*

❶

Nationalpark Gennargentu

E4 · Pro Loco in Dorgali, Via La Marmora 108 · +39 078 496 243 · Rathaus in Desulo · parcogennargentu.it

Die wilde Szenerie des Nationalparks umfasst Furcht einflößende Berge, grüne Weiden, zerklüftete Bergplateaus und alte Wälder. Sie ist sowohl ein Schutzgebiet für Wildtiere als auch ein Paradies für Wanderer. Hinzu kommt die spektakuläre Küste am Golfo di Orosei.

Der 1988 gegründete und 590 Quadratkilometer große Nationalpark liegt in der Provinz Nuoro. Er besitzt eine der wildesten und bergigsten Landschaften Sardiniens sowie den höchsten Gipfel der Insel, die Punta La Marmora (1834 m). In dem Areal gibt es 27 Orte, doch nur wenige befestigte Straßen. Die tiefen Täler und kargen Gipfel verleihen dem Park ein Flair von völliger Einsamkeit. Mit seiner unberührten Natur ist er ein Eldorado für Wanderer, Geologen und Naturliebhaber.

Die Wanderung zur Punta La Marmora ist lohnenswert, die Kalksteinlandschaft des Supramonte beeindruckend. Am Monte Tiscali liegt die faszinierende Nuraghen-Siedlung Tiscali *(siehe S. 118f)*. Die Schlucht Su Gorropu *(siehe S. 101)* und die Karstquelle Su Gologone gehören zu den Naturwundern des Parks. Die Küste östlich gilt als eine der schönsten Europas und ist Heimat der gefährdeten Mönchsrobbe. Nehmen Sie zum Wandern eine aktuelle Karte und ausreichend Wasser mit.

Highlight

↑ *Zerklüftete Bergszenerie: Blick über den Nationalpark Gennargentu*

→ *Vom Wasser geformt: Steilwände der Gola Su Gorropu*

← *Bis zu 500 Meter hohe Wände: Blick in die Schlucht Su Gorropu – eine der tiefsten Europas*

Tiere im Nationalpark

Die ganz unterschiedliche Topografie des Nationalparks Gennargentu bietet Habitate für verschiedene Tierarten. Auf kräftige Wildschweine trifft man überall im Park, ebenso auf Füchse, Wiesel, Siebenschläfer, Hasen und Wildkatzen. Mufflons leben in den felsigen Höhen der unwirtlichsten Gegenden des Parks. Sardische Hirsche äsen in den Wäldern. Am Himmel sieht man mehrere Raubvogelarten, darunter Steinadler, Wanderfalken, die seltenen Eleonorenfalken, Bussarde und Sperber.

2

Codula di Luna

E4 Grotta del Bue Marino: Apr – Okt: tägl. Führungen; Nov – März: nach Vereinbarung +39 347 720 9696 Touren: excursionscalagonone.com

Steilwände, Felstürme und tiefe Höhlen sind für die phänomenale Karstlandschaft der Codula di Luna charakteristisch. Hier verläuft ein atemberaubend schöner Wanderweg, der am ebenso attraktiven Strand Cala Luna endet.

Expertentipp
Camping

Die Codula di Luna ist Teil des Nationalparks Gennargentu *(siehe S. 96f)*, in dem wildes Zelten, auch an den Stränden, untersagt ist. Allerdings kann man von den Betreibern des Bar-Restaurants Su Neulagi (Tel. +39 339 598 0407) die Erlaubnis erhalten, am Strand Cala Luna ein Zelt aufzustellen.

Wind und Wasser haben die Codula di Luna (Mondtal) geformt. Die Wanderung durch die Schlucht ist anstrengend, doch die Mühe wird durch die am Ende liegenden abgeschiedenen Strände belohnt. Den Zugang erreicht man von der Orientale Sarda (SS125) aus, nicht weit von der Abzweigung nach Urzulei. Nehmen Sie dort die Straße nach Codula (ca. 11 km), und lassen Sie das Auto da stehen, wo der asphaltierte Teil endet. Der mit Steinhaufen markierte Wanderweg (Dauer: ca. drei Stunden) führt vom Supramonte-Gebirge zum Meer und folgt dabei dem ausgetrockneten Flussbett. Die Route verläuft an Macchia und alten Schäferhütten *(pinnatu)* vorbei, auch an den Eingängen zu Höhlen, die noch nicht erforscht sind. Später weitet sich das Tal und öffnet sich schließlich auf die Bucht Cala Luna mit ihrem halbmondförmigen Strand, der von Steilwänden und pink blühendem Oleander gerahmt ist.

Tragen Sie feste Schuhe, und nehmen Sie genügend Wasser mit. Knorrige Wacholderbäume bieten zwar gelegentlich Schatten, doch die meiste Zeit ist man der Sonne ausgesetzt.

Öffnung aufs Meer: Ende der Schlucht Codula di Luna am Strand Cala Luna ↓

← Kletterer an einer Klippe am Strand Cala Luna

→ Höhlenwelt mit Wasser: Grotta del Bue Marino

Küstenvergnügen

Die Cala Luna ist bei Kletterern beliebt, die die pockennarbigen Steilwände erklimmen. Im Sommer ist die Bucht oft überfüllt, da hier Ausflugsboote halten. Wege an der Küste führen jedoch auch zu anderen Buchten. Im Süden gibt es einen nicht markierten Pfand zur Cala Sisine, im Norden beginnt der Weg zur Cala Fuili (zwei bis drei Stunden).

Zwischen Cala Luna und Cala Fuili liegt die Grotta del Bue Marino, die man per Boot vom Dorf Cala Gonone erreicht. Ihren Namen hat sie von den »Seekühen«, wie die einst hier lebenden Mönchsrobben genannt wurden. Das 15 Kilometer lange Höhlensystem besteht aus Nord- und Südteil. Letzterer ist zugänglich und auf dem ersten Kilometer ausgeleuchtet. Die Tropfsteinformationen spiegeln sich in den Salzseen.

Schon gewusst?

In der Grotta del Bue Marino wurden 5000 Jahre alte Petroglyphen gefunden.

SEHENSWÜRDIGKEITEN

3

Arbatax

F4 2300
arbataxsardegna.it
Madonna di Stella Maris (2. So im Juli)

Arbatax liegt an der Nordspitze des Capo Bellavista, einer roten, ins Meer abfallenden Porphyrklippe. Der von einem spanischen Turm überragte Hafen ist Endstation der Schmalspurbahn aus Cagliari. Auch Fähren aus Cagliari, Olbia und vom Festland legen regelmäßig an.

Der Küstenstreifen hat klares, sauberes Wasser und verlockende Buchten wie die Cala Moresca südlich von Arbatax. Es gibt Feriensiedlungen wie das Arbatax Park Resort und Spa, ein Nachbau eines typisch mediterranen Dorfs. Das Öko-Resort besitzt einen großen Naturpark mit einheimischen Pflanzen und Tieren. Weiter südlich liegen Porto Frailis, ebenfalls mit einem spanischen Turm, und der lange Sandstrand Orri. Wege führen von Arbatax zum Faro di Capo Bellavista, einem Leuchtturm (19. Jh.) auf einem Felsvorsprung. Der hübsche Bau mit seinem Zinnendekor und den schwarz-weiß gestreiften Wänden wacht noch immer über den Schiffsverkehr.

Schon gewusst?

Sarden haben eine sehr hohe Lebenserwartung – Einheimische schwören auf den Rotwein.

4

Santa Maria Navarrese

F4 3600
turismo.ogliastra.it

Der Küstenort ist nach der dreischiffigen Kirche benannt, um die herum er entstand. Der Sage nach ließ die Tochter des Königs von Navarra im 11. Jahrhundert die Kirche erbauen, nachdem sie einen Schiffbruch überlebt hatte. Der Olivenbaum auf dem Kirchhof soll über 1000 Jahre alt sein.

Den schönen Strand bei Santa Maria Navarrese säumt ein Kiefernwald und bewacht ein spanischer Turm. Gegenüber ragt die Felsnadel Sa Pedra Longa aus dem Meer auf. Boote bringen Besucher vom kleinen Hafen Santa Maria Navarrese zur Felssäule sowie zu den reizenden Stränden von Cala Luna, Cala Sisine und Cala Goloritzé.

5

Dorgali

E3 8500 Viale Umberto 37
enjoydorgali.it

Das charmante Dorgali liegt auf einem Kamm des Monte Bardia, 30 Kilometer von Nuoro und etwa zehn Kilometer vom Meer bei der Cala Gonone entfernt. Das landwirtschaftliche Zentrum ist auch für sein Kunsthandwerk, z. B. Leder, Keramik und filigranen Schmuck sowie für die Webteppiche, bekannt.

Die Gebäude der Altstadt bestehen aus dunklem Vulkangestein, etwa die Kirchen Madonna d'Itria, San Lussorio und Maddalena. Die zentrale Piazza Vittorio Emanuele wird von der Pfarrkirche Santa Caterina dominiert.

Das **Museo Archeologico di Dorgali** präsentiert Funde aus Nuraghen sowie Exponate aus punischer und römischer Zeit. Einige der schönsten nuraghischen Stücke stammen von der nahen Stätte Serra Orrios. Das Museum informiert Besucher auch über das Felsendorf Tiscali,

→

Zeugen der Frühzeit: Ruinen der Nuraghen-Siedlung Serra Orrios

eine weitere Nuraghe *(siehe S.118f)*. Dorgali ist für seinen Wein bekannt, eine Verkostung am Nachmittag ist vergnüglich.

Das **Parco Museo S'Abba Frisca**, sechs Kilometer nördlich von Dorgali, erläutert das frühere Leben der Landbevölkerung und informiert über die Flora und Fauna.

Museo Archeologico di Dorgali
Via Lamarmora · Mai–Sep: Di–So 9:30–13, 16–19; Nov–Feb: 9:30–13, 15:30–18; Nov–Jan Mo geschlossen · museoarcheologicodorgali.it

Parco Museo S'Abba Frisca
Strada Cartoe · unterschiedl. Zeiten (siehe Website) · sabbafrisca.com

6 Serra Orrios

E3 · Località Biriddo, nahe SP38 · Apr–Juni, Sep: tägl. 9–13, 15–18; Juli, Aug bis 19; weitere Monate siehe Website · museo ar cheologicodorgali.it

Das gut erhaltene Nuraghen-Dorf auf einem Plateau mit Blick aufs Meer nimmt Besucher mit auf eine Zeitreise vom 16. bis zum 6. Jh. v. Chr. Über 70 kleine Bauten, jeder mit zentraler Feuerstelle und mit anderen durch Wege und Plätze verbunden, illustrieren eine vorstädtische Zivilisation. Weitere Gebäude waren Zweckbauten, darunter ein Stall, ein Versammlungsraum und ein Tempel. Eine Anzahl dekorativer Funde der Stätte sind im Museo Archeologico di Dorgali zu sehen.

←

Rote Porphyrklippen und klares Wasser: das Tyrrhenische Meer bei Arbatax

7 Gola Su Gorropu

E4 · Basiscamp 25 km nördl. von Urzulei · März–Nov: tägl. Sonnenaufgang bis -untergang · gorropu.info

Der Fluss Flumineddu hat diese spektakuläre Schlucht, eine der tiefsten Europas, über die Jahrhunderte in den Fels gefräst. Vom Parkplatz am Basiscamp ist es eine zweistündige Wanderung über den Genna-Silana-Pass zum Eingang von Gorropu, ein Teil des Wegs kann per Jeep zurückgelegt werden. Drei farbkodierte Wege haben unterschiedliche Schwierigkeitslevel: Für den letzten, roten Pfad braucht man Bergsteigerausrüstung. Im Westen erhebt sich die graue Wand des Supramonte-Gebirges, wo das Felsendorf Tiscali *(siehe S. 118f)* in einer Klamm liegt. Lokale Sagen über im Schatten lauernde Kreaturen und am Tag leuchtende Sterne tragen zum geheimnisvollen Flair der Schlucht bei.

Hotels

Hotel Nettuno
Das Boutique-Hotel in Strandnähe bietet Frühstücksbüfett und einen Swimmingpool.
E3 · Via Vasco De Gama 26, Cala Gonone · nettuno-hotel.it
€€€

Parco Blu Club Hotel Resort
Das familienfreundliche Hotel lockt mit Spielplatz, Kinderclub und einem Pool.
E3 · Viale Bue Marino, Cala Gonone · parcoblu.com
€€€

Hotel Villa Gustui Maris
Das elegante Romantikhotel mit unglaublichem Meerblick besitzt einladende Zimmer und serviert ein köstliches Frühstück.
E3 · Via Marco Polo 57, Cala Gonone · villagustuimaris.it
€€€

Eiscafé

Gelateria Stracciatempo
Das Eiscafé liegt schön in einem Garten und bietet Ausblick aufs Meer. Das hausgemachte, natürlich belassene Eis und die anderen Köstlichkeiten schmecken wunderbar. Probieren Sie das Myrte-Eis.

F3 Viale Cala Liberotto 86, Orosei
tägl. 1 – 23
€€€

8

Galtellì

E3 2400 Piazza SS Crocifisso comune. galtelli.nu.it

Das an den Hängen des Monte Tuttavista gelegene Galtellì war im Mittelalter die wichtigste Stadt der Region. Bis 1496 war sie Bischofssitz. Dies bezeugt die ehemalige romanische Kathedrale San Pietro (12. Jh.). In späteren Jahrhunderten trugen Malariaausbrüche und häufige Piratenüberfälle zum Verfall der Stadt bei, doch einige Spuren ihrer glorreichen Vergangenheit sind noch in der alten Pfarrkirche Santissimo Crocifisso erhalten.

Galtellì hat ein schönes historisches Zentrum mit weiß getünchten Gebäuden und kleinen, gepflegten Häusern. Im August gibt es ein Fest für alle Besucher.

Eine der größten Attraktionen in der Umgebung ist der Monte Tuttavista. Eine Schotterstraße und ein Fußweg führen zur Sa Pedra Istampada (»durchlöcherter Fels«), einem vom Wind geformten 30 Meter hohen Bogen mit Panoramablick.

Zwölf Kilometer von Galtellì entfernt befindet sich bei Traversa das Gigantengrab von S'Ena 'e Thomes, ein beeindruckendes Monument aus der Bronzezeit (1800 –1600 v. Chr.) mit einer drei Meter hohen Stele, die aus einem Granitblock herausgehauen wurde.

9

Orosei

F3 7000 comune.orosei.nu.it

Die historische Hauptstadt der Baronia liegt etwa fünf Kilometer im Landesinneren. Sie hat ein gut erhaltenes, belebtes Zentrum mit schönen Kirchen, Torbogen und kleinen, weiß getünchten Steingebäuden.

Orosei wurde wahrscheinlich im frühen Mittelalter gegründet und hatte seine Blütezeit unter der Herrschaft pisanischer Barone der Familie Guiso. Die Stadt entwickelte sich zum wichtigen Hafen mit Anlegestellen entlang dem Fluss Cedrino. Unter den Aragoniern ging es mit Orosei allmählich bergab, denn die Stadt hatte un-

Das Bergstädtchen Posada mit dem höher gelegenen Castello della Fava ↑

ter der Malaria, wiederholten Piratenüberfällen und der allmählichen Verschlammung des Flusses zu leiden.

Ein Gassenlabyrinth führt zur zentralen Piazza del Popolo mit ihren drei Kirchen. Über einer Treppe thront San Giacomo Maggiore mit einer Fassade aus dem 18. Jahrhundert und Terrakottakuppeln. Gegenüber befindet sich die barocke Chiesa del Rosario. Die Chiesa delle Anime wurde von einer Bruderschaft erbaut, die an den Zeremonien in der Osterwoche teilnimmt.

Sant'Antonio Abate, früher eine allein stehende Landkirche, liegt nun in der immer größer werdenden Stadt. Im pisanischen Turm auf dem Kirchengelände wird Handwerk der Region ausgestellt. Auch die Kirche Madonna del Rimedio (17. Jh.) befindet sich heute am Stadtrand, sie ist von *cumbessias*, Unterkünften für die Pilger im September, umgeben.

Die im 13. Jahrhundert von pisanischen Kaufleuten nahe der Mündung des Cedrino gegründete Kirche Santa Maria 'e Mare hängt voller Votivtafeln. Am letzten Sonntag im Mai ist sie Ziel einer Wallfahrt, bei der eine Madonnenstatue per Bootskonvoi flussabwärts gebracht wird.

Im Mündungsgebiet teilt sich der Fluss. Der nördliche Arm fließt in einen künstlichen Kanal, der südliche speist die Marschen von Su Petrosu. Dort leben Blessund Teichhühner, Stockenten, Säbler, Stelzenläufer und Fischreiher.

Entdeckertipp
Oasi Biderosa

Eine halbstündige Fahrt von Orosei aus liegt die Oase von Biderosa – fünf abgeschiedene Buchten, umrahmt von Wald und einem See, in dem sich oft Flamingos tummeln.

←
Überrest aus der Bronzezeit: Gigantengrab S'Ena 'e Thomes nahe Galtellì

10

Posada

F2 3000 Via G. Garibaldi 4
comune.posada.nu.it

Hauptattraktion des beschaulichen Dorfs auf einem mit Wolfsmilchgewächsen bedeckten Kalksteinplateau sind die Ruinen des Castello della Fava. Die Herrscher der Gallura bauten die Burg im 12. Jahrhundert, später gehörte sie zum Fürstentum Arborea und gelangte schließlich in den Besitz der Aragonier *(siehe S. 50)*. Zur Zeit der Karthager war Posada als Kolonie Feronia bekannt.

Steile Treppen, gekrümmte Gässchen, viele Bogen und kleine Plätze vermitteln noch mittelalterliches Flair. In der Burg führt eine Holztreppe zum Turm. Von dort aus blickt man aufs Meer, die Mündung des Flusses Posada und über die Ebene mit Obsthainen.

Im Tal kann man auf dem Fluss Posada Kanu fahren – und die hier häufigen Flamingos bewundern.

11 Siniscola

F3 11 500 Via Roma 125 Sant'Elena (18. Aug) comune.siniscola.nu.it

Die früher von der Landwirtschaft geprägte Stadt am Fuß des Monte Albo war im 14. Jahrhundert unter dem Fürstentum Gallura ein Handelszentrum. Seither wuchs sie etwas planlos um das mittelalterliche Zentrum. An der belebten Hauptstraße Via Sassari steht die Pfarrkirche San Giovanni Battista (18. Jh.) mit einem Freskenzyklus über das Leben von Johannes dem Täufer.

Siniscola kultiviert die Frucht Pompia, eine Züchtung aus Zitrone und Limone, Hauptbestandteil einiger sardischer Desserts. Die Stadt ist auch für ihre Keramikwerkstätten bekannt.

Nordöstlich von Siniscola führt eine Straße direkt nach La Caletta, einem Hafen mit einem vier Kilometer langen Sandstrand. Richtung Süden verläuft die SS125 am Fischerdorf Santa Lucia vorbei, das vermutlich Emigranten von der Insel Ponza gründeten. Größte Attraktion ist ein spanischer Wachturm. Heute ist Santa Lucia mit seinem von Kiefern gesäumten Strand ein beliebter Ferienort. Ein langer Strandspaziergang nach Süden endet bei den weißen Sanddünen und Wacholderbüschen des Capo Comino.

Die von einem Leuchtturm bewachte Landspitze ist von abgerundeten Felsen und Kieselstränden gekennzeichnet. Ein zweistündiger Uferspaziergang führt an einem Kiefernwald entlang zum Berchida-Strand mit dem riesigen Felsen S'incollu de sa Marchesa (Hals der Marquise). Im Marschland lebt eine reiche Fischwelt, darunter Aale und Meeräschen. Auch der Pfad, der jenseits des Flusses Berchida von der SS125 rechts abbiegt, ist reizend. Man wandert durch die Macchia zu einem weißen Sandstrand. Dabei passiert man die Nuraghen-Ruinen von Conca Umosa.

Hotel

L'Essenza

Das Hotel in ruhiger ländlicher Lage nördlich von Siniscola bietet Übernachtungen in rustikalen, aber anheimelnden *pinnetos* – den runden Steinbauten, die einst von den Schäfern genutzt wurden. Das Frühstück ist köstlich.

F2 Località Cuccu Ezzu, Torpè essenzasardegna.com

€€€

Schöne Aussicht

Sterngucker

Gehen Sie am Abend in warmer Kleidung zum Osservatorio Astronomico Caliumi (astroarmidda.it) auf dem Monte Armidda, gleich außerhalb von Lanusei. Sie werden ein großartiges Sternenspektakel erleben.

→

Die »Schuhabsätze« der zerklüfteten Kalkstein-Bergkette, die sich oberhalb von Jerzu erhebt

12 Lanusei

E5 · 5300 · Via Roma 100
comunedilanusei.it

Lanusei liegt in rund 600 Metern Höhe an einem Berg und überragt die zum Meer hin abfallende Ebene. Es war früher wegen des angenehmen Klimas, der Lage und der schattigen Wanderwege ein beliebter Kurort. Im Zentrum sieht man noch viele Palais (19. Jh.), etwa die Casa Mameli, Heim des Dichters Goffredo Mameli, der den Text der italienischen Nationalhymne verfasste.

13 Jerzu

E5 · 3100
comune.jerzu.og.it

Hohe, gezackte Felsnadeln, im Volksmund *tacchi* (hohe Absätze) genannt, ragen bei Jerzu aus der Macchia hervor. Der moderne Ort erstreckt sich auf mehreren Ebenen am Hang. Die hohen Häuser blicken auf die Hauptstraße. Im tiefer gelegenen Teil der Stadt führen Seitenstraßen zu älteren Häusern mit zahlreichen ursprünglichen Bauelementen.

Jerzus Wirtschaft basiert in erster Linie auf dem Weinbau, der an den steilen Hängen rund um den Ort betrieben wird. Hier werden jedes Jahr gut 10 000 Tonnen Trauben geerntet, aus denen die örtliche Kooperative einen der berühmtesten Weine Sardiniens produziert, den Rotwein Cannonau DOC.

Am 13. Juni wird das Fest Sant'Antonio da Padova gefeiert, mit einer Prozession zur mittelalterlichen Kirche, die dem Heiligen geweiht ist.

Etwa sieben Kilometer nordwestlich bei Ulassai liegt die **Grotta Su Marmuri** mit Seen und Tropfsteinformationen. Für eine Besichtigung sollten Sie warme Kleidung und feste Schuhe dabeihaben.

Grotta Su Marmuri
Piazzale Grotta Su Marmuri · Besuch nur mit Führung, Anmeldung unter +39 078 27 9859
grottasumarmuri.it

↑ *Aufs Meer gerichtet: Kanone in Torre di Bari bei Bari Sardo*

14 Bari Sardo

E5 · 4000
comunedibarisardo.it

Der Ort liegt in einer Region mit Weinbergen und Obstplantagen. Sein Name leitet sich vom sardischen Wort für Marschen, *abbari*, ab. Im ältesten Ortsteil stehen im Viertel San Leonardo alte Steinhäuser. Die Pfarrkirche Beata Vergine del Monserrato ziert ein Rokoko-Glockenturm (1813). Bari Sardo ist auch für seine Textilien – Teppiche, Leinenwäsche, Bettdecken etc. – bekannt.

Der Ferienort Torre di Bari an der Küste, fünf Kilometer östlich von Bari Sardo, entstand um einen spanischen Turm (17. Jh.), der vor Piraten schützen sollte. Der Ort besitzt einen Sandstrand und einen kleinen Kiefernwald.

Schon gewusst?

Auf Bari Sardos Fest Su Nenniri (Juli) werden Samen ins Meer geworfen – für eine gute Ernte.

15
Villasimius

E7 3700 Via Giovanni Pascoli XXIII
villasimiusturismo.it

Der Urlaubsort an der Südostküste liegt am Nordrand einer Landspitze, die sich bis zum Capo Carbonara erstreckt. Das Zentrum der Landspitze bildet der Stagno di Notteri. Den Salzsee schneidet der lang gestreckte Simius-Strand vom Meer ab. Im Winter ist die Marsch ein beliebter Rastplatz für Zugvögel wie den Flamingo. Der Leuchtturm am Rand der Landspitze bietet eine atemberaubende Aussicht auf die Küste und die winzigen Inseln Serpentara und Cavoli. Zwischen beiden liegen Schiffswracks.

Vor der Insel Cavoli steht in zehn Metern Tiefe die Statue der *Madonna del Naufrago* des heimischen Bildhauers Pinuccio Sciola. Vom Porto Giunco aus kann man sie per Glasbodenboot besichtigen. Den Hafen schützt die sternförmige Fortezza Vecchia (17. Jh.). Das Meer um die Landspitze ist wegen seines marinen Lebens bei Tauchern beliebt.

16
Perdasdefogu

E5 340 comune.perdasdefogu.nu.it

Das Bergdorf liegt in der Ogliastra am Fuß der *tacchi*, aus der Macchia steil emporragenden Felsnadeln. Die Straße Richtung Jerzu ist eine der malerischsten Sardiniens. Sie verläuft auf einem Plateau am Fuß der Steilwände und bietet fantastische Ausblicke aufs Meer und den Gipfel der Perda Liana in der Ferne. Die Kirche Sant'Antonio, an der die Straße vorbeiführt, steht auf einer Wiese am Fuß der Punta Corongiu, einer der imposantesten *tacchi*.

↑ *Schäfer mit Herde im alten verlassenen Dorfkern von Gairo Vecchio*

17
Gairo

E5 1400
comune.gairo.og.it

Gairo liegt im Flusstal des Pardu, einer tief in den Kalkstein gegrabenen Schlucht. Der heutige Ort entstand nach 1951. Damals wurde das alte Dorf Gairo nach heftigen Regenfällen mit Erdrutschen aufgegeben. Leer stehende Häuser ohne Fenster und Türen sind alles, was übrig blieb und dem Areal einen morbiden unheimlichen Charakter gibt.

Eine Landspitze mit dichter Macchia schützt die Bucht von Gairo. Von dort aus erreicht man den Coccorocci, einen attraktiven Stand mit Vulkangestein, das von pink bis dunkelgrau variiert. Auf der Küstenstraße passiert man sandige Buchten und Klippen aus rosafarbenem Gestein.

18
Orroli

E5 2200
comune.orroli.ca.it

Orroli liegt auf dem Pranemuru-Plateau am Rand des Flumendosa-Tals. In der Nähe gibt es viele archäologische Stätten, etwa die Nekropole **Su Motti** mit den aus dem Fels gehauenen *Domus-de-janas*-Gräbern.

Drei Kilometer südöstlich befinden sich die Ruinen der Nuraghe **Arrubiu**. Die relativ komplexe, fünfeckige Anlage aus rotem Stein ist größer als die berühmte in Su Nuraxi *(siehe S. 68f)* und entstand etwa im 14. Jahrhundert v. Chr. rund um einen zentralen Turm, der etwa 27 Meter hoch gewesen sein muss.

Die Anlagen umgaben einst fünf durch Bastionen verbundene Türme, vermutlich aus dem 7. Jahrhundert v. Chr. Im 6. Jahrhundert v. Chr. fügte man schließlich eine massive Verteidigungsmauer hinzu.

Die Ruinen des Dorfs aus runden und rechteckigen Behausungen finden sich rund um die Nuraghe.

Eine weitere interessante Stätte ist die nahe Nuraghe Su Putzu mit hervorragend erhaltenen Behausungen.

Su Motti
4 km südöstl. von Orroli 24 Std.
donnanuragica.com

Arrubiu
6 km südöstl. von Orroli tägl. 9:30 – Sonnenuntergang
nuraghearrubiu.it

Schöne Aussicht
Torre Salinas

Von den spanischen Türmen (17. Jh.) entlang der Küste hat man eine exzellente Aussicht auf das Tal, die Lagunen und Felsenbecken um Muravera, etwa von der Torre Salinas, die die Gegend vor Piratenangriffen schützen sollte.

19

Muravera

E6 5300 comune.muravera.ca.it

Der Ort liegt an der Mündung des Flumendosa in einem Obstanbaugebiet. In der Antike war Muravera die phönizische Stadt Sarcapos. Heute ist das einzige historisch interessante Gebäude die Kirche San Nicola nahe der Hauptstraße.

Muravera ist ein idealer Ausgangspunkt für Ausflüge entlang der Küste und in die Täler des Landesinneren. Der östlich gelegene Strand beim Porto Corallo ist lang und sandig. Er wird nur von kleinen felsigen Landspitzen unterbrochen. Ein spanischer Turm nahe dem Hafen diente 1812 bei einem der seltenen Siege der Sarden über nordafrikanische Piraten als Verteidigungsbastion.

Elf Kilometer weiter nördlich erreicht man über die SS125, die Orientale Sarda *(siehe S. 108f)*, die Ruinen des Castello di Quirra (12. Jh.) und die kleine romanische Kirche San Nicola, Sardiniens einzige Backsteinkirche.

Landschaftlich reizvoll ist die Küste beim Capo Ferrato mit Basaltfelsen, Sandbuchten und Kiefern. Jenseits der Landspitze des Capo Ferrato liegt die Costa Rei, ein Küstenstreifen mit Stränden und Feriendörfern. Das Wasser der Cala Sinzias weiter südlich ist erstaunlich klar.

Im Landesinneren führt die SS125 nach Cagliari durch eine fantastische Szenerie mit Myrte, Erdbeerbäumen, Wacholder und rotem Fels. Wunderschön ist auch das Flumendosa-Tal, jenseits von San Vito.

Ein paar Kilometer landeinwärts von der Costa Rei befindet sich der charmante Weiler Castiadas, der sich inmitten von Weinbergen und Zitrusbäumen um ein altes Gefängnis (19. Jh.) ausdehnt.

Restaurant

L'Aragosta

Das ansprechende Seafood-Lokal bietet als Starter regionale Salami und Käse. Probieren Sie dann das Thunfischtatar sowie gemischtes gegrilltes Seafood und abschließend das Tiramisu des Hauses.

E6 Via Cristoforo Colombo 20, Costa Rei
laragostacostarei.it

€€€

Shopping

Tessart Cogoni

Der Laden ist ein Showroom für Textilien und Möbel, die alle von einheimischen Handwerkern stammen. Die Stücke mit den Farben und Motiven der Insel sind schöne Souvenirs.

E7 Via del Mare 33, Villasimius
Mo – Fr
tessartcogoni.it

Allmählicher Abfall ins türkisfarbene Meer: Sandküste bei Muravera ↑

Tour auf der Orientale Sarda

Länge 63 km **Rasten** Cala Gonone, Genna-Silana-Pass, Urzulei, San Pietro **Schwierigkeit** leicht, mit einigen unbefestigten Streckenabschnitten

Die Route der Orientale Sarda (SS125) führt an den östlichen Gipfeln des Nationalparks Gennargentu *(siehe S. 96f)* vorbei und verbindet Olbia mit Cagliari. Der spektakulärste Abschnitt dieser an Attraktionen reichen Straße liegt zwischen Dorgali und Baunei. Diese 63 Kilometer lange kurvenreiche Strecke wurde Mitte des 18. Jahrhunderts von piemontesischen Bergarbeitern in den Fels gehauen. Die Bäume, die dem Straßenbau zum Opfer fielen, wurden zum Festland verschifft. Für die kurvenreiche Strecke mit Zwischenstopps an schönen Stellen sollten Sie einen ganzen Tag einplanen.

Zur Orientierung
Siehe Regionalkarte S. 94f

Durch einen 400 Meter langen, aus dem Kalksteinfelsen gehauenen Tunnel kommt man zum Ferienort **Cala Gonone**. Von dort aus schlängelt sich die Straße zur Grotta del Bue Marino.

Hier verläuft die SS125 durch ein zerklüftetes Terrain mit Klippen und schöner Sicht auf das **Flumineddu-Tal** am Fuß des Monte Tiscali.

Ein holpriger Weg mit steilen Haarnadelkurven führt zur **Golgo-Schlucht** und zur Kirche San Pietro (18. Jh.).

Der **Genna-Silana-Pass** ist der höchste Punkt der Tour. Es lohnt sich, von hier zur Gorropu-Schlucht hinabzuschauen.

Urzulei an den Hängen der Punta Is Gruttas war früher schwer zu erreichen.

Kalksteinfelsen überragen die weiß getünchten Häuser des Bergdorfs **Baunei**.

↑ *Idealer Ausgangspunkt für Wanderungen: Urzulei am Fuß der Punta Is Gruttas*

Zugfahrt mit dem Trenino Verde

Rasten Tortolì, Lanusei, Gairo Taquisara, Seui
Dauer 3:30 Std. **Fahrplan** www.treninoverde.com

Eine Reise mit der Schmalspurbahn Trenino Verde (kleiner grüner Zug) von Arbatax nach Mandas ist wie eine Fahrt in die Vergangenheit durch eine der wildesten Landschaften Sardiniens. Die Fahrt geht durch sanftes, von Mandel- und Olivenbäumen bestandenes Hügelland zu den zerklüfteten Bergen der Barbagia di Seui. Die Route – eine von mehreren, die Sardinien durchqueren – ist besonders malerisch, da sie den Konturen der Berge folgt. In der Nähe von Mandas hat man bei der Hinfahrt den besten Ausblick auf der linken Seiten des Zugs.

↑ *Ruinen der Nuraghe Arrubiu bei Orroli*

Das auf einem Karstplateau gelegen **Sadali** hat einen sieben Meter hohen Wasserfall mitten im Dorf, der in eine Spalte fließt.

Das Dorf **Seui**, auf einer Seite eines tiefen Tals, besitzt noch traditionelle Steinhäuser.

Das von Eichenwäldern umgebene **Orroli** *(siehe S. 106)* liegt auf einem Plateau am Rand des Flumendosa-Tals. In der Nähe befindet sich die Nuraghe Arrubiu.

Mandas ist das Landwirtschaftszentrum der Region. Die Kirche San Giacomo lohnt einen Besuch.

Tortolì, Hauptstadt der Region Ogliastra, liegt am Rand von Marschland, das im Winter Tausende von Zugvögeln anzieht. Sehenswert sind die Ruinen des Castello di Medusa.

Das Dorf **Lanusei** *(siehe S. 105)* bietet aufgrund seiner Hanglage einen schönen Blick aufs Meer.

Die **Foresta di Montarbu** gehört zu den am besten erhaltenen Wäldern Sardiniens. Hier äsen Mufflons zwischen Eschen, Eichen und Eiben.

↑ *Die Schmalspurbahn Trenino Verde bei der Einfahrt ins Dorf Lanusei*

71
Bianchi

Wandbild vor: Francesco Del Casino in Orgosolo (siehe S. 125)

Bergregion und Barbagia

Die zerklüftete Region war das frühere Kernland der Insel, wie die vielen archäologischen Stätten, darunter die Nuraghe Tiscali, belegen. Auch Nuoro auf einem Plateau am Fuß des heiligen Monte Ortobene war ein Zentrum der Bronzezeitkultur. Spuren dieser Zivilisation zeigen sich in 5000 Jahre alten Keramikfragmenten und Gräbern. Die Nuraghen-Siedlungen wehrten sich ab dem 3. Jahrhundert v. Chr. heftig gegen die Eroberungsversuche der Römer, was zum Namen der Region führte. Barbagia leitet sich vom lateinischen *barbaria* her, eine Bezeichnung, die die Römer für jede Kultur, die nicht die Werte der römischen Zivilisation teilte, verwendeten. In den Augen der Römer waren diese Menschen »Barbaren«.

Nuraghische Rituale wurden bis zur Ankunft des Christentums praktiziert, die nicht christlichen Bräuche überdauerten in der Barbagia mehrere Jahrhunderte fremder Besatzung.

Die abgeschiedene Lage der Region verhinderte ihre Entwicklung, doch Nuoro ist nach wie vor eine wichtige Stadt. Sie brachte während ihrer kulturellen Blüte im 19. und frühen 20. Jahrhundert mehrere große Romanciers, Dichter und Bildhauer hervor. Heute gehören lokale Traditionen nach wie vor zum Alltagsleben. Es gibt zahlreiche farbenfrohe Volksfeste und religiöse Feierlichkeiten.

Norden und Costa Smeralda
Seiten 168–199
Westküste
Seiten 134–167
Cagliari und Süden
Seiten 56–91
Alà dei Sardi
Piras
Ardara
Chilivani
Ozieri
Pattada
Mamone
Mores
Ittireddu
Torralba
Osidda
Onani
Bitti 4
Cat. d. Goceano
Tirso
Bultei
Nule
Benetutti
Goceano
Minore
Monte Creja
Rebeccu
Bonorva
Monte Rasu 1259 m
Bono 5
Burgos 3
Orune
Padru Mannu
Monte Tiria 800 m
Cat. d. Marghine
Bolotana
Monte Ortobene 955 m
Punta Palai 1200 m
Nuoro 1
Orotelli
Silanus
Oliena 10
Macomer
Punta Corrasi 1463 m
Orani
Mamoiada 7
Borore
Ottana 6
9 Sarule
Orgosolo 11
Ianna Caguseli
Sedilo
Olzai
Ollolai 8
12 Gavoi
Abbasanta
Ghilarza
Lago Omodeo
Taloro
Punta Mandra de Caia 1402 m
Fonni 14
Teti 17
Austis
Passo di Caravai 1246 m
Paulilatino
Tonara
Busachi
Sorgono 13
19
Monti del Gennargentu
20 Desulo
Tirso
Fordongianus
Punta La Marmora 1834 m
Atzara
16 Belvì
Barbagia
Samugheo
18 Aritzo
Meana Sardo
Lago Alto del Flumendosa
Villaurbana
Asuni
Seulo
Laconi 15
Seui
Monte Arci 812 m
Usellus
Ussassai
Nurallao
Nuragus
Esterzili
Ales
Isili
Lago del Flumendosa
Nurri
Turri
Mogoro
Orroli
Perdasdefogu
Lunamatrona
Mandas
597
389
131
199
389
131
131d
129
129
131d
128
131
388
128
295
128
295
442
128
197
198
128
198
131

Bergregion und Barbagia

Highlights

1. Nuoro
2. Tiscali

Sehenswürdigkeiten

3. Burgos
4. Bitti
5. Bono
6. Ottana
7. Mamoiada
8. Ollolai
9. Sarule
10. Oliena
11. Orgosolo
12. Gavoi
13. Sorgono
14. Fonni
15. Laconi
16. Belvì
17. Teti
18. Aritzo
19. Tonara
20. Desulo

↑ *Blick über Nuoro an den Hängen des Monte Ortobene*

❶

Nuoro

E3 · 36 000 · Piazza Italia · +39 078 423 8600 · Sagra del Redentore (29. Aug) · provincia.nuoro.it

In Nùgoro, wie die Einheimischen ihre Stadt nennen, schlägt das Herz des kulturellen Lebens der Insel. Der Geburtsort mehrerer Künstler und Schriftsteller, darunter der Literaturnobelpreisträgerin Grazia Deledda, besitzt im hübschen historischen Zentrum eine Reihe von Museen.

①

Museo Archeologico Nazionale di Nuoro

Via Mannu 1 · Mo – Fr 9 – 15:30 · musei.sardegna.beniculturali.it/musei/museo-archeologico-nazionale-g-asproni-di-nuoro

Das Museum präsentiert Fossilien und fossile Pflanzen des *Gruppo Speleologico Nuorese* sowie archäologische Funde aus diesem Gebiet. Zu sehen sind neolithische und mittelalterliche Artefakte sowie Skelette der Hasenart *Prolagus sardus* und Höhlenfunde. Interessant sind auch nuraghische Bronzestatuen. Aus der Römerzeit stammen Gürtelschnallen und Alltagsgegenstände.

②

Museo Deleddiano

Via Grazia Deledda 42 · +39 0784 258 088 · Di – Sa 10 – 13, 15 – 20 (Winter: bis 19)

Die 1871 in Nuoro geborene Grazia Deledda erhielt 1926 den Nobelpreis für Literatur in Anerkennung ihrer Beschreibung der farbenfrohen Dörfer der Barbagia. Seither ist sie eine Symbolfigur der sardischen Kultur und ein Beispiel für die künstlerischen Erfolge der Insel.

Deleddas Geburtshaus verströmt noch immer die Atmosphäre eines sardischen Heims Mitte des 19. Jahrhunderts. Das Haus der Schriftstellerin wurde nach der Beschreibung im Roman *Cosima* mit Objekten ausgestattet, die die Stadien ihrer Karriere widerspiegeln. Der Hof führt zum früheren Küchengarten (nun ein Ort für Kulturveranstaltungen), in den oberen Etagen sieht man Bucheinbände, Programme ihrer Stücke und eine Kopie der Urkunde ihres Nobelpreises für Literatur.

Expertentipp
Regionale Kunst

Eine gute Einführung in sardische Kunst sind die Wechselausstellungen des MAN (www.museoman.it). Das Kunstmuseum stellt Werke heimischer Künstler vom Ende des 19. Jahrhunderts bis heute aus.

③

Museo del Costume

Via Antonio Mereu 56 · Mitte März – Sep: Di – So 10 – 13, 15 – 20; Okt – Mitte März: Di – So 15 – 19 · isresardegna.it

Das auch als Museum sardischen Lebens und sardischer Traditionen bekannte Haus entwarf der Architekt

Antonio Simon Mossa in den 1960er Jahren. Ziel war die Schaffung eines typisch sardischen Dorfs als Ausstellungsraum für Artefakte, Geräte und Trachten aus dem sardischen Alltag.

Ausgestellt sind traditionelle Möbel wie eine Truhe (19. Jh.), Decken und Silberschmuck für Schürzen oder Taschentücher. Charakteristische Trachten, die die Frauen an Wochentagen oder zu besonderen Anlässen trugen, und verschiedene traditionelle Brotformen, Webstühle und Webteppiche sind ebenfalls zu sehen. Ein Raum ist Karnevalsmasken und -kostümen gewidmet. Eine Sammlung zeigt Musikinstrumente, eine Multimediaanlage bietet Klangbeispiele dieser Instrumente, die bei sardischen Festen zum Einsatz kommen.

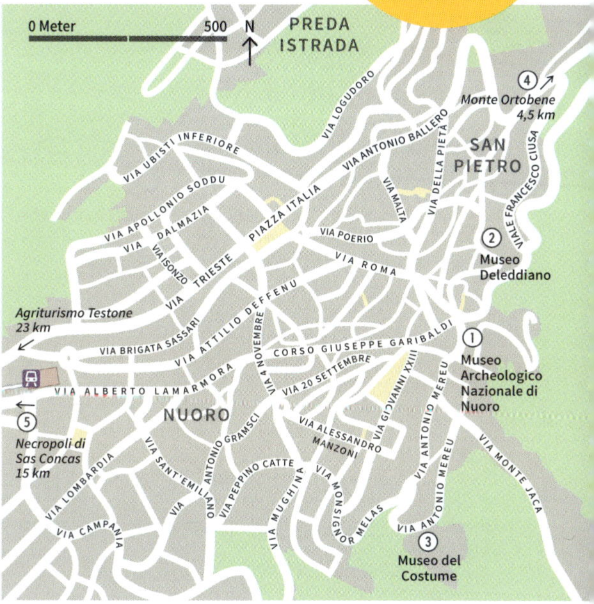

④

Monte Ortobene

6 km östl. von Nuoro

Nuoro erstreckt sich an den Granithängen dieses Bergs, der von den Einheimischen stets verehrt wurde. Seine Waldgebiete erreicht man über die SS129, die östlich in Richtung Orosei aus der Stadt heraus und an der Kirche Madonna della Solitudine vorbeiführt, der letzten Ruhestätte Grazia Deleddas.

Auf dem Gipfel befindet sich eine Statue des Redentore (Erlösers), die auf die Stadt hinabblickt, daneben steht die Wallfahrtskirche Nostra Signora di Montenero. Alljährlich am 29. August findet das Erlöserfest statt, und die Kirche ist Ziel der als Processione del Redentore bekannten Prozession, an der fast jede sardische Stadt teilnimmt.

⑤

Necropoli di Sas Concas

15 km westl. von Nuoro

Die antike Nekropole von 2700 v. Chr. gehört zu den weitläufigsten Komplexen mit *domus de janas* in der Barbagia. Für eine Besichtigung fährt man etwa 15 Kilometer auf der SS131 westlich aus Nuoro heraus, dann auf der SS128 weiter Richtung Oniferi. Die 20 Gräber, etwa die Tomba dell'Emiciclo (Grab des Halbkreises), zieren schöne Flachreliefs. Das Gebiet ist unbeaufsichtigt. Für die Besichtigung der Gräber könnte eine Taschenlampe nützlich sein.

← Christus der Erlöser *von Vincenzo Jerace auf dem Monte Ortobene*

Agriturismo

Agriturismo Testone

Der nach wie vor betriebene Bauernhof mit Unterkunft liegt gleich außerhalb von Nuoro, er ist von dichtem Wald und zwei Seen umgeben. Testone bietet authentischen Urlaub auf dem Bauernhof. Sie erwartet ein herzlicher Empfang sowie herzhafte Hausmacherkost.

Str. per Agriturismo Testone, nahe der SP41

W agriturismo testone.com

€€€

2

Tiscali

E3 Tourismusbüro Dorgali, Viale Umberto 37 Nuraghe: tägl. 9–19 (Okt–Mai: bis 17) enjoydorgali.it

Die Nuraghen-Siedlung liegt verborgen in einem natürlichen Krater des Monte Tiscali. Die Siedlung gehört zu den aufregendsten prähistorischen Stätten Sardiniens – und zu den am spektakulärsten gelegenen.

Im 19. Jahrhundert entdeckten Holzfäller bei der Überquerung der Bergkette, die das Lanaittu-Tal beherrscht, eine Nuraghen-Siedlung im großen Krater einer eingebrochenen Doline im 518 Meter hohen Monte Tiscali – die Siedlung ist von außen nicht zu sehen. Die Stätte, die bis zu den Römereinfällen im 3. Jahrhundert v. Chr. besiedelt war, besteht aus einer Reihe von Rundbauten mit Dächern aus Wacholder und Architraven an den Türen. Die so lange verlassene Siedlung ist teilweise verfallen, aber noch immer einer der aufregendsten nuraghischen Funde Sardiniens. Dazu trägt insbesondere ihre einzigartige Lage bei.

Man kann die Stätte nur zu Fuß erreichen, der Pfad ist mit roten Pfeilen markiert. Der Aufstieg ist gefährlich und ermüdend, er führt über felsigen Grund. Man unternimmt ihn am besten mit einem Führer. Die drei- bis vierstündige Wanderung gehört zu den beliebtesten Unternehmungen auf Sardinien.

Expertentipp
Tiscali-Touren

Führungen nach Tiscali kann man bei Gennargentu Escursioni (www.gennargentu.com) und Cooperativa Ghivine (www.ghivine.com) buchen. Sie organisieren auch Ausflüge zu anderen Sehenwürdigkeiten, etwa zur Su Gorropu *(siehe S. 101)* oder Codula di Luna *(siehe S. 98f)*.

Der **Krater** hatte keine natürlichen Quellen. Deshalb sammelten die Bewohner das Wasser, das die Felswände hinuntertropfte.

Schon gewusst?

Das Telekommunikationsunternehmen Tiscali ist nach der Nuraghen-Stätte benannt.

Zwischen Felsen und Ruinen sieht man noch nuraghische **Rundbauten**.

↑ *Im Krater – hier sind noch Überbleibsel der nuraghischen Bauten zu sehen*

→ *Anstrengende Wanderung: der steinige Aufstieg zur archäologischen Stätte*

← *So könnte die Nuraghen-Siedlung ausgesehen haben: Rekonstruktion des Dorfs*

Hoch auf einem kegelförmigen Gipfel: die mittelalterliche Burg von Burgos ↑

SEHENSWÜRDIGKEITEN

3

Burgos

D3 · 900
comuneburgos.it

Der Weiler Burgos liegt unterhalb eines kegelförmigen Gipfels in den Goceano-Bergen. Mittelpunkt des 1353 von Mariano d'Arborea gegründeten Orts sind die Ruinen der Burg von 1127. Im Mittelalter war sie Schauplatz vieler Schlachten zwischen den sardischen Fürstentümern und dem Festland. Von hier aus marschierten 1478 die Truppen von Artaldo di Alagon in die Schlacht von Macomer, die den Beginn der aragonischen Herrschaft einläutete. Innerhalb der äußeren Verteidigungsmauern umgeben weitere Mauern einen restaurierten Turm. Seinen Eingang bildete früher eine Holztreppe, die man bei einer Belagerung hochziehen konnte.

Die Foresta di Burgos, fünf Kilometer nordwestlich von Burgos, ist ein Waldgebiet mit Stein- und Korkeichen, Zedern sowie Nadel- und Kastanienbäumen. Das Areal ist auch Habitat für die kleinen stämmigen Giara-Pferde, die hier auf eingezäunten Weiden grasen. Um die verwilderte Kleinpferderasse vor dem Aussterben zu bewahren, hat das Istituto di Incremento Ippico di Orzieri 1971 ein Zuchtprogramm gestartet.

Schöne Aussicht
Foresta di Burgos

Am Uccaidu-Pass, nordwestlich von Bono, gibt es Wanderwege, die auf dem Berggrat des Monte Rasu (1258 m) verlaufen. Von oben hat man einen fantastischen Ausblick auf das dicht bewaldete Areal der Foresta di Burgos, auf die umliegende Bergkette und sogar darüber hinaus.

4

Bitti

E3 · 2800 · Rathaus, Piazza Asproni 47
comune.bitti.nu.it

Das Dorf wurde dank der Vokalgruppe Tenores di Bitti bekannt, die sich mit Interpretationen traditioneller sardischer Lieder international Anerkennung verschafft haben. Sprachwissenschaftlern zufolge ähnelt der Dialekt der Region am stärksten dem Lateinischen.

Die Kirche San Giorgio Martire (19. Jh.) steht an der Piazza Giorgio Asproni im Zentrum. Im nahen Pfarrhaus befindet sich eine kleine Sammlung archäologischer Funde.

Nicht weit von Bitti auf der Straße nach Orune gelangt man zum Brunnentempel Su Tempiesu. Er umfasst mehrere Kammern aus Basaltquadern und beherbergt einen heiligen Brunnen. Das Wasser wurde bei nuraghischen Ritualen verwendet.

Östlich von Bitti sind die Kirchen Santo Stefano, Santa Maria, Santa Lucia, San Giorgio und Babbu Mannu (Heiliger Geist) Zentren religiöser Feste.

5

Bono

D3 3500 Rathaus, Corso Angioy 2
comune.bono.ss.it

Die Gemeinde Bono am Fuß der Goceano-Gebirgskette ist ein idealer Ausgangspunkt für Ausflüge zum bewaldeten Monte Rasu und zur Foresta di Burgos. Im Zentrum steht die mehrmals umgebaute Kirche San Michele Arcangelo. In diesem Gotteshaus befindet sich eine interessante Uhr mit vier Kanonenkugeln als Gewichten. Sie wurden während der Belagerung von 1796 abgefeuert, als die Bewohner die Regierungstruppen aus der Stadt vertrieben.

Diese Episode wird jedes Jahr während des traditionellen Fests am 31. August nachgespielt. An diesem Tag wird dem Letztplatzierten des Pferderennens der größte in den Küchengärten der Region aufzutreibende Kürbis verliehen – als spöttisches Zeichen der Anerkennung für den »Heldenmut« der verjagten Armee. Bis vor kurzer Zeit wurde der Kürbis als Symbol für die Flucht der Regierungstruppen von den Einheimischen den Berg hinunter ins Tal gerollt.

Anfang September findet in Bono die farbenprächtige Fiera dei Prodotti Tipici Artigiani del Goceano, ein Markt mit charakteristischem Kunsthandwerk der Region, statt.

Dem Letztplatzierten des Pferderennens von Bono wird der größte in den Küchengärten der Region aufzutreibende Kürbis verliehen.

6

Ottana

D4 2300 Rathaus, Via Libertà 66
comune.ottana.nu.it

Ottana im Tirso-Tal nahe den Hängen der Region Barbagia di Ollolai war im Mittelalter ein wichtiges religiöses Zentrum. Die Kirche San Nicola am Südrand des Orts, einst der Dom der Diözese, wurde 1150 im strengen romanischen Stil erbaut. Ihre schwarzen und violetten Trachyt-Quadersteine zeugen vom starken pisanischen Einfluss. Im Innenraum zeigt ein Flügelaltar aus dem 14. Jahrhundert die Madonna zwischen dem Bischof von Ottano und Mariano d'Arborea, dem Grafen von Goceano. In der Apsis hängt ein Holzkruzifix (16. Jh.).

In den 1970er Jahren siedelte sich in Ottana chemische und Textilindustrie an. Heute fokussiert sich der Ort eher auf Landwirschaft, lokale Delikatessen und Holz. Die jährlichen Karnevalsfeierlichkeiten sind in der Hirtentradition verwurzelt. Sie beginnen am 16. Januar mit den Fuochi di Sant'Antonio Abate (Freudenfeuern) und enden am Faschingsdienstag. Dann kostümieren sich die Einwohner als *boes* (Tierdarstellungen mit Schafsfellen, Glocken und Hörnermasken) und *merdules* (Maskenmänner, Hirten, die die »Tiere« vor sich hertreiben).

Shopping

Supermercato Nonna Isa

Sie können in dem gut ausgestatteten Laden kleine Snacks für unterwegs, Picknickvorräte und regionale Delikatessen einkaufen. Es gibt auch eine Auswahl an typischen regionalen Souvenirs – für all diejenigen, die in letzter Minute ein Mitbringsel suchen.

D3 Via Logudoro 3, Bono Mo–Sa
gruppoisa.com

€€€

→ *Typisches Karnevalskostüm in Ottana*

←

Karneval in Mamoiada: eine Gruppe von Issohadores in voller Montur

7

Mamoiada

E4 2500 Corso Vittorio Emanuele III 50 comune.mamoiada.nu.it

Zwischen den modernen Häusern an der Hauptstraße von Mamoiada stehen noch einige Gebäude wahrscheinlich aragonischen Ursprungs. 1770 erwähnte der savoyische Vizekönig Deshayes die Stadt mit den vielen Weinbergen und Schafen in seinen Schriften. Die Herden werden noch jeden Sommer auf die Weiden an den Hängen der Barbagia di Ollolai gebracht.

Mamoiada ist für die Furcht einflößenden Masken der Mamuthones und die ihrer Gegenspieler, der Issohadores, bekannt. Diese Figuren bevölkern die lebhaften Karnevalsfeiern und -umzüge *(siehe S. 33)* des Orts, vor allem an Sant'Antonio Abate (16. und 17. Januar) und an Faschingsdienstag.

Die düsteren Masken kann man im kleinen **Museo delle Maschere Mediterranee** bewundern, das die Rituale und Kostüme der Karnevalsfeiern in Mamoiada erläutert, ebenso wie weitere Karnevalstraditionen im Mittelmeerraum. Puppenfiguren tragen die schwarzen Masken der Mamuthones, sie sind in Schafsfelle mit Kuhglocken *(sa carriga)* gehüllt. Exponate zum kulturellen Erbe des Orts finden sich auch im nahen Museo della Cultura e del Lavoro. Die handgefertigten Masken kann man in diversen Läden in Mamoiada erwerben.

Etwa fünf Kilometer südwestlich von Mamoiada steht an einer Nebenstraße das Santuario di San Cosimo, eine typische ländliche Kirche mit *cumbessias* genannten Pilger- und Mönchsunterkünften. Die sehenswerte einschiffige Kirche stammt aus dem 17. Jahrhundert. Am Ende des Schiffs wurde bei Renovierungsarbeiten eine aragonische Nische mit Säulen und einem Architrav aus Vulkangestein freigelegt.

Weitere sechs Kilometer südlich, nahe Gavoi, steht das **Santuario della Madonna d'Itria**, eine Kirche mit *cumbessias*. Hier findet am letzten Sonntag im Juli das bekannte Pferderennen *Sa Carrela* statt.

Entdeckertipp
Alter Monolith

Im Garten des B&B Perda Pintà in Mamoiada (www.perdapinta.it) steht der öffentlich zugängliche Menhir Sa Perda Pintà – ein 2,70 Meter hoher aufrecht stehender Stein mit 5500 Jahre alten Petrogylphen (konzentrische Kreise).

Museo delle Maschere Mediterranee
Piazza Europa 15 +39 0784 189 8135 Di–So 10–19 museodellemaschere.it

Santuario della Madonna d'Itria
nahe SP30, Gavoi saitria.it

8

Ollolai

D4 1300 Pro Loco, Piazza Marconi 1 prolocoollolai.it

Ollolai war im Mittelalter Verwaltungszentrum der Region Barbagia di Ollolai, eines Gebiets, das den nördlichen Teil der Barbagia einschloss. Sein Verfall begann nach einem schrecklichen Brand 1490. Heute ist Ollolai ein kleiner Weiler.

Im alten Zentrum stehen noch einige Häuser mit Eingängen aus dunklem Stein, und es gibt immer noch Handwerker, die auf ihren Höfen die traditionellen Affodill-Körbe flechten.

Westlich von Ollolai findet in der Kirche San Basilio am

1. September ein traditionelles Kirchenfest statt. Eine holprige Straße führt zum Gipfel des S'Aschisorgiu auf 1127 Meter Höhe. Vom »Fenster Sardiniens«, wie der Gipfel im Volksmund heißt, hat man eine fantastische Aussicht auf die umliegenden Berge.

9 Sarule

D4 1700 Via Emilio Lussu www.comunesarule.nu.it

In Sarule, einem Dorf mittelalterlichen Ursprungs, wurde über Jahrhunderte hinweg die Tradition des Teppichwebens bewahrt. Entlang der Hauptstraße sieht man noch Werkstätten, in denen farbenfrohe Teppiche mit stilisierten Figuren auf alten Webstühlen gefertigt und auch verkauft werden.

Oberhalb des Dorfs thront die Kirche Nostra Signora di Gonare auf einem Felssporn. Sie ist eines der wichtigsten Heiligtümer Sardiniens. Das Heiligtum wurde im 13. Jahrhundert für Gonario II di Torres, den Herrscher des Fürstentums, gebaut. Bereits im 16. Jahrhundert war die Kirche eine berühmte Wallfahrtsstätte. Der Altarraum wurde im 17. Jahrhundert durch einen Anbau aus dunklem Stein und schlichte Pfeiler erweitert.

Man erreicht die Kirche über eine kleine Straße, die von Sarule Richtung Osten und vier Kilometer lang den Monte Gonare hinaufführt. Dieser Granitberg ist durchsetzt mit Kalksteinschichten und dicht bewachsenen Felsnasen aus Schiefer. An den Berghängen leben viele Vogelarten, etwa Rebhühner, Tauben, Spechte, Rotkopfwürger sowie verschiedene Greifvögel. Im Wald stehen Steineichen und Ahorn. Im Frühling blühen im Unterholz Alpenveilchen, Pfingstrosen und die Trichterwinden. Die Straße endet bei den *cumbessias* genannten Pilgerhäusern. Von dort gelangt man auf einem Fußweg durch den Eichenwald zum Heiligtum, wo man einen herrlichen Blick auf den Monte Ortobene, der über Nuoro emporragt, den Monte Corrasi bei Oliena und das Gennargentu-Massiv in der Ferne hat.

Vom 1. bis 8. September findet in der Kirche ein Fest für die Madonna di Gonare statt, zu dem Pilger aus allen Nachbardörfern herbeiströmen. Neben Gottesdiensten gibt es ein Pferderennen, und auf dem Dorfplatz werden Gedichte und religiöse Lieder in traditionellem Dialekt vorgetragen.

Weinkellerei

Cantina Giovanni Montisci

Die kleine Weinkellerei ist für ihre exzellenten Barrosu Cannonau und Modestu Moscato bekannt. Hier wird noch nach traditioneller Art gekeltert, die Weinberge werden mit Ochsen umgepflügt. Melden Sie sich für eine Verkostung vorab an.

E4 Via Asiago 7B, Mamoiada
+39 328 019 3273

Entlang der Hauptstraße von Sarule sieht man noch Werkstätten, in denen farbenfrohe Teppiche mit stilisierten Figuren auf alten Webstühlen gefertigt werden.

Das abgeschiedene Heiligtum Nostra Signora di Gonare bei Sarule ↑

Hotels

Agriturismo Guthiddai
Der schöne landwirtschaftliche Betrieb ist von Gipfeln, Weinbergen und Olivenhainen umgeben.

E3 Località Guthiddai, Oliena
agriturismo.it

€€€

Su Gologone Experience Hotel
Der ländliche Rückzugsort mit Pool und Restaurant liegt hoch in den Bergen und ist mit regionalem Kunsthandwerk ausgestattet.

E3 Località Su Gologone, Oliena
sugologone.it

€€€

10

Oliena

E3 7000 Rathaus, Via Vittorio Emanuele 4 comune.oliena.nu.it

Nähert man sich Oliena am Abend auf der von Nuoro aus nach Norden führenden Straße, glitzern die Lichter des Orts am Fuß der steilen Felsen des Supramonte, der sich ostwärts zum Golfo di Orosei hin erhebt. In den Weinbergen wächst der bekannte sardische Cannonau.

An den engen Gassen und Durchgängen stehen noch alte Häuser mit Außentreppen, Pergolen und bunt gestrichenen Zimmern. Es gibt mehrere Sakralbauten, darunter Santa Croce, die die älteste Kirche Olienas sein soll. Sie wurde im 17. Jahrhundert wiederaufgebaut und hat einen Glockenturm mit einem ungewöhnlichen Dreizackmotiv.

Das frühere Jesuitenkolleg am Corso Emanuele II erinnert an die Ankunft des Ordens in Oliena. Seit Beginn des 17. Jahrhunderts förderten die Jesuiten Weinbau und Seidenraupenzucht und kurbelten damit die Wirtschaft an. Neben dem Kolleg liegt Sant'Ignazio di Loyola mit den Holzstatuen von Sant'Ignazio und San Francesco Saverio sowie einem Altarbild, das den hl. Christophorus zeigt.

Oliena ist für seinen guten Wein bekannt, aber auch für Schmuck, Backwaren und die traditionellen Trachten *(su hustumene)* der Frauen: Dazu gehören ein schwarzer, mit Seide und Gold durchwirkter Schal und eine hellblaue Bluse. Die prächtigsten Trachten werden bei zwei wichtigen religiösen Feierlichkeiten getragen, wenn Prozessionen durch den Ort ziehen: an San Lussorio im August und an S'Incontru am Ostersonntag.

Südlich von Oliena führen einige Wanderwege in das zerklüftete Terrain des Supramonte di Oliena. Von der Schutzhütte des Monte Maccione aus verläuft ein Pfad über den Gebirgszug hinunter ins Valle di Lanaittu.

Acht Kilometer östlich von Oliena befindet sich die Su Gologone genannte Grotte mit einer Quelle. Im Sommer ist das Wasser erfrischend kühl, im Winter verwandelt es sich in einen sehr kalten, reißenden Sturzbach. Su Gologone ist die größte Quelle Sardiniens. Sie liegt in einem schönen Waldgebiet, das ideal für Picknicks im Schatten ist.

Seit vielen Jahren erforschen Höhlenkundler die Tiefen der unterirdischen Grotta Sa Oche im Supra-

Schon gewusst?

Die Grotta Corbeddu war das Versteck von Giovanni Corbeddu Salis, dem »Robin Hood von Sardinien«.

Wanderer auf dem zerklüfteten Terrain des Supramonte di Oliena ↓

Wandbilder auf Sardinien

Wandbilder tauchten erstmals in den 1960er Jahren in Orgosolo auf und gehörten bald zum Bild vieler Dörfer und Städte. Das berühmteste ist in San Sperate, Heimat des Bildhauers Pinuccio Sciola, zu sehen. Die Themen sind satirischer, politischer oder sozialer Natur. Der Stil variiert, für alle sind leuchtende Farben typisch. Selbst auf dem Land findet man Gesichter, Formen und Hände auf Felsen, Steinen oder Klippen. Um die Orte mit Wandbildern bekannt zu machen und den kulturellen Austausch zwischen unterschiedlichen Regionen zu fördern, wurde die *Associazione Italiana Paesi Dipinti* (Italienische Vereinigung der Städte mit Wandmalereien) gegründet.

monte-Gebirge. Jedes Jahr dringen Taucher tiefer in das Höhlensystem ein.

11 Orgosolo

E4 · 4200 · Rathaus, Via Sas Codinas
comune.orgosolo.nu.it

Das idyllische Bergdorf im Hinterland der Insel wurde mit einem Adlernest und einer Festung verglichen. Die Dorfbewohner gelten als unverwüstliche, zähe Schafhirten, die stolz sind auf ihren Lebensstil und ihre Traditionen. Das in den 1960er Jahren wild wuchernde Banditentum dokumentierte Vittorio De Seta in seinem Film *Banditen von Orgosolo*. Emotionslos schildert er das harte Leben der Hirten und ihr Misstrauen gegenüber der Regierung. Das Interesse der Einheimischen an sozialen und politischen Themen kommt auch in den vielen Wandbildern an Häusern und Felsen um Orgosolo zum Ausdruck. Sie beschreiben das schwere Leben der Hirten, den Kampf um ihr Land und den Erhalt sardischer Traditionen, thematisieren aber auch Ungerechtigkeiten in anderen Teilen der Welt.

Steinhäuser säumen die steilen, engen Gassen des Orts. Vereinzelt findet man noch Gebäude mit ursprünglichen Merkmalen wie die Kirche San Pietro am Corso Repubblica mit ihrem Glockenturm aus dem 15. Jahrhundert. Einige Frauen tragen noch heute bunte, mit geometrischen Mustern bestickte Schürzen und safrangelbe Kopftücher.

Im Sommer feiert man zwei beliebte Feste: Mariä Himmelfahrt am 15. August und Sant'Anania am ersten Sonntag im Juni.

Außerhalb des Dorfs steht die Kirche Sant' Anania (17. Jh.) an der Stelle, wo man der Legende zufolge Reliquien der Heiligen fand. Orgosolo ist ein idealer Ausgangspunkt für Ausflüge in das umliegenden Supramonte-Gebirge mit seinen Weiden und dichten Eichenwäldern. Eine Straße führt zu den 18 Kilometer südlich gelegenen Quellen Funtana Bona, die in 1082 Meter Höhe am Monte Novo San Giovanni sprudeln.

Von dort aus erreicht man auch die schattige Foresta di Montes, einen der größten Eichenwälder Europas, der sich südwärts ausdehnt. Obwohl Brände – oft von Schäfern gelegt, um Weideland zu gewinnen – viele Bäume vernichtet haben, nehmen die Bestände dank der Aufforstungsbemühungen wieder zu. Heute zieht der Wald Besucher aus allen Ecken der Insel an. Auch in der Hitze des Sommers ist eine Wanderung auf dem Plateau beim Fluss Olai eine erfreuliche Unternehmung. Der dichte Wald bietet Schutz vor der Sonne, unterwegs trifft man häufig auf frei laufende Schafe und Schweine. Schön ist es, wenn der Affodill in Blüte steht. Viele Wanderwege beginnen am Verwaltungszentrum des Walds in Funtana Bona. Auch Mountainbiking und Klettern sind möglich.

12 Gavoi

D4 · 2600 · Rathaus, Piazza S. Croce 1
comune.gavoi.nu.it

Viele Jahrhunderte lang war das Dorf für seine exzellenten Harnische und für Zaumzeug bekannt, heute gilt das Hauptinteresse dem Käse, etwa dem Fiore-Sardo-Pecorino aus Schafsmilch. Den Ortskern dominiert die rosafarbene Fassade der Kirche San Gavino (15. Jh.) auf dem Platz gleichen Namens. Von ihm gehen einige der ältesten Straßen Gavois ab. Bei einem Bummel durch die Gassen stößt man auf historische Bauten mit dunklen Steinfassaden und von Blumen überbordenden schmiedeeisernen Balkonen, etwa das zweistöckige Gebäude in der Via San Gavino.

In der kleinen Kirche Sant'Antioco im oberen Teil des Orts hängen Dutzende Votivtafeln mit Filigranarbeiten aus Gold und Silber. Sehenswert ist auch eine Statue des Heiligen, der am zweiten Sonntag nach Ostern gefeiert wird.

↑ *200 Menhire: die Steinreihe Biru e' Concas bei Sorgono*

13 Sorgono

D4 1600 Corso IV Novembre 65 comune.sorgono.nu.it

Das von Obstplantagen und Weinbergen umgebene Sorgono produziert Cannonau-Wein und war schon zur Römerzeit bedeutend.

Zwei – allerdings recht verfallene – Stätten lohnen den Besuch: die Casa Carta (17. Jh.) mit typisch aragonischem Fenster und ein Brunnen pisanischen Ursprungs.

Direkt westlich steht das Santuario di San Mauro, eines der interessantesten und ältesten Heiligtümer Sardiniens. Es ist von *cumbessias* umgeben, in denen die wallfahrenden Pilger wohnen. Bei San Mauro mischen sich regionale Elemente und der charakteristische gotisch-aragonische Stil.

Eine von zwei Steinlöwen flankierte Treppe führt zur grauen Trachytfassade mit einer schönen gotischen Fensterrose. An den Steinen der Kirche erinnern zahlreiche Inschriften – einige jahrhundertealt, andere jüngeren Datums – an Pilger.

Die ursprüngliche Kirche wurde um mehrere Gebäude erweitert, in denen die Wallfahrer, vor allem am Festtag zu Ehren von San Mauro, untergebracht und verköstigt werden. Zum Fest findet ein traditioneller *palio* (Pferderennen) statt. Es gibt Theatervorstellungen auf der Piazza, Straßenstände mit Essen und Ausstellungen im Sanktuarium und im Ort.

In der Nähe findet man die Tomba dei Giganti (Gigantengrab) di Funtana Morta und, auf einem Hügel mit Blick auf die Kirche, die Nuraghe Talei, die teilweise in den umliegenden Fels hineingebaut wurde. Ein kurzer Spaziergang nach Nordwesten führt zum archäologischen Park Biru e' Concas mit ungewöhnlich vielen Menhiren, von denen einige aus der Zeit von 3200 bis 1800 v. Chr. stammen.

Weinkeller

Cantina del Mandrolisai

Die bekannte Winzerei ist seit den 1950er Jahren in Betrieb. Sie bietet Verkostungen und betreibt einen eigenen Laden, wo man die Weine kaufen kann.

D4 Corso IV Novembre 20, Sorgono cantinadelmandrolisai.com

14 Fonni

E4 3800 Via San Pietro 4 comune.fonni.nu.it

Mit 1000 Metern ü. d. M. gehört Fonni zu den höchstgelegenen Orten Sardiniens. Tradition und Fremdenverkehr bilden die ökonomische Basis. Die regionalen Produkte reichen von Süßigkeiten bis zu kunstvollen Stoffen und Teppichen. Fonnis bekanntestes Fest findet Mitte Juni statt, wenn die Schäfer mit ihren Herden von den Winterweiden zurückkehren. Obwohl Neubauten dem Charme Fonnis geschadet haben, glaubt man im ersten Moment noch immer, es wachse direkt aus dem Gennargentu-Gebirge heraus.

Am Stadtrand steht das Franziskanerkloster Madonna dei Martiri (17. Jh.), in dem eine Statue zu sehen ist, die aus Teilen römischer Skulpturen gefertigt wurde.

An der Straße nach Gavoi, vier Kilometer westlich von Fonni, liegt der Lago di Gusana. Seine ruhigen Ufer machen ihn zum beliebten Ausflugsziel für Schwimmer und Sonnenanbeter.

15 Laconi

D5 · 1800 · Consorzio Perda Iddocca, Piazza Marconi · iddocca.it

Die Ortschaft Laconi liegt an einem felsigen Ausläufer der Sarcidano-Berge und bietet einen wunderschönen Panoramablick auf das Hügelland. Sehenswert sind die Ruinen des Castello Aymerich im Park oberhalb des Orts. Von der 1053 erbauten Festung ist mittlerweile nur noch ein Turm erhalten. Zu den späteren Anbauten gehören ein Saal aus dem 15. und der Portikus aus dem 17. Jahrhundert. Der schöne Park ist ideal für Spaziergänge oder ein Picknick.

Nahe der Kirche (16. Jh.) liegt das Geburtshaus mit Museum von Sant'Ignazio da Laconi, einem Mystiker, der in der zweiten Hälfte des 18. Jahrhunderts hier lebte. Auf der Piazza steht ein Denkmal von ihm.

Laconi war einst Sitz der adligen Herren der Region. Daran erinnert noch der klassizistische Palazzo Aymerich (Anfang 19. Jh.), den der Architekt Gaetano Cima aus Cagliari errichtete. Von ihm stammt auch die Kathedrale von Ozieri *(siehe S. 195)*.

Im Palazzo befindet sich das **Menhir-Museum** mit kupferzeitlichen Statuenmenhiren. Einige von ihnen zeigen menschliche Züge oder einen stilisierten menschlichen Körper.

Die Umgebung von Laconi ist übersät mit gut erhaltenen prähistorischen Relikten. Weitere Menhire kann man bei Perda Iddocca und Genna e' Aidu sehen. Die Exkursionen zu archäologischen Überresten sollte man mit einem Führer unternehmen.

Menhir-Museum
Piazza Marconi 10
Sommer: Di–So 10–13, 15:30–19 (Winter: bis 18)
menhirmuseum.it

Fotomotiv
Malerischer Park

Der Parco Aymerich, der große Park von Laconi, umgibt die Ruinen des Castello Aymerich. Hier findet man zahlreiche fotogene Motive, darunter das Castello selbst, einen Wasserfall und einen Garten voller Orchideen.

16 Belvì

D4 · 590 · Via Roma 17 · comune.belvi.nu.it

Von Belvì, einst wichtigstes Handelszentrum der Gegend, blickt man auf das Iscra-Tal mit Haselnussbäumen und Obstplantagen.

Die Schmalspurbahn von Mandas nach Sorgono führt nahe am Dorf vorbei. Die Reise geht durch eine fantastische Landschaft mit unzähligen Kurven und hohen Viadukten *(siehe S. 133)*.

Einige alte Häuser Belvìs sind noch erhalten. Ein fotogenes Ziel in der Umgebung des Dorfs ist der Domus de Janas von Lagosu, eines der prähistorischen Felsengräber, die die Insel prägen. Wie Aritzo liegt Belvì am Fuß des Gennartu-Massifs. Im Nachbarort Aritzo *(siehe S. 128)* informiert das schöne **EcoMuseo della Montagna Sarda** in einem typischen Dorfhaus über das frühere Leben in den im Winter verschneiten sardischen Bergen.

EcoMuseo della Montagna Sarda o del Gennargentu
Viale Kennedy 25, Aritzo
Di–So 10–13, 15–18
aritzomusei.it

→

Statuette eines Kriegers im Museo Archeologico Comprensoriale in Teti

17 Teti

D4 · 670 · Corso Italia 63 · comune.teti.nu.it

Hauptattraktion des Dorfs in den Bergen am Lago di Cucchinadorza ist das kleine **Museo Archeologico Comprensoriale**. Unter der Führung einer Gruppe engagierter junger Einheimischer informiert es detailliert über die Geschichte der prähistorischen Nuraghen-Siedlungen der Region (insbesondere die Nuraghe S'Urbale und den heiligen Bezirk von Abini). Zu sehen sind Ausgrabungsfunde und die Rekonstruktion eines Baus von 1000 v. Chr. Die Räume im Untergeschoss stehen für Ausstellungen zur regionalen Kultur zur Verfügung.

Einen Kilometer südwestlich liegt die Nuraghe S'Urbale (1200–900 v. Chr.) mit Ruinen der prähistorischen Behausungen. Die Reste der Kultstätte und Nuraghen-Siedlung Abini befindet sich zehn Kilometer nördlich von Teti.

Museo Archeologico Comprensoriale
Via Roma 6 · +39 0784 681 20 · Sommer: Di–So 10–18; Winter: Di–So 9:30–12:30, 15:30–17:30

↑ *Bogen mit schmiedeeisernem Tor am Eingang zum Castello Arangino in Aritzo*

18 Aritzo

D4 1300 Rathaus, Corso Umberto I comune.aritzo.nu.it

Der kleine Ort in den kühleren Hügeln am Fuß des Gennargentu-Gebirges verkaufte einst Schnee. Die gefrorene Ware wurde, in Strohbehältnisse verpackt, in Eisgruben gelagert und im Sommer auf der ganzen Insel verkauft.

Im Zentrum findet man noch viele Spuren aus alter Zeit. Einige Häuser zeigen die typischen Steinfassaden und Holzbalkone. Sehenswert sind das neogotische Castello Arangino am Corso Umberto und das einstige Gefängnis (17. Jh.) in der Via Maggiore.

Der Handel mit Schnee und Eis ist schon lange Vergangenheit, doch das Möbelschreinerhandwerk existiert noch. Die Werkstätten verkaufen die Produkte auch direkt. Ein weiterer Wirtschaftszweig sind Kastanien. Wer im Herbst nach Aritzo kommt, kann all die köstlichen saisonalen Kastanienspezialitäten und die nussig schmeckenden Desserts probieren.

Mildes Klima, Höhenlage und wundervolle Panoramen machen Aritzo zum beliebten Urlaubsziel im Sommer. Populäre Veranstaltungen außerhalb sind Rodeos. Zudem bieten sich Wanderungen und Ausritte ins Gennargentu-Massiv und ins obere Flumendosa-Tal an. Gleich nördlich von Aritzo liegt der pilzförmige Kalksteinfelsen Tacco di Texile (975 m). Von hier aus genießt man eine spektakuläre Sicht auf die Berge der Barbagia.

Im 3. Jahrhundert v. Chr. ließ sich Sant'Efisio (Ephysius von Cagliari) in der Gegend nieder. Viele Jahre lang missionierte er hier und bekehrte die Einheimischen teilweise zum Christentum.

19 Tonara

D4 2000 Rathaus, Viale della Regione 12–14 comunetonara.it

Früher basierte die Wirtschaft Tonaras vor allem auf Kastanien, Haselnüssen und anderen für diese Berglandschaft typischen Erzeugnissen. Mit der Entdeckung durch den Fremdenverkehr wurde auch die heimische Produktion von Kuhglocken, *torrone* (Nougat) und handgewebten Teppichen bekannt. Bei Festlichkeiten werden die begehrten Kuhglocken auf dem Hauptplatz geschmiedet, wobei das Metall auf Steinformen zurechtgehämmert wird. Die Bewohner Tonaras erzählen Besuchern gern, wo sie den Handwerkern zuschauen und deren Produkte kaufen

Sardischer Nougat

Nougat (auf Italienisch *torrone*) gehört zu den beliebtesten Süßigkeiten Zentralsardiniens. Auf jedem Markt und bei jedem Fest verkaufen Stände die Süßigkeit aus Tonara, Desulo oder einem der anderen Bergdörfer. Die Hauptzutaten sind Mandeln, Walnüsse, Haselnüsse, Honig und Eiweiß (manchmal wird auch das Eigelb verwendet). Die verschiedenen Sorten variieren je nach Honigarten, dem Aroma der Nüsse oder der Anzahl der Eier. Es gibt viele Nougathersteller, bei denen Besucher bei der Produktion zuschauen können. Torronificio Marotto in Tonara (Via Roma 6) stellt besonders köstlichen und wohlduftenden Nougat her.

können. Das Flair eines typischen Bergdorfs verströmen noch die Hirtenhäuser, die seit über einem Jahrhundert fast unverändert blieben.

Tonara ist ein beliebter Ausgangspunkt für Ausflüge ins Gennargentu-Massiv. Die Tour zur Punta Muggianeddu (1467 m) ist ansprechend. Eine Straße führt durch Steineichen- und Kastanienwälder zum Gipfel, von wo man eine wunderbare Aussicht genießt.

20 Desulo

E4 2300 Rathaus, Via Lamarmora 73
comune.desulo.nu.it

Desulo liegt auf 895 Meter Höhe an den Hängen des Gennargentu-Massivs. Bis zum 7. Jahrhundert war das Dorf nicht zum Christentum bekehrt und außerdem politisch selbstständig. Leider hatte ein planloser Bauboom verheerende Auswirkungen und zerstörte fast alle traditionellen Schieferhäuser. Man sieht jedoch noch viele Dorfbewohner bei besonderen Gelegenheiten, etwa beim Herbstfest Autunno in Barbagia *(siehe S. 46)* in typischer Tracht. Diese besteht aus leuchtend rot, gelb und blau bestickten Teilen.

Desulos Wirtschaft basiert auf der Schafzucht und der Bewirtschaftung von Kastanienwäldchen und Bergweiden. Früher reisten die Holzschnitzer des Dorfs zu verschiedenen Märkten, um ihre handgefertigten Löffel und Brettchen, aber auch ihre selbst gezogenen Kastanienpflänzchen zu verkaufen.

Sehenswert sind die Pfarrkirche Sant'Antonio Abate und Kirchen wie Madonna del Carmelo und San Sebastiano mit ihren bunten Holzstatuen (Mitte des 17. Jh.). Ein Besuch des Dorfs lohnt sich vor allem wegen der malerischen Umgebung und der Sicht auf den höchsten Gipfel der Insel.

Seit geraumer Zeit bestehen Pläne, das Gebiet zum Nationalpark zu erklären und in den Nationalpark Gennargentu zu integrieren. Desulo ist ein sehr beliebtes Ziel von Wanderern, die vor allem der anspruchsvolle Aufstieg zur Punta La Marmora reizt *(siehe S. 96f)*. Mittlerweile sind diverse Hotels und Hostels für die Bedürfnisse von Wanderern entstanden.

Bäckerei

Panificio Chessa Basilia

Vor einem Aufstieg auf die Punta La Marmora sollten Sie diese Bäckerei aufsuchen und sich mit traditionellem Gebäck und Brot – sowohl süß wie herzhaft – bevorraten.

E4 Via Lai 12, Desulo +39 078 461 9325 So

€€€

↓ *Ein Schäfer mit Herde in der sanften Hügellandschaft von Desulo*

Tour am Monte Albo

Länge 87 km **Rasten** Bitti, Lodè, Lula
Schwierigkeit leicht

Der massive Kamm aus weißem Kalkstein, der dem Berg den Namen gab (*albo* heißt weiß), liegt wie ein Bollwerk zwischen der Barbagia und der Baronia. Teile dieser Tour verlaufen auf einer schmalen Straße entlang von Felshängen, die einen guten Blick auf die majestätischen Formationen erlauben. Von den mit Macchia bedeckten Hängen hat man eine wunderbare Aussicht. Die Gegend soll ein Naturreservat werden, um 650 Pflanzenarten sowie Mufflons, Wildschweine und Greifvögel zu schützen.

Zur Orientierung
Siehe Regionalkarte S. 114f

Die kleine Ortschaft **Lodè** liegt inmitten von Olivenhainen und Macchia. Die Kirche Annunziata wird von weiß getünchten *cumbessias* (Pilgerunterkünften) eingerahmt.

Der 624 Meter hohe **Sant'Anna-Pass** bietet eine herrliche Aussicht.

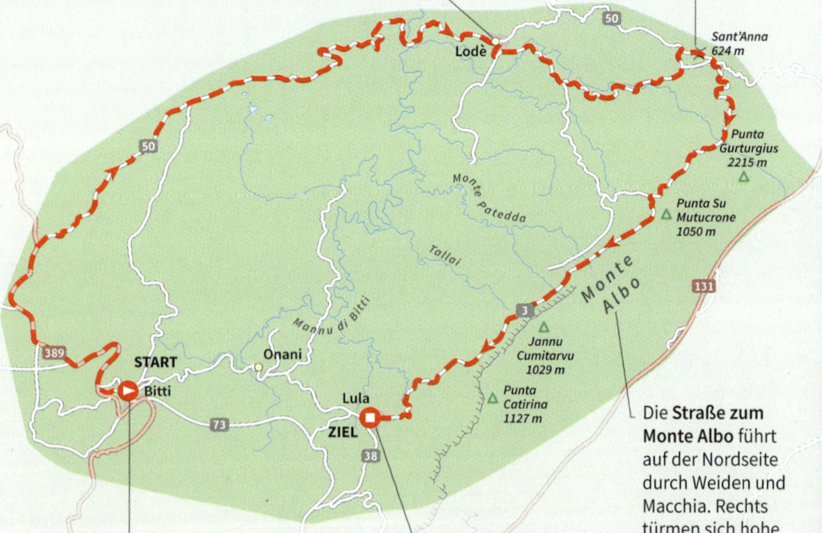

Die **Straße zum Monte Albo** führt auf der Nordseite durch Weiden und Macchia. Rechts türmen sich hohe rosa geäderte Felswände.

Lula in der Baronia besitzt ein berühmtes, dem hl. Franziskus gewidmetes Heiligtum.

Das lebhafte **Bitti** *(siehe S. 120f)* ist umgeben von Eichen und wilden Olivenbäumen.

0 Kilometer 5 N

↑ *Bitti mit den Ausläufern des Monte Albo im Hintergrund*

Laconi an den Ausläufern der Sarcidano-Bergkette ↑

Bahnfahrt Cagliari – Sorgono

Rasten Dolianova, Senorbi, Mandas, Laconi, Belvì **Fahrtdauer** 4:15 Std.
Fahrpläne www.trenitalia.com; www.treninoverde.com

Im Vergleich zu einer Autofahrt bietet die Zugverbindung zwischen Cagliari und Sorgono ein entspanntes Reisen durch das eindrucksvolle Gennargentu-Massiv. Der erste Streckenteil bis Mandas führt über die Hügel der Trexenta. In Mandas muss man auf den Trenino Verde *(siehe S. 110f)* umsteigen, mit dem man bis Sorgono *(siehe S. 126)* fährt. Dieser Streckenteil steigt bis zum Rasthaus in Ortuabis an, einem Gebiet mit dichter Vegetation und Berggipfeln im Hintergrund. Schließlich geht es durch einen Besenheidenwald bis nach Belvì. Die Szenerie ist spektakulär, die Fahrt vermittelt einen Einblick in eine längst vergangene Zeit.

Zur Orientierung
Siehe Regionalkarte S. 114f

Nahe dem Bahnhof von **Belvì** *(siehe S. 127)* liegt das sehenswerte Museo di Scienze Naturali.

Laconi *(siehe S. 127)* ist ein beliebtes Urlaubsziel in der Region Sarcidano.

Üppige Vegetation und Wasserfälle kennzeichnen die Strecke von **Laconi** nach **Meana.**

Die romanische Kathedrale **San Pantaleo** in Dolianova ist pisanischen Ursprungs. Sie enthält ein Taufbecken aus dem 5. bis 6. Jahrhundert.

Schon gewusst?

D. H. Lawrence schilderte seine Sardinien-Reise in *Sea and Sardinia* (1921).

Farbenfrohe Häuser in der Küstenstadt Bosa (siehe S. 148–151)

Westküste

Natürliche Häfen und fruchtbares Land lockten schon früh fremde Schiffe an die Westküste. Als Erste kamen die Phönizier, die sich um 1000 v. Chr. in den Buchten von Sulki (später Sulcis) und auf der Insel Sant'Antioco ansiedelten sowie auf der Sinis-Halbinsel die Stadt Tharros gründeten. Die Phönizier ließen sich häufig in der Nähe von Nuraghen-Siedlungen nieder, dies war etwa bei Tharros der Fall. Eine Zeit lang lebten die beiden Gemeinschaften friedlich nebeneinander. Beide erkannten das Potenzial der Obsidianvorkommen an den Hängen des nahen Monte Arci.

Aufgrund von häufigen Piratenüberfällen verfiel Tharros allmählich, das Machtzentrum verlagerte sich 1070 nach Oristano ins Hinterland. Bosa, ebenfalls eine phönizische Gründung, wurde später von den Römern und dann von den Spaniern geformt. Letztere verliehen Bosa den Titel einer Königsstadt. Spanischen Einfluss findet man auch in Alghero, das im 14. Jahrhundert zu einer katalanischen Stadt umgebaut wurde.

Durch die ständig wechselnden Herrscher geriet die Region letztlich ins Hintertreffen. Im 20. Jahrhundert wurde sie mit Landgewinnungsprojekten und der Urbarmachung von Land wiederbelebt. Entlang der Küste entstanden Urlaubsorte.

Porto Torres
Pozzo San Nicola
Marina di Sorso
Sorso
Rosario
Platamona Lido
Palmadula
La Nurra
Siehe Karte rechts
Osilo
Argentiera
Sassari
Ossi
Usini
Flughafen Alghero
Olmedo
Uri
Florinas
Tramariglio
Fertilia
Ittiri
Lido S. Giovanni
Capo Caccia
Alghero
Villanova Monteleone
Monteleone Rocca Doria
Romana
Pozzomaggiore
Montresta
Padria
Temo
Capo Marargiu
Bosa
Bosa Marina
Sindia
Suni
Tresnuraghes
Scano di Montiferro
San Leonardo de Siete Fuentes
Mittelmeer
Cuglieri
Monte Ferru 1050 m
Santu Lussurgiu
Santa Caterina di Pittinuri
Bonarcado
Seneghe
Capo Mannu
Milis
Putzu Idu
Stagno Sale Porcus
Bauladu
Riola Sardo
Stagno di Cabras
Solarussa
Cabras
Simaxis
San Salvatore
Westküste
Marina di Torre Grande
Oristano
San Giovanni di Sinis
Santa Giusta
Tharros
Capo San Marco
Golfo di Oristano
Arborea
Capo della Frasca
Terralba
Sant'Antonio di Santadi
Uras
0 Kilometer 15
N
San Nicolò d'Arcidano

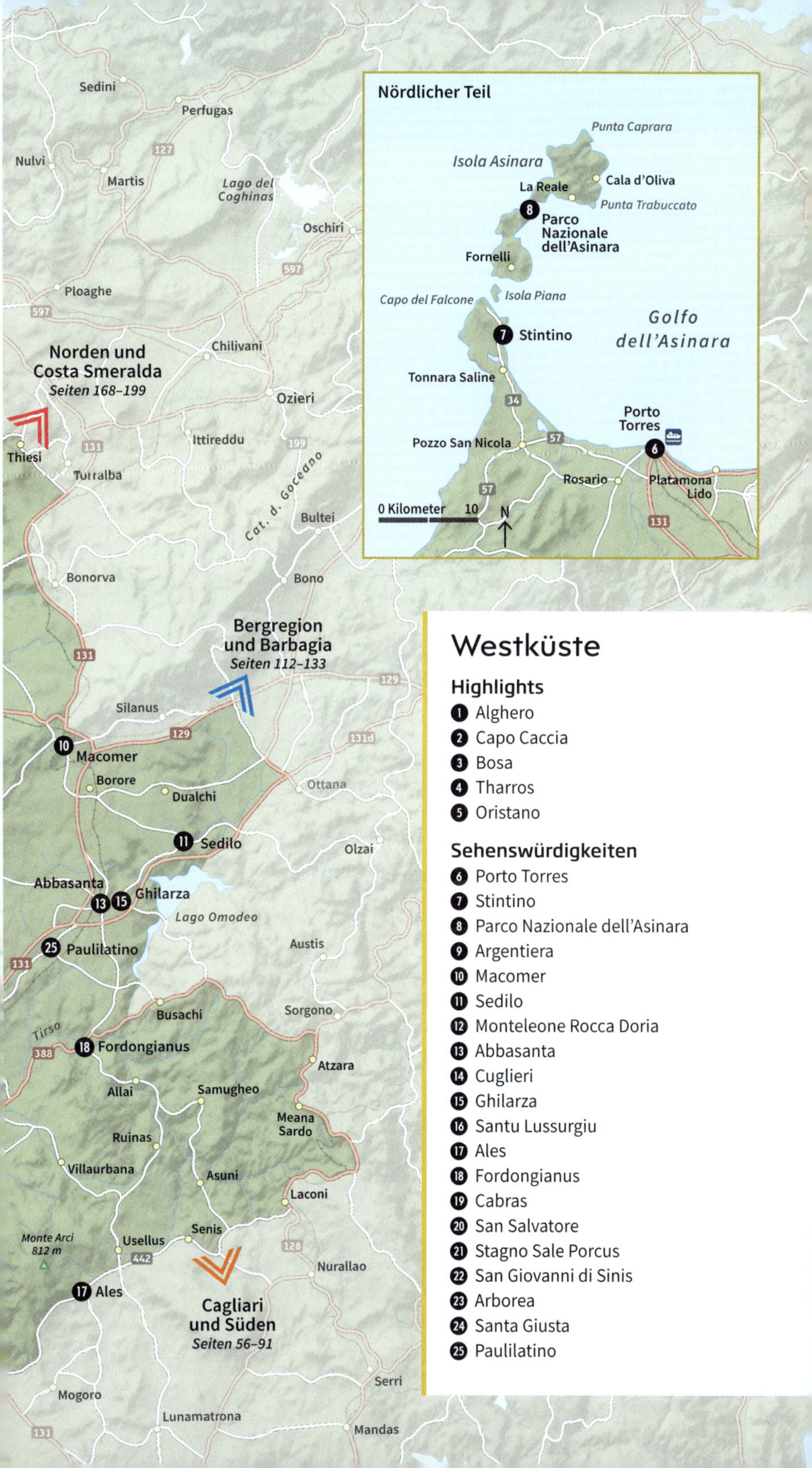

Westküste

Highlights

1. Alghero
2. Capo Caccia
3. Bosa
4. Tharros
5. Oristano

Sehenswürdigkeiten

6. Porto Torres
7. Stintino
8. Parco Nazionale dell'Asinara
9. Argentiera
10. Macomer
11. Sedilo
12. Monteleone Rocca Doria
13. Abbasanta
14. Cuglieri
15. Ghilarza
16. Santu Lussurgiu
17. Ales
18. Fordongianus
19. Cabras
20. San Salvatore
21. Stagno Sale Porcus
22. San Giovanni di Sinis
23. Arborea
24. Santa Giusta
25. Paulilatino

❶

Alghero

C3 · 44 000 · Alghero Fertilia, 10 km nördl.
Ex Casa del Caffè, Via Cagliari 2 · +39 079 979 054
Osterwoche · alghero-turismo.eu

Alghero wurde Anfang des 12. Jahrhunderts von der Aristokratenfamilie Doria aus Genua gegründet. 1353 wurde die Stadt von den Aragoniern erobert und war seither die »spanischste« Stadt der Insel. Das alte Zentrum liegt innerhalb der Festungsanlage. Die Wirtschaft Algheros basiert auf Tourismus und Kunsthandwerk, vor allem Schmuck und anderen Gegenständen aus Korallen.

①

Torre di Porta Terra

Piazza Porta Terra

Das alte Stadttor (14. Jh.) wirkt etwas ramponiert, da der Großteil des Baus abgerissen wurde, um Platz für die heutige Via Sassari zu schaffen. Weil die Juden den aragonischen König Pietro III bei der Eroberung der Stadt unterstützten, wurde das Tor früher Torre degli Ebrei (*dels Hebreus* auf Katalanisch), »Judenturm«, genannt. Der Turm bildete einst mit einem weiteren das eigentliche Tor. Eine Zugbrücke verband ihn und den gotischen Bogen (jetzt Kriegerdenkmal). Nun ist hier eine Touristeninformation. Von der Terrasse sieht man auf Hafen und Stadt.

②

Bastioni und Forte della Maddalena

Die gut erhaltenen Befestigungen zur Meerseite hin sind bei Spaziergängern beliebt – vor allem bei Sonnenuntergang. Von Süden kommend, führt der Lungomare Dante an einigen Bastionen vorbei, die nach berühmten Entdeckern, darunter Christoph Kolumbus und Marco Polo, benannt sind. Einige Türme – die Torre di San Giacomo, der Mirador-Schutzwall, die Torre de Castilla und die Torre della Polveriera – bewachen den Weg, der zum Hafen führt. Nahe den Stufen zwischen

Expertentipp
Perfektes Picknick

Auf dem Markt bei der Torre di Porta Terra kann man gut für ein Picknick einkaufen – etwa jungen Pecorino, *carasau* (Fladenbrot), Vermentino-Wein und saisonales Obst.

↑ *Algheros attraktive Seite am Wasser mit der Stadtbefestigung als Kulisse*

Strand und dem Stadttor Porta a Mare liegt das Forte della Maddalena, die wichtigste spanische Befestigung der Stadt. Sie ist auch als Garibaldi-Turm bekannt, weil Giuseppe Garibaldi am 14. August 1855 hier landete. Eine Plakette erinnert an das Ereignis.

③

Torre di San Giacomo

⌂ zwischen Bastioni Cristoforo Colombo und Bastioni Marco Polo

Die restaurierte Torre di San Giacomo steht am Ufer vor der Iglesia del Carmelo (17. Jh.). Der Turm unterscheidet sich von den anderen in Alghero durch seine ungewöhnliche achteckige Form. Sein Beiname »Torre dei Cani« (»Hundeturm«) spielt darauf an, dass in dem Turm früher gefangene herrenlose Hunde eingesperrt wurden.

④

Palazzo d'Albis

⌂ Piazza Civica (Plaça de la Dressana)

Der Palazzo (16. Jh.) mit zwei identischen Spitzbogenfenstern wird auch Palazzo de Ferrera genannt. Im Oktober 1541 besuchte Karl V. den Bau im katalanischen Stil. Der Kaiser, der mit seiner Flotte auf dem Weg nach Algier Zwischenstation in Alghero machte, schätzte die Stadt sehr. Traditionsgemäß sprach er vom Balkon des Palazzo d'Albis und sagte über die Stadt »Bonita por mi fé, y bien assentada« (»Wunderschön, fürwahr, und gut befestigt«). Und zu den Einwohnern: »Estade todos caballeros« (»Ihr seid alle Ritter«).

Der Aufenthalt des Monarchen endete mit der Requirierung einer großen Anzahl Rinder, die er für die Verpflegung seiner spanischen Truppen brauchte. Die Tiere wurden nach einem Stierkampf geschlachtet, der auf der Piazza Civica spontan stattfand.

Restaurants

La Piadina del Pozzo

Das einfache Lokal serviert frische *piadine* (dünnes Fladenbrot mit Füllung).

⌂ Via Minerva 25
☎ +39 079 492 1239

€€€

Azienda Agrituristica Sa Mandra

Das Restaurant des rustikalen Agriturismo bietet gute regionale Gerichte und Getränke.

⌂ Strada Provinciale 44 W azienda samandra.it

€€€

Nautilus

Hier gibt es Hummer auf katalanische Art, Seafood-Risotto und den Fang des Tages.

⌂ Via Maddalenetta 4
W nautilusalghero.it

€€€

⑤
Via Principe Umberto

Die kleine Straße, die an der Kathedrale beginnt, war die Hauptstraße der Altstadt. Sehenswert sind die gotische Casa Doria (auch Palazzo Machin nach der Familie, die im 17. Jahrhundert hier wohnte) und, an der Piazza del Teatro, das klassizistische Teatro Civico (19. Jh.). Das Theater präsentiert unterschiedliche Vorstellungen.

⑥
San Francesco und Kreuzgang

Via Carlo Alberto 46
Juli–Sep: 9:30–13, 16:30–20; Okt–Jan: 9:30–12:30, 16:30–20
complessosanfrancescoalghero.com

San Francesco ist wohl der wichtigste katalanische Sakralbau Sardiniens. Die Kirche wurde Ende des 14. Jahrhunderts errichtet und zum Teil neu aufgebaut, weil Partien des Gebäudes einstürzten. San Francesco zeigt den Einfluss diverser Stile. Der sechseckige Glockenturm auf quadratischem Sockel (17. Jh.) ist im Stil der Gotik gestaltet.

Schon gewusst?

Alghero hieß einst Alquerium – wegen des reichen Algenvorkommens vor der Küste.

Die Kirche hat zwei Seitenschiffe und barocke Holzaltäre, unter dem sternenübersäten Gewölbe des Presbyteriums steht ein Altar aus dem 18. Jahrhundert. Zu den Skulpturen zählen ein *Toter Christus* und ein *Christus an der Martersäule*.

Sehenswert ist der von der Sakristei aus zugängliche Kreuzgang aus Sandstein, der in verschiedenen Epochen gebaut wurde. Der untere Teil stammt aus dem 14., der obere aus dem 18. Jahrhundert. Die 22 Säulen haben runde oder vieleckige Sockel für Kapitelle.

Zum jährlichen Musiksommer Estate Musicale Internazionale di Alghero finden hier Konzerte und andere Kulturevents statt. Während des restlichen Jahres dient das Refektorium als Veranstaltungsort.

Südlich von San Francesco liegt San Michele mit einer Kuppel aus bunten Ziegeln – ein Wahrzeichen Algheros.

⑦
Cattedrale di Santa Maria

Piazza Duomo **+39 079 979 222** **Juli/Aug: Mo, Di, Do–Sa 10:30–13, 19–21:30; Apr/Mai, Sep/Okt: Mo, Di, Do–Sa 10:30–13, 16–18:30**

Algheros klassizistische Cattedrale di Santa Maria (Marienkathedrale) liegt an der Piazza Duomo im Zentrum der Altstadt. Das Gebäude (14. Jh.) wurde Mitte des 16. Jahrhunderts im Stil der katalanischen Spätgotik umgebaut. Auch der achteckige Glockenturm stammt aus dieser Zeit.

Im Kircheninneren fällt der Unterschied zwischen der Anlage des Zentralbereichs aus der Spätrenaissance und dem gotischen Altarraum (16. Jh.) sogleich

↑ *Weißer Sand und türkisfarbenes Meer: der Strand Le Bombarde*

ins Auge. In der Sakristei ist katalanischer Schmuck ausgestellt.

⑧

Strände

Der Hafen von Alghero war aufgrund seiner Lage und der flachen Küste nie ein wichtiger Handelsplatz. Es gibt zudem keine Schwerindustrie, sodass das Meer hier sehr sauber ist. Gleich außerhalb der Altstadt findet man mehrere hübsche Badeplätze. Der bekannteste Strand ist der acht Kilometer lange Le Bombarde, der sich nordwestlich der Stadt mit reinem, weißem Sand und kristallklarem Wasser erstreckt. Ein weiterer angenehmer Strand ist der Lazzaretto, der seinen Namen dem Krankenhaus für Arme verdankt, das dort während der Pestepidemie stand. Bei klarem Wetter zeichnen sich am Horizont die beeindruckenden Umrisse des Capo Caccia ab *(siehe S. 146f)*.

← *Schattiger Sandsteinbau: der Kreuzgang von San Francesco*

⑨

Fertilia

7 km nordwestl. von Alghero

Im Norden von Alghero liegt die Küstenstadt Fertilia mit einem Yachthafen. Der Ort entstand in faschistischer Zeit und war Zentrum des Programms für Landgewinnung. In der Nähe kann man die 13 Bogen der römischen Brücke des antiken Carbia sehen. Sie verband früher Carbia mit Portus Nympharum, der heutigen Bucht Porto Conte. Nahebei befindet sich die Nuraghe Palmavera. Der prähistorische Komplex besitzt zwei Türme und einen von Bastionen umgebenen Hof.

⑩

Necropoli di Anghelu Ruju

SP42 +39 329 438 5947 Apr–Okt: tägl. 10–18; Nov–März: tägl. 10–14 necropoli angheluruju.it

Die Nekropole östlich von Alghero ist der größte pränuraghische Bestattungsort seiner Art auf Sardinien. Die 1903 eher zufällig entdeckte Stätte enthält 40 *domus de janas*. Viele der Gräber zeigen Architrave, Säulen, Scheintüren und -fenster. Zu den interessantesten *domus de janas* zählen Grab A und Grab 28 mit skulpierten Bullenköpfen (ein Symbol für Göttlichkeit). Funde sind im Museo Archeologico Nazionale *(siehe S. 62)* in Cagliari zu sehen.

Hotels

B & B La Mia Isola
Das zentral in der Nähe der Altstadt gelegene B & B bietet einfache, bunte und familienfreundliche Zimmer mit moderner Ausstattung.
Via Brigata Sassari 8
lamiaisolaalghero.it
€€€

Alghero Resort Country Hotel
Das moderne Hotel in einem ehemaligen Gutshof aus dem 18. Jahrhundert hat Tennisplätze und einen Swimmingpool. Für die Gäste gibt es persönlich abgestimmte Ausflüge in die Umgebung.
Strada Carrabuffas
algheroresort.it
€€€

El Faro Hotel
Das Hotel auf einem vom Meer umgebenen Felsvorsprung eignet sich perfekt als romantischer Rückzugsort mit Aussicht. Die Zimmer machen einen frischen Eindruck, das Frühstück ist inklusive.
Via Porto Conte 52
elfarohotel.it
€€€

Sonnenuntergang vor der Kulisse des befestigten Alghero

Spaziergang durch Alghero

Länge 2 km **Dauer** 15 Min. **Bushaltestelle** Mercato Civico

Trotz des Schadens durch die Bombardierungen im Zweiten Weltkrieg ist die Altstadt noch nahezu intakt. Sie kann leicht zu Fuß erkundet werden. Die Hauptwege von Bosa (im Süden) und Sassari (im Nordwesten) führen zu den Stadtmauern, von wo aus man zu einem Spaziergang durch die engen Straßen der Altstadt aufbrechen kann. Alghero wurde stark von den Spaniern beeinflusst – es gilt noch immer als spanischste Stadt Sardiniens. Wenn Sie durch die mittelalterlichen Gassen streifen, finden Sie noch viele Reminiszenzen an diese Zeit. Die Kirchen zeigen spanische Stilmerkmale, die Restaurants servieren katalanische Klassiker.

San Francesco aus der ersten Hälfte des 14. Jahrhunderts ist ein Juwel katalanischer Architektur. Im Sommer finden im Kreuzgang Open-Air-Konzerte statt *(siehe S. 140)*.

Torre di Porta Terra

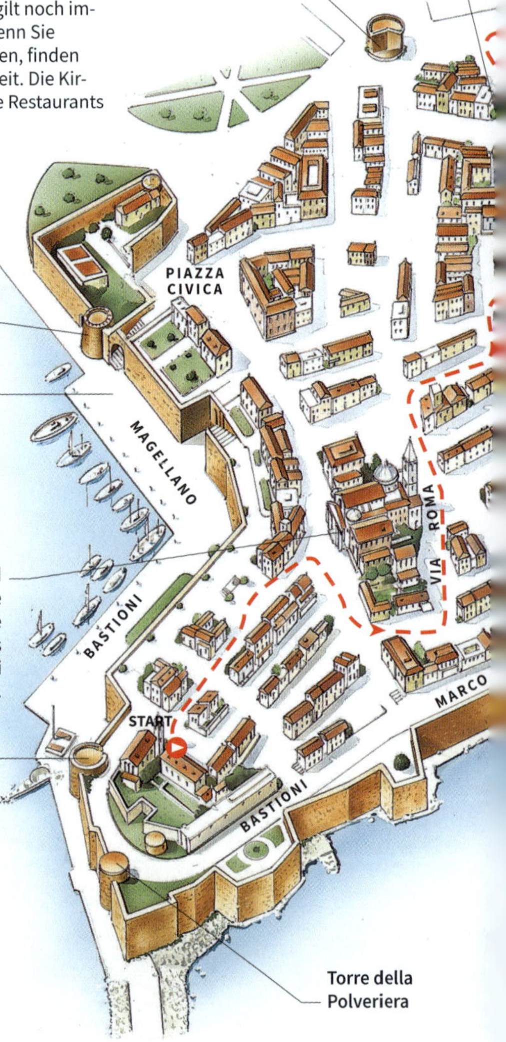

Forte della Maddalena und Wälle

Die Via Garibaldi beginnt am **Hafen** und verläuft an Algheros langem Sandstrand entlang zum Lido und nach Fertilia.

Die geschnitzte Tür und der Glockenturm sind die ältesten Teile der Mitte des 15. Jahrhunderts erbauten **Cattedrale di Santa Maria** *(siehe S. 140f)*.

Torre di Sant'Erasmo

Torre della Polveriera

Schon gewusst?

Seit 1970 sind die Straßenschilder der Stadt sowohl italienisch als auch katalanisch.

Die **Via Carlo Alberto** ist die Einkaufsstraße der Stadt. In den Sommermonaten präsentieren hier Juweliere ihren Korallenschmuck.

Die Barockkirche **San Michele** enthält zwei stuckierte Altäre. Sie stammen aus der zweiten Hälfte des 17. Jahrhunderts.

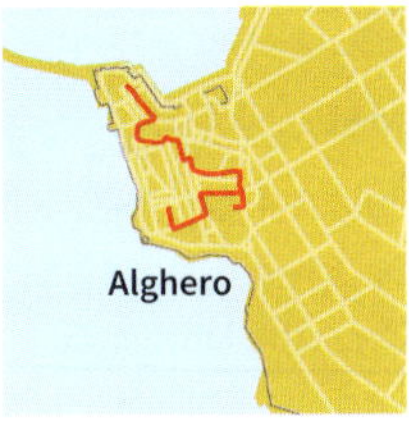

Zur Orientierung
Siehe Karte S. 138

Torre di San Giovanni

Die **Torre di Sulis** ist ein Turm der Wehranlagen Algheros. Er überragt die Piazza Sulis, das Herz der Stadt.

Das kleine Restaurant **Al Tuguri** in der Via Maiorca ist auf Fisch nach alten katalanischen Rezepten spezialisiert.

Chiesa della Misericordia

Chiesa del Carmelo

Torre di San Giacomo

Die **Festungsmauern** zwischen Altstadt und Meer sind heute beliebte Spazierwege *(siehe S. 138f)*.

↑ *Die Torre di Sulis, einer der Türme entlang den Festungsmauern*

2

Capo Caccia

B3 Grotta di Nettuno: tägl. 8–19
grottadinettuno.it

Die Landzunge Capo Caccia mit einem Leuchtturm am äußersten Ende ist ein Naturparadies mit einem reichen Vorkommen an Wildtieren sowie fantastischen Ausblicken auf Alghero und die Küste.

Der Name Capo Caccia leitet sich von *caccia* her, der damals populären Jagd auf die wilden Felsentauben, die hier nisteten. Die Landzunge ist ein Anziehungspunkt für Naturliebhaber. In den Spalten der Steilwände nisten Felsentauben, Segler, Wanderfalken und Silbermöwen. Auf der Westseite der Landspitze führen 656 steile Stufen (bekannt als Escala del Cabirol oder Rehleiter) die Klippen hinunter zum faszinierenden Höhlensystem der Grotta di Nettuno (Neptunsgrotte). Die Höhle ist von Alghero aus per Boot in 20 Minuten erreichbar, Bootstouren gibt es von April bis Oktober.

Entdeckertipp
Le Prigionette

Unter den vielen Attraktionen des Capo Caccia werden Le Prigionette – eine wilde Naturoase mit Wald sowie Wander- und Radwegen an der Küste – meist übersehen. Doch hier kann man die weißen Esel, Hirschwild und Wildpferde beobachten.

↑ *Illustration der Landzunge Capo Caccia*

1

2

3

1 *Das Naturreservat von Capo Caccia dehnt sich bis ins Meer aus, das die Landzunge umgibt.*

2 *Die Grotta di Nettuno verläuft über 2,5 Kilometer. Bei Führungen können 580 Meter erkundet werden.*

3 *Die Isola Foradada – gegenüber von Capo Caccia – ist trotz ihres kargen Aussehens das Habitat einer endemischen Kohlart* (brassica).

Der Name der großen **Grotta Verde** (Grüne Grotte) geht auf die Farbe des Mooses und anderer Pflanzen zurück, die die Stalagmiten und Stalaktiten bedecken.

An der Westseite führen die Stufen der **Escala del Cabirol** zum Eingang der Grotta di Nettuno hinunter.

Die malerische **Grotta di Nettuno** wurde erstmals im 18. Jahrhundert erforscht.

TOP 3 Tourenanbieter

Progetto Natura
W progettonatura sardegna.com
Verantwortungsvolle Delfin-Sichtungen und Schnorcheltouren von Meeresbiologen.

Poseidon Diving Center
W poseidondivingcenter.com
Tauchkurse und Touren zu den Klippen und Höhlen des Parco Naturale Regionale di Porto Conte.

Sea Kayak Sardinia
W seakayaksardinia.com
Kajakverleih, Kurse und Touren zu abgeschiedenen Buchten.

3

Bosa

C3 8000 Corso V. Emanuele II 33 +39 376 009 1746 bosaproloco.it

Die pastellfarbenen Häuser von Bosa liegen am Ufer des Temo, des einzig schiffbaren Flusses auf Sardinien. Die Stadt war ursprünglich von den Phöniziern gegründet worden, unter spanischer Herrschaft war sie eng mit der Iberischen Halbinsel verbunden. Bosa ist für seine Spitzen und filigrane Goldschmiedekunst berühmt. Im mittelalterlichen Stadtteil Sas Conzas, einem Labyrinth aus Kopfsteinpflasterstraßen und Treppen, sieht man noch Frauen, die vor ihren Häusern sitzen und klöppeln.

①

Casa Deriu

Corso Vittorio Emanuele II 59 Di – So 11 – 13, 15 – 18 +39 3288 789 521 tacsvt.it

Die Casa Deriu, ein für Bosa charakteristisches Gebäude aus dem 19. Jahrhundert, dient heute als Ausstellungszentrum. Im Erdgeschoss werden traditionelle Produkte wie Wein, Brot sowie alte Schwarz-Weiß-Fotos gezeigt. In der ersten Etage gibt es eine Rekonstruktion des eleganten Salons mit einem prächtigen Parkett aus Olivenholz, einer Decke mit Fresken, Majolikafliesen aus Ravenna und hier hergestellten Spitzenvorhängen zu sehen.

Im obersten Stock zeigt die Pinacoteca di Antonio Atza Werke des einheimischen Künstlers Melkiorre Melis, einer der führenden Förderer angewandter Kunst im 20. Jahrhundert auf Sardinien. Die ausgestellten Arbeiten umfassen Grafiken, Ölgemälde, Keramiken und Plakate aus sieben Jahrzehnten sowie arabisch beeinflusste Arbeiten, die Melkiorre Melis fertigte, als er Leiter der Kunstschule in Tripolis war.

②

Cattedrale

Piazza Duomo +39 0785 373 286 tägl. 9 –11:30, 15 –17 (Sommer: 8 –20)

Die Marienkathedrale wurde im 19. Jahrhundert im spätbarocken, piemontesischen Stil umgebaut. Das relativ einfache Äußere besitzt zwei mit farbigen Majolikaziegeln gedeckte Kuppeln und einen Glockenturm aus rotem Sandstein. Im Innenraum steht eine Statue der *Madonna mit Kind* der katalanischen Schule (16. Jh.). Auf beiden Seiten des Hauptaltars befinden sich zwei drachentötende Marmorlöwen. Die eleganten Seitenaltäre bestehen aus farbigem Marmor.

Highlight

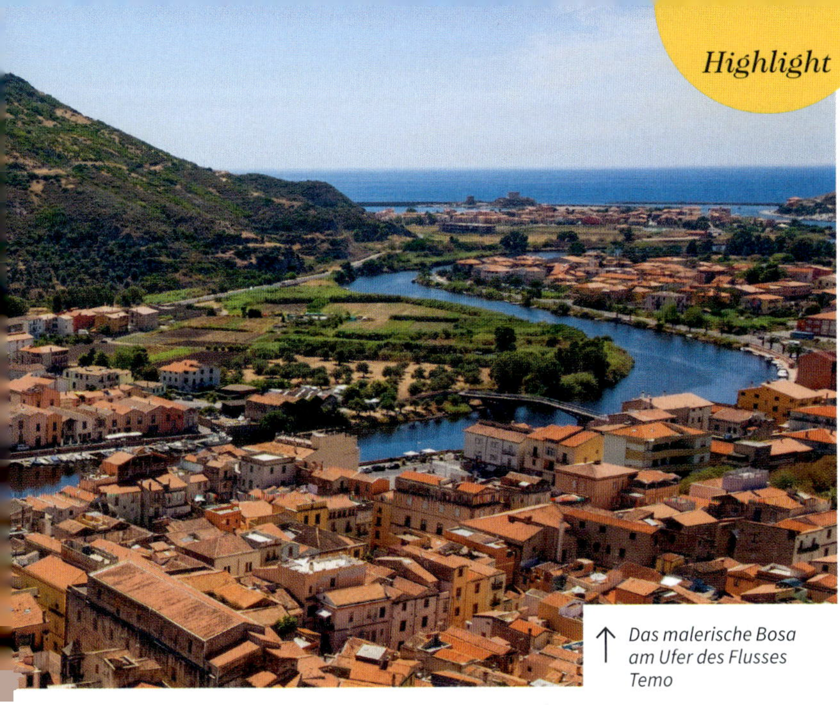

↑ *Das malerische Bosa am Ufer des Flusses Temo*

③
Corso Vittorio Emanuele II

Die Hauptstraße Bosas, die parallel zum Fluss verläuft, ist nach dem letzten sardischen und ersten italienischen König benannt. Sie ist von aristokratischen Gebäuden (18./19. Jh.) gesäumt, oft sieht man Eisengitterbalkone mit Blumen. Viele beherbergen jetzt Goldschmiede, die Filigran- und Korallenschmuck herstellen. Einige stellen ihre Arbeiten aus. Entlang der Straße findet man Cafés und Restaurants mit Tischen im Freien, an denen man relaxen und die Vorbeigehenden beobachten kann.

Der Corso Vittorio Emanuele II, die Hauptstraße Bosas, ist von aristokratischen Gebäuden (18./19. Jh.) gesäumt, viele haben Eisengitterbalkone mit Blumen.

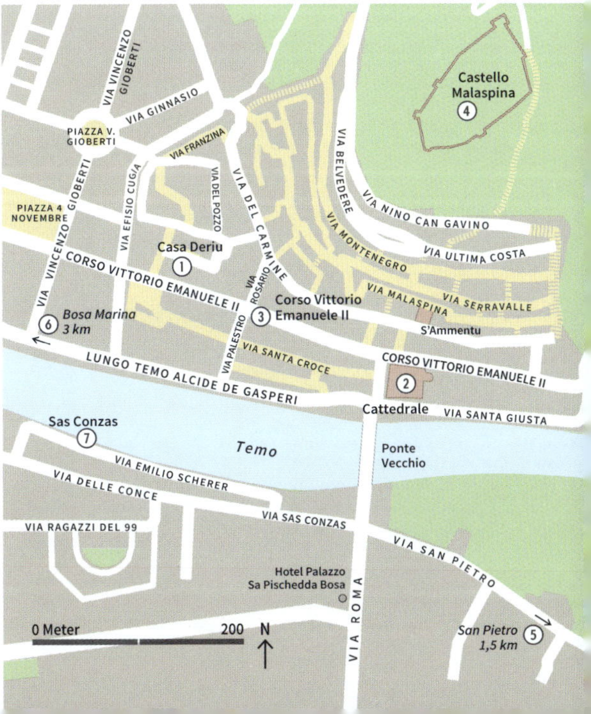

Schon gewusst?

Umweltschützer betonen, dass das Meer bei Bosa das sauberste Wasser Italiens hat.

④

Castello Malaspina

Via Ultima Costa 14 unterschiedl. Zeiten (siehe Website) castellodibosa.it

Die 1112 für die Familie Malaspina dello Spino Secco erbaute Burg ist auch als Castello di Serravalle bekannt, nach dem Hügel, auf dem sie steht. Von der Burg sind nur noch die imposanten Türme und Außenmauern vorhanden. Die Anlage wurde im 14. Jahrhundert ausgebaut, hinzu kam der Hauptturm aus hellbraunem Trachyt.

Das einzige intakte Bauwerk innerhalb der Mauern ist die Kirche Nostra Signora di Regnos Altos (14. Jh.). 1974/75 brachten Restaurierungsarbeiten einen Freskenzyklus der katalanischen Schule ans Licht, einen der wenigen Sardiniens.

Von den Wehrgängen blickt man auf die Kirche San Pietro, das untere Temo-Tal und die roten Dächer des Sa-Costa-Viertels. Zum Stadtzentrum führen Stufen entlang den Mauern, die einst Bosa nach Osten hin abschirmten.

Castello Malaspina auf dem Serravalle-Hügel sowie Besucher auf den Befestigungswällen ↓

⑤

San Pietro

Via S. Pietro +39 340 395 5048 Apr–Juni: tägl. 9:30–12:30, 15:30–17:30; Juli/Aug: tägl. 9:30–12:30, 16–18; Sep: tägl. 9:30–12:30, 15–17; Okt: tägl. 9:30–12:30; Nov–März: nach Voranmeldung

Etwa anderthalb Kilometer östlich des linken Temo-Ufers steht die romanische Kirche San Pietro aus rotem Trachyt. Ihr Bau begann in der zweiten Hälfte des 11. Jahrhunderts. Im folgenden Jahrhundert kamen Glockenturm, Apsis und Seitenwände hinzu.

Die Fassade vereint romanische mit Elementen der französischen Gotik, die Zisterziensermönche eingeführt hatten. Der Architrav der Tür zeigt eine einzigartige *Madonna mit Kind und den Heiligen Petrus, Paulus und Konstantin.*

Die Gegend um die Kirche ist bereits seit phönizischer Zeit besiedelt und war einst das Zentrum von Bosa. Dies änderte sich gegen Ende des 16. Jahrhunderts, als die Stadtbewohner ins neu errichtete Viertel Sa Costa zogen.

⑥

Bosa Marina

Der hübsche Sandstrand von Bosa Marina liegt etwa drei Kilometer westlich des Zentrums und erstreckt sich über einen Kilometer. Das kristallklare Wasser des Meers schwappt an den Strand, der auf Wassersport

Highlight

→ *Gerbereizubehör im Museo delle Conce, das in einer ehemaligen Gerberei in Sas Conzas liegt*

ausgerichtet ist, etwa auf Kitesurfen, Windsurfen und Tauchen. In zahlreichen Cafés und Restaurants kann man Erfrischungen erwerben. Eine lange Mole am westlichen Ende führt zur winzigen Isola Rossa, auf der Festlandseite steht ein aragonischer Turm, wo im Sommer Wechselausstellungen zu sehen sind.

Entlang der Küste gibt es weitere Strände – der Abschnitt nördlich bis Alghero ist besonders attraktiv.

Bosa Marina ist auch Startpunkt für die Teilstrecke des **Trenino Verde** nach Macomer *(siehe S. 158)*. Der kleine grüne Zug fährt entlang dem Strand Pedras Nieddas (schwarze Steine) und dann hinauf nach Modolo, Tresnuraghes und Sindia.

Trenino Verde
W treninoverde.com

⑦
Sas Conzas

Die Gegend am linken Ufer des Temo war einst das Gerbereiviertel – es lag weit genug vom Zentrum, um die Geruchsbelästigung fernzuhalten. Das Handwerk geht in Bosa bis auf die Römerzeit zurück. Ende des 19. und Anfang des 20. Jahrhunderts erreichte die Industrie ihren Höhepunkt. Um die Werkstätten zu beherbergen, wurden einige pinkfarbene Gebäude errichtet. Ende des 20. Jahrhunderts wurden sie aufgrund der Krise der Lederwarenindustrie aufgegeben. Mittlerweile wurden sie konserviert. In einem von ihnen befindet sich das **Museo delle Conce**, das dem regionalen Handwerk der Gerberei gewidmet ist. Zu sehen sind Maschinen, Bottiche und Gerberzubehör.

Das Sas-Conzas-Viertel kann am besten vom Lungo Temo De Gasperi, der mit Palmen bestandenen Straße jenseits des Flusses, bewundert werden. Dort ankern die Boote der Fischer von Bosa. Am Ostende von Sas Conzas stößt man auf den hübschen Ponte Vecchio aus rotem Trachyt.

Museo delle Conce
Via Sas Conzas 62 +39 0785 376 220 Di–So 10–13, 15–18

Schöne Aussicht
Cala Managu

Das Capo Marargiu, 17 Kilometer nördlich von Bosa Marina, eröffnet schöne Ausblicke auf die Küste und den fantastischen Strand Cala Managu sowie – wenn Sie Glück haben – auf einen der seltenen Gänsegeier, der am blauen Himmel kreist.

Hotels

S'Ammentu

Das charmante Gästehaus am alten Hafen von Bosa liegt in einem historischen Gebäude aus dem 17. Jahrhundert. Es bietet Zimmer mit Antikmöbeln, blanken Steinwänden, aber modernen Annehmlichkeiten. Kostenloses WLAN.

Via del Carmine 55
W über booking.com

€€€

Hotel Palazzo Sa Pischedda Bosa

Das elegante, schön restaurierte Jugendstil-Hotel steht am Ufer des Temo. Es bietet eine schöne Aussicht sowie ein generöses Frühstücksbüfett. Kostenloses WLAN.

Via Roma 8 W hotel sapischedda.com

€€€

4

Tharros

C5 San Giovanni di Sinis Sommer: tägl. 9–19, Aug. bis 20; Winter: Di–So 9–17 tharros.sardegna.it

Die auf zwei Seiten vom Meer umspülte Stadt gehört zu den beeindruckendsten archäologischen Stätten im Mittelmeerraum. Ihre Geschichte umfasst zwei Jahrtausende.

Die Phönizier gründeten die Stadt Ende des 8. Jahrhunderts v. Chr. auf der Landzunge Capo San Marco, die einen sicheren Ankerplatz für Frachtschiffe bot. Ab dem 6. Jahrhundert v. Chr. war Tharros ein blühender Hafen, der auch in der Römerzeit ab dem Jahr 238 v. Chr. florierte. Nach der Verlegung der Bischofsdiözese nach Oristano im 11. Jahrhundert wurde die Stadt aufgegeben. Bisher ist vom ursprünglichen Areal erst ein Drittel ausgegraben. Die meisten sichtbaren Relikte stammen aus dem 3. bis 2. Jahrhundert, doch es gibt auch Reste älterer Zivilisationen: eine Nuraghen-Siedlung (späte Bronzezeit) und einen phönizischen Tophet (Kultstätte) auf dem Hügel Su Murru Mannu.

Ruinen des antiken Tharros sowie ein korinthisches Kapitell der Stätte ↓

Expertentipp
Schutz vor den Elementen
In Tharros gibt es nur wenig Schatten. Tragen Sie am besten eine Kopfbedeckung, verwenden Sie Sonnen- und Insektenschutz.

Highlight

1 *Die Torre di San Giovanni (16./17. Jh.) sollte die Sinis-Halbinsel vor Piraten schützen.*

2 *In der Mitte der Straße verlief das Bewässerungssystem.*

3 *Die Zisterne bestand aus großen Sandsteinblöcken.*

1

2

3

Bar

Vento Maestro Lido
Wenn man einen Tag lang die antiken Stätten der Sinis-Halbinsel besichtigt hat, kann man in dieser Strandbar gleich nördlich der archäologischen Stätte Tharros bei einem Aperitif am Meer entspannen.

Via Lungomare, San Giovanni di Sinis
ventomaestro.it

↑ *Statue der Regentin Eleonora d'Arborea auf der Piazza gleichen Namens*

5

Oristano

C4 32 000 EPT, Piazza Eleonora 18
+39 0783 30 8691 gooristano.com

Oristano liegt am Nordrand des Campidano, einer fruchtbaren Tiefebene. Die größte Stadt Westsardiniens wurde 1070 nach der Aufgabe von Tharros gegründet. Zwischen 1100 und 1400 blühte Oristano unter aufgeklärten Herrschern wie Mariano IV und seiner Tochter Eleonora auf. Heute ist die Altstadt großteils Fußgängerzone.

①

Cattedrale

Piazza Duomo +39 0783 767 097 tägl. 9–19

Oristanos Marienkathedrale wurde 1228 von lombardischen Architekten und Steinmetzen errichtet. Im 17. Jahrhundert wurde sie barockisiert und zeigt nun eine Mischung verschiedener Stile. Originalelemente sind der achteckige Glockenturm mit seiner Zwiebelkuppel und den leuchtenden Majolikafliesen, die Bronzetüren und die Cappella del Rimedio. Ihre schöne Marmorbalustrade schmückt ein pisanisches Flachrelief, das Daniel in der Höhle des Löwen zeigt.

Der reichhaltige Domschatz Tesoro del Duomo befindet sich im Kapitelsaal. Dort kann man auf Nachfrage Silberarbeiten, Gewänder und illuminierte Handschriften sehen.

②

Torre di Mariano II

Piazza Roma

Der auch Torre di San Cristoforo oder Porta Manna genannte Sandsteinturm am Nordende der einstigen Stadtmauer wurde 1291 unter Mariano II, Fürst von Arborea, erbaut. Zusammen mit dem gegenüberliegenden Portixedda-Turm ist er der einzige Überrest der Stadtmauer. Die offenen Innenfassaden der Torre di Mariano überragen die zentrale Piazza Roma mit ihren eleganten Geschäften und Straßencafés.

③

Corso Umberto

Der auch Via Dritta genannte Corso ist die eleganteste Fußgängerzone der Stadt. Mit schönen Bauten wie dem Palazzo Siviero und dem Palazzo Falchi ist der Corso ein beliebter Ort für einen Abendbummel.

Eiscafé

BarbaGelato

Dies ist der ultimative Tipp in Oristano für alle Eisfans. Probieren Sie hier das Nutella-Eis. Hervorragend sind auch gefrorener Joghurt, Kuchen, Crêpes, Gebäck aller Art und der Eiskaffee.

Piazza Roma 60
+39 0783 193 0072
€€€

Highlight

Sternenritter

Sa Sartiglia findet am letzten Sonntag des Karnevals und am Faschingsdienstag statt. Das Fest wurde wohl 1350 von Mariano II zu seiner Hochzeit eingeführt. Am 2. Februar wird der Anführer der Prozession, *su Componidori*, ausgewählt. Er wird am Festtag von Mädchen mit weißem Hemd, Frauenmaske, Brautschleier und schwarzem Hut bekleidet. Dann führt er eine Prozession von Rittern und Musikern zum Turnierplatz vor der Kathedrale. Dort muss er beim Ritt mit seinem Degen einen hängenden Stern durchstechen und mitnehmen. Gelingt ihm das, ist das ein Omen für ein gutes Jahr.

④
San Francesco

Via Duomo 10 · +39 0783 782 75 · tägl. 7:30–11:30, 17–19:30

Der klassizistische Bau entstand an der Stelle einer im 19. Jahrhundert zerstörten gotischen Kirche. Innen befindet sich eine sehenswerte Skulptur, ein Kruzifix von einem unbekannten katalanischen Künstler aus dem späten 14. Jahrhundert. Von Pietro Cavaro stammt das Werk *Die Wundmale des heiligen Franziskus*.

⑤
Piazza Eleonora d'Arborea

Der große baumbestandene Platz ist nach der Regentin benannt, die 1392 die Gesetzessammlung *Carta de Lógu* einführte *(siehe S. 50)*. In der Mitte erinnert eine Statue (19. Jh.) an sie. Die Piazza säumen Gebäude wie der Palazzo Corrias und der Palazzo Comunale, das heutige Rathaus.

⑥
Antiquarium Arborense

Piazza Corrias · Mo–Fr 9–20, Sa, So 9–14, 15–20 · antiquariumarborense.it

Das Museum im Palazzo Parpaglia zeigt archäologische Funde aus Tharros und informiert über das mittelalterliche Oristano. Zudem gibt es eine Kunstgalerie mit Altarbildern im katalanischen Stil: Der *San-Martino-Retablo* (15. Jh.) wird der Werkstatt des katalanischen Künstlers Ramon de Mur zugeschrieben, vom *Retablo di Santo Cristo* (1533) aus der Schule Pietro Cavaros sind neun Tafeln erhalten. Der *Retablo della Madonna dei Consiglieri* (1565) von Antioco Mainas aus Cagliari zeigt die Räte von Oristano und die Jungfrau Maria.

Die archäologische Abteilung, ein Mix aus Privatsammlungen, hauptsächlich von Efisio Pischedda, umfasst über 2000 neolithische Obsidiankratzer, kleine Amphoren aus Griechenland und Etrurien sowie römische Glasobjekte und Öllampen. Besonders sehenswert sind eine Terrakottamaske, die böse Geister abwehren sollte, Skarabäen aus grünem Jaspis sowie geschliffene Edelsteine aus der Römerzeit.

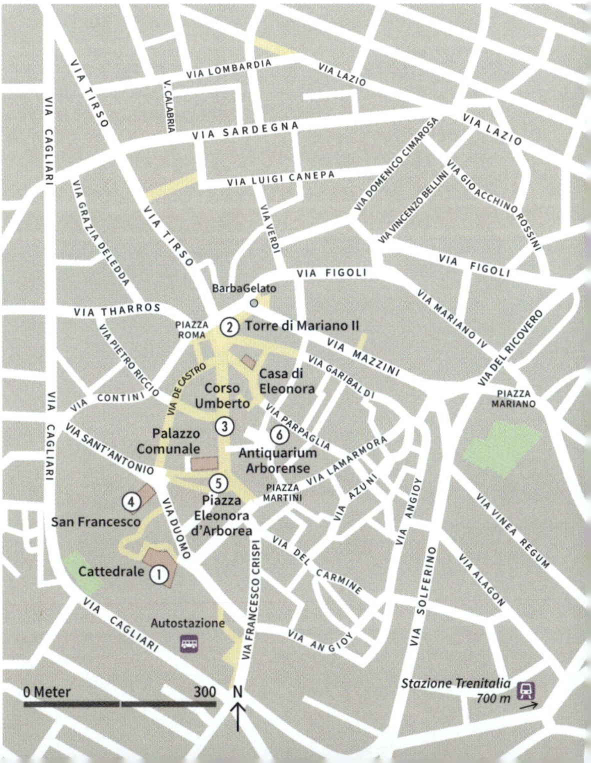

SEHENSWÜRDIGKEITEN

6

Porto Torres

C2 22 000 www.comune.porto-torres.ss.it

Der wichtigste Hafen Nordsardiniens befindet sich im Golfo dell'Asinara. Er hieß bei den Römern Turris Libisonis und war einst eine wohlhabende Kolonie. Der Handel mit Karalis (Cagliari) wurde über die Hauptstraße der Insel abgewickelt. Auch die Beziehungen zu Rom waren eng, wie die Mosaiken am Foro delle Corporazioni in Ostia Antica, der archäologischen Stätte außerhalb der italienischen Hauptstadt, zeigen.

Ab dem Mittelalter ging es mit Porto Torres bergab, doch im 19. Jahrhundert erholte sich die Stadt wieder, als sie zum Hafen für Sassari wurde. Im 20. Jahrhundert kam es durch die industrielle Entwicklung zu einem erneuten Aufschwung.

Die **Basilica di San Gavino** (11. Jh.) ist die größte romanische Kirche Sardiniens. Sie wurde im pisanischen Stil erbaut. Sehenswert sind das Portal an der Nordfassade mit einem Flachrelief aus dem 15. Jahrhundert sowie der andere gotische Eingang, der katalanische Einflüsse aufweist. In der Krypta gibt es einen Bereich spätrömisch-frühchristlicher Ruinen, Statuen der Märtyrer Gavino, Proto und Gianuario (18. Jh.) und eine mittelalterliche Inschrift zu Ehren Kaiser Konstantins.

Am Hafen zeigt die archäologische Stätte Turris Libisonis ein altes römisches Viertel, das **Antiquarium Turritano** präsentiert Funde der Ausgrabungen. In der Nähe steht eine römische Brücke mit sieben Bogen.

Nicht weit entfernt liegt eine der interessantesten Stätten Sardiniens, das pränuraghische **Santuario di Monte d'Accoddi**. Nehmen Sie von Porto Torres die SS131 Richtung Sassari, kurz hinter der Kreuzung nach Sorso (km 222,3) zeigen Schilder den Weg zur archäologischen Stätte. Die Anlage stammt aus der Kupferzeit (2450–1850 v. Chr.) und besitzt den einzigen megalithische Altarbau im westlichen Mittelmeerraum. Mit seiner trapezförmigen Grundfläche und Mauern aus großen Steinquadern gleicht er einer stumpfen Pyramide. Auf der Südseite führt eine Rampe etwa zehn Meter hoch zur Oberfläche. Die Grundfläche misst 30 mal 38 Meter.

Rund um den Altar sieht man die Fundamente von Häusern, Opfersteine und umgestürzte Menhire. Früher gehörten auch *domus de janas* (Felsgräber) zum Komplex. Die hier gefundenen Objekte, etwa Keramiken, sind im Museo Archeologico Nazionale *(siehe S. 184f)* in Sassari zu sehen.

Basilica di San Gavino
Vicolo M. Angellu 5
Apr–Okt: tägl. 9–13, 15–18; Nov–März: auf Anfrage
basilicasangavino.it

Antiquarium Turritano
Via Ponte Romano 99
Di–So 9–16
beniculturali.it

Santuario di Monte d'Accoddi
7,5 km südöstl. von Porto Torres +39 334 807 4449 Apr–Okt: Di–Sa 9–18 (Juni–Aug: bis 19), So 9–14; Nov–März: Di–So 9–14

Die farbigen Häuser von Porto Torres spiegeln sich im Wasser der Bucht ↓

Aragonischer Turm auf La Pelosa, nördlich von Stintino

7 Stintino

B2 · 1600 · · Rathaus, Via Torre Falcone 26
comune.stintino.ss.it

Die Straße zu Sardiniens Nordwestspitze Capo Falcone führt an den großen Windturbinen des umweltfreundlichen Kraftwerks Alta Nurra vorbei nach Stintino.

> Schöne Aussicht
> **Kontrastreiche Küste**
> Das spektakuläre Capo Falcone nahe Stintino bietet Ausblicke auf die kontrastreiche Küste: windumtoste Klippen im Westen und ruhige Strände im Osten.

Der Name des Fischerdorfs stammt vom sardischen *s'isthintinu*, »enger Durchgang« – die traditionelle Bezeichnung für Meeresarme.

Stintino war früher für seine reichen Thunfischgründe vor der Insel Asinara berühmt, heute ist es ein Urlaubsort. Im Sommer bieten die Häfen Porto Mannu und Porto Minori Wassersportmöglichkeiten. Der lange Sandstrand ist beliebt.

Nördlich von Stintino führt die Küstenstraße bis zum Capo Falcone, das immer noch ein Turm am höchsten Punkt sowie zwei aragonische Festungsanlagen bei Pelosa und auf der Isola Piana »bewachen«.

8 Parco Nazionale dell'Asinara

B1
parcoasinara.org

Die zerklüftete Insel Asinara war früher als Standort des Hochsicherheitsgefängnisses Fornelli nicht öffentlich zugänglich. 1997 wurde sie Nationalpark. Sie ist knapp 18 Kilometer lang und sieben Kilometer breit und endet an der Landspitze von Scomunica. Das im westlichen Mittelmeerraum einzigartige Ökosystem beherbergt seltene und gefährdete Tierarten.

Die ursprüngliche Küste und der fehlende Verkehr machen Asinara zum idealen Zufluchtsort für Greifvögel, verschiedene Arten von Seevögeln, Mufflons und Wildschweine. Hier leben auch die wilden Albino-Esel, nach denen die Insel wohl benannt wurde (*asino* bedeutet Esel). Auf dem vulkanischen Areal wachsen ein Steineichenwäldchen und typische niedrige Macchia mit seltenen Pflanzen.

Asinara kann man nur mit Führungen besuchen. Boote für Tagesausflüge legen in Stintino und Porto Torres ab. Die Insel kann zu Fuß oder mit dem Geländewagen erkundet werden.

> ### Bäckerei
> **Biscottificio Demelas**
> Die traditionelle Bäckerei hat sich auf *dolci Sardi* (sardische Süßigkeiten) spezialisiert. Zu den Köstlichkeiten gehören süße und herzhafte *seadas* (frittierte gefüllte Teigtaschen), aber auch frische Pasta wie die Ravioli mit Ricotta – ideal für ein kleines Mittagessen.
> **B2 · Via Guglielmo Marconi 3, Stintino**
> **biscottificio demelas.it**
> €€€

Zwei der seltenen weißen Esel im Parco Nazionale dell'Asinara

↑ *Open-Air-Museum: verlassene Gebäude im alten Minenort Argentiera*

9 Argentiera

B2 · 40 km östl. von Sassari über SP18 · comune.sassari.it

Viele Orte Sardiniens erinnern noch an die einst blühende Bergbauindustrie auf der Insel. In Argentiera, nicht weit entfernt von der modernen Stadt Palmadula, förderten die Römer und im Mittelalter die Pisaner das kostbare Metall, das dem Areal seinen Namen gab (*argento* bedeutet Silber).

Im 19. Jahrhundert entstanden entlang der Küste Grubenkomplexe mit Holz- und Steinbauten. Das gewonnene Silber konnte per Schiff zu anderen Bestimmungsorten transportiert und dort verarbeitet und verkauft werden.

Um die Mine entwickelte sich eine Gemeinde. Als 1963 die Mine geschlossen wurde, wurde auch der Ort verlassen. Jahrelang war Argentiera eine Geisterstadt, doch dann wurden einige Gebäude restauriert und dienen nun als Freilichtmuseum **MAR-Miniera Argentiera**. Freiwillige führen Besucher herum und erzählen Geschichten der einstigen Bergleute. Es gibt eine Ausstellung mit Bergbaumaschinen und alten Fotografien. Im Sommer ist die stille Bucht von Argentiera mit ihrem kristallklaren Wasser ein perfekter Ort zum Schwimmen.

MAR-Miniera Argentiera
La Miniera de l'Argentiera, Via Bazzinita 6–12 · +39 079 200 8072 · vorübergehend geschlossen

10 Macomer

D3 · 10 000 · Rathaus, Corso Umberto I · comune.macomer.nu.it

Macomer liegt auf einem Plateau aus Vulkangestein. Der Ort ist eines der wichtigsten Handelszentren im Inneren Sardiniens. Er entwickelte sich an den bedeutendsten Verkehrsachsen – der Carlo-Felice-Route (der SS131, die durch den größten Teil der Insel führt) und der Bahnstrecke – und verdankt seinen Reichtum vor allem der Landwirtschaft, der Viehzucht sowie der Leichtindustrie.

Spuren der Vergangenheit zeigen sich etwa an der Kirche San Pantaleo (17. Jh.) im Stil der spanischen Gotik. Am 16. Januar wird vor der Kirche Santa Croce zu Ehren von Sant'Antonio Abate das Sa Tuva abgehalten. Ein großes Freudenfeuer erleuchtet dann das ganze Viertel.

Ein kurzer Spaziergang führt vom Stadtzentrum zur Nuraghe Santa Barbara nahe der Straße nach Carlo Felice. Die riesige Anlage dominiert eine Reihe kleinerer Türme und Wälle.

> Entdeckertipp
> **Zeitreise**
> Im Museo Etnografico »Le Arti Antiche« (www.esedraescursioni.it) in Macomer können Sie auf Zeitreise gehen. Das Museum in einem traditionellen sardischen Steinhaus (19. Jh.) stellt authentische Möbel der Zeit aus.

11 Sedilo

D4 · 2100 · Rathaus, Piazza San Giovanni Battista 18 · comune.sedilo.or.it/

Die Hochebene von Abassanta lieferte den Bewohnern Sedilos das Rohmaterial für den Bau ihrer Häuser. Einige der ursprünglichen Bauten sind noch erhalten und repräsentieren einen lokalen Baustil, der fast vollkommen verschwunden ist.

Hauptsehenswürdigkeit ist die Kirche San Giovanni Battista im Zentrum. Der berühmteste Bau ist jedoch das Santuario di Santu Antine oder San Costantino, nach dem auf Sardinien hochverehrten frühen Verfechter des Christentums, dem hl. Konstantin. Die Kirche mit den typischen *cumbessias* für Pilger befindet sich auf einer steilen Klippe mit Blick über den Lago Omodeo. Auf dem Gelände sind viele nuraghische Skulpturen zu sehen, etwa die *Perda Fitta*, wohl eine weibliche Gottheit. Nach anderen Erklärungen soll der imposante Monolith eine in Stein verwandelte Frau sein, die dem hiesigen Schutzpatron den Respekt verweigert hatte.

Auf dem Platz vor der Kirche bildet jedes Jahr das Pferderennen *S'Ardia* den Abschluss des Festes zum Gedenken an den Sieg Konstantins des Großen über Maxentius in der Schlacht an der Milvischen Brücke im Jahr 312 n. Chr. Das Innere von Santu Antine zieren Votivtafeln.

12

Monteleone Rocca Doria

C3 · 100 · Rathaus, Via S. Antonio 1 · comune.monteleone roccadoria.ss.it

Das Dorf auf der 420 Meter hohen Klippe Su Monte bietet einen herrlichen Blick auf den fünf Quadratkilometer großen Stausee Lago del Temo und die fruchtbare Nurra-Ebene. Heute ist Monteleone ein entzückender ruhiger Ort, doch er hat eine recht kriegerische Vergangenheit. Im 13. Jahrhundert baute die Genueser Familie Doria hier eine Burg, die im Jahr 1436 nach dreijähriger Belagerung durch Truppen aus Aragon, Sassari, Bosa und Alghero zerstört wurde. Zu sehen sind nur noch die verfallenen Wälle und Türme.

Viele Einwohner verließen den Ort und gründeten die Kleinstadt Villanova Monteleone in der Nähe, doch ein paar Familien blieben im Dorf zurück. Im Zentrum Monteleones steht die Kirche Santo Stefano.

Shopping

Formaggi Pes

Legen Sie beim Hofladen dieses biologisch arbeitenden Milchbauernhofs einen Stopp ein. Hier kann man köstlichen Pecorino (frisch, halb reif und reif), Ricotta und andere Käsesorten erstehen.

D4 · Via Maria Ausiliatrice 37, Sedilo · formaggipes.bio

Blick von Monteleone Rocca Doria auf den Stausee Lago del Temo und die Nurra-Ebene ↓

Schon gewusst?

Abbasanta ist für *casizolu* bekannt, einen Kuhmilchkäse, den es nur noch selten gibt.

13

Abbasanta

D4 2700
Via Garibaldi 144
comune.abbasanta.or.it

Das malerische Dorf, in dessen Zentrum noch einige traditionelle Häuser aus dem regionalen dunklen Basaltstein stehen, ist um die Kirche Santa Cristina angelegt, einen vom Stil der Renaissance inspirierten Sakralbau. Abbasanta verdankt seine Bedeutung der Lage nahe den alten wie modernen Hauptverkehrsadern.

Nicht weit vom Dorf liegen das Brunnenheiligtum Santa Cristina bei Paulilatino *(siehe S. 167)* und eine der wichtigsten archäologischen Stätten der Insel: die **Nuraghe Losa**. Um sie zur erreichen, fährt man die SS131 in Richtung Cagliari bis Kilometerstein 123 (Straßenschild). Zum Eingang der eingezäunten Stätte muss man rechts abbiegen. Zusammen mit Su Nuraxi *(siehe S. 68f)* und der Nuraghe Santu Antine in Torralba ist Losa der am besten erhaltene nuraghische Komplex und eines der wichtigsten Überbleibsel der vorpunischen Zeit (um 510 v. Chr.).

Den Mittelpunkt der ausgedehnten Anlage bildet der Hauptturm aus dem 2. Jahrtausend v. Chr. Die Schutzwälle entstanden einige Jahrhunderte später. Die äußeren Verteidigungsmauern, die zuletzt hinzukamen, wurden im 7. Jahrhundert v. Chr. errichtet.

In der Nuraghe kann man drei überdachte Kammern mit sehr vielen Nischen besichtigen, die wohl als Lagerräume dienten. Eine Wendeltreppe führt zur oberen Etage und zu einer Terrasse mit Panoramaaussicht über die umliegende Landschaft.

Um die gesamte Hauptanlage erstrecken sich die Fundamente späterer Gebäude, die zwischen der Bronzezeit und dem Mittelalter errichtet wurden.

Etwa 100 Meter von der Nuraghe entfernt steht ein kleines Antiquarium, in dem Pläne und Illustrationen einer Reihe nuraghischer Monumente aus diesem Teil Sardiniens ausgestellt sind.

Nuraghe Losa
SS131 Carlo Felice, km 123,5 tägl. 8:30–Sonnenuntergang
nuraghelosa.net

Aus dem 2. Jahrtausend v. Chr.: Turm der Nuraghe Losa bei Abbasanta

14

Cuglieri

C4 2600 Via Carlo Alberto 33 turismo.comune.cuglieri.or.it

Cuglieri liegt an den Westhängen des Monte Ferru mit Panoramablick aufs Meer. Der Ort wird von der mit einer silbernen Kuppel gekrönten Basilica di Santa Maria della Neve (18. Jh.) überragt. Sie besitzt zwei Glockentürme. Der Innenraum wird von acht Kapellen, einem barocken Marmoraltar und erlesenen Stuckarbeiten geprägt. Der Weg zum Gotteshaus führt durch kleine Gässchen und über einige steile Treppen – ein hübscher Spaziergang.

Vom Platz vor der Kirche Santa Maria blickt man auf die Stadt und die Küste zwischen Santa Caterina di Pittinuri und Porto Alabe.

Die etwa 15 Kilometer entfernte Küste erreicht man über die SS292. Das Küstenstädtchen Santa Caterina di Pittinuri liegt um eine schmale Bucht aus weißem Stein, die von einem Kalksteinkliff eingeschlossen ist. Auf der Klippe steht die spa-

←

Von Meer und Wind geformt: Felsenbrücke S'Archittu nahe Cuglieri

nische Torre del Pozzo. Den malerischen Küstenstreifen prägen felsige Landzungen, weiße Sand- und Kiesstrände sowie mehrere Grotten und Schluchten.

Die größte Sehenswürdigkeit ist S'Archittu, eine durch Erosion geschaffene natürliche Felsenbrücke. Von der SS292 zweigt zwischen der Brücke und Santa Caterina di Pittinuri eine Schotterstraße zu den sehenswerten Ruinen der punisch-römischen Stadt Cornus ab, dem Schauplatz des letzten Kampfs zwischen Römern und den von Amsicora angeführten sardischen Karthagern (215 v. Chr.).

Im 9. Jahrhundert v. Chr. verließen die Einwohner wegen der ständigen Sarazenenüberfälle die Stadt und gründeten an einem Berghang Gurulis Nova, das heutige Cuglieri. Die Schotterstraße endet vor der frühchristlichen Stadt Columbaris. Im Südwesten sieht man auf einem Hügel die Akropolis von Cornus. Die archäologische Stätte wirkt verlassen, doch es gibt dort noch Sarkophage und Ruinen einer Basilika mit drei Seitenschiffen (6. Jh.).

15

Ghilarza

D4 · 4400 · Rathaus · comune.ghilarza.or.it

Im Zentrum von Ghilarza befindet sich ein unvollendeter aragonischer Turm, doch der Ort ist insbesondere durch den italienischen politischen Denker und Schriftsteller Antonio Gramsci bekannt, der hier seine Kindheit verbrachte. Eine kleine Tür auf dem Corso Umberto führt ins Forschungszentrum **Casa Museo di Antonio Gramsci**, das auch ein Museum ist, mit historischem Material zur Person Gramsci. Im zweiten Stock befindet sich sein Schlafzimmer (1898–1908).

Ghilarza ist insbesondere durch den italienischen politischen Denker und Schriftsteller Antonio Gramsci bekannt, der hier seine Kindheit verbrachte.

Antonio Gramsci

Der 1891 geborene Gramsci stammte aus einfachen Verhältnissen. Nach dem Studium in Turin ging er in die Politik. Er war Mitbegründer der radikalen Wochenzeitschrift *L'Ordine Nuovo* und der Kommunistischen Partei Italiens (1921), später deren Vorsitzender. Gramsci wurde ins Parlament gewählt, aber 1926 von den Faschisten zu 20 Jahren Haft verurteilt. 1937 starb er im Gefängnis.

Nicht weit von Ghilarza an der Straße nach Nuoro liegt die schöne Kirche San Pietro di Zuri. Sie wurde 1923 zusammen mit dem gleichnamigen Dorf wegen des Omodeo-Stausees verlegt.

Casa Museo di Antonio Gramsci
Corso Umberto 1
Juni–Sep: Mi–Mo 10–14, 15–18; Okt–März: Mi–Mo 10–13, 15:30–18:30
casamuseogramsci.it

16 Santu Lussurgiu

C4 2300 Rathaus, Viale Azuni 62
comunesantulussurgiu.it

Santu Lussurgiu liegt etwa 500 Meter ü. d. M. am Osthang des erloschenen Vulkans Monte Ferru. Faszinierend ist das historische Zentrum mit steilen, engen Straßen und winzigen Plätzen, die hohe, hell gestrichene Steinhäuser säumen. Einige haben verzierte Architrave und schmiedeeiserne Balkone. Das **Museo della Tecnologia Contadina** (Museum für bäuerliche Kultur) in der Via Roma residiert in elf Räumen eines Hauses aus dem 18. Jahrhundert. Es wurde vom Centro di Cultura Popolare gegründet. Die »Su-Mastru-Salis«-Sammlung ist das Werk des Kurators Maestro Salis. Er trug über 2000 Objekte zusammen, die mit der Kultur und Traditionen des Orts in Verbindung stehen.

Eine Führung durch das Museum ist wie eine Reise in die Vergangenheit. In jedem Raum gibt es Alltagsgegenstände der Bauern, Hirten und Kohlenhändler, etwa eine Walkmaschine, die Stoffe weich machte und verfilzte. Im Gebiet um Santu Lussurgiu gab es früher über 40 solcher Maschinen.

Im Dorf gibt es immer noch Handwerker, die Messer und Reiterzubehör herstellen. Im Karneval verwandelt sich die Straße vor dem Museum in eine Rennbahn für zwei als Ritter verkleidete Reiter.

Wenige Kilometer von Santu Lussurgiu entfernt liegt in der Nähe eines Walds mit Kiefern, Eichen und Steineichen das Dorf San Leonardo de Siete Fuentes. Es ist für sein Heilwasser bekannt, das mit 11 °C aus sieben Quellen fließt. Flüsschen durchqueren einen für Familienausflüge beliebten Wald.

Die kleine Kirche San Leonardo im Ortszentrum war einst im Besitz des Malteserordens. Das Gotteshaus wurde im 12. Jahrhundert aus dunklem Trachytstein gebaut, sein jetziges romanisch-gotisches Aussehen erhielt es später. Das Mittelschiff der Kirche trägt die Insignien des Malteserordens.

Alljährlich Anfang Juni findet in San Leonardo die Fiera Regionale del Cavallo statt, die wichtigste Pferdemesse der Insel. Dann gibt es Pferderennen und andere Veranstaltungen.

Restaurants

Sas Benas
Hier sitzt man unter schönen Steinbogen an mit Leinen gedeckten Tischen. Auf der Speisekarte stehen gefüllte Zucchini, Rindercarpaccio, Auberginen-Ravioli und Spaghetti mit wildem Spargel.

C4 Piazza San Giovanni, Santu Lussurgiu
+39 0783 55 0870

€€€

Stone Art Café
Das moderne Kunstcafé serviert fantasievolle Waffeln, Tartes, Salate, Veggie-Wraps und Burger.

D4 Via Oristano 56, Abbasanta +39 347 097 4859 So

€€€

L'Oliveto
Die Pizzeria in einem Olivenhain ist romantisch. Hier kommen Pizzas und Seafood-Gerichte auf den Tisch.

C4 Via Tirso 23, Cabras +39 0783 392 616 Di

€€€

Expertentipp
Olivenöl

Gleich im Süden von Santu Lussurgiu liegt das Dorf Seneghe, Hauptort des Olivenöls. Während des Olivenfests Prentzas Apertas (Ende November) kann man die preisgekrönten Öle verkosten und Ölmühlen besichtigen.

Museo della Tecnologia Contadina
Via D. Meloni 1 nach Voranmeldung museotecnologiacontadina.com

17 Ales

D5 1400 Rathaus, Corso Cattedrale 53
comune.ales.or.it

Der Hauptort der Marmilla liegt am Osthang des Monte Arci. Die Kathedrale San Pietro im oberen Teil erbaute 1686 der Architekt Domenico

Die Casa Aragonese in Fordongianus mit einem Eingang im katalanischen Stil ↓

Faszinierend ist Santu Lussurgius historisches Zentrum mit steilen, engen Straßen und winzigen Plätzen, die hohe, hell gestrichene Steinhäuser säumen.

Spotorno aus Genua. Er verwendete dazu Baumaterial der Ruinen der an dieser Stätte im 12. Jahrhundert errichteten Kirche. Zwei identische Glockentürme mit Keramikkuppeln erheben sich über den eleganten Bau. In der Sakristei der Barockkirche befinden sich hübsche Schnitzereien und ein Kruzifix (14. Jh.), im Archivio Capitolare liegt eleganter Goldschmuck.

Am selben Platz steht der Palazzo Vescovile (Bischofspalast). Im Erdgeschoss liegen die Sammlung moderner Kunst »Palazzo delle Muse« und das Oratorio della Madonna del Rosario.

Ales ist der Geburtsort Antonio Gramscis, Mitbegründer der Kommunistischen Partei *(siehe S. 161)*. Sein früheres Heim am Corso Cattedrale trägt eine Plakette.

Ales ist ein guter Ausgangsort für Wanderungen zu den beiden Gipfeln Trebina Longa und Trebina Lada des Monte Arci. Unterwegs sieht man Obsidianteile – das schwarze vulkanische Glas wurde vor uralten Zeiten zu Pfeilspitzen, Speeren und Spateln verarbeitet. Der Obsidian des Monte Arci war auf der ganzen Insel und ab dem 4. und 3. Jahrtausend v. Chr. im gesamten Mittelmeerraum sehr gefragt.

18 Fordongianus

D4 870 Via Traiano 7 +39 0783 601 23

Der Ort im Tirso-Tal war einst das antike Forum Traiani, die größte römische Stadt im Landesinneren. Heute sieht man im Zentrum immer noch viele alte Häuser aus rotem und grauem Stein. Mit am besten erhalten ist die Casa Aragonese, ein typisches Haus (frühes 17. Jahrhundert) mit Türen und Fenstern im katalanischen Stil. In der Nähe steht San Pietro Apostolo (16. Jh.) aus rotem Trachyt. Die **Römischen Bäder** am Flussufer. haben einen schönen Portikus und Bodenmosaiken. Das rechteckige Becken wird noch von Thermalwasser gespeist. Im Süden liegt die Kirche San Lussorio über einer frühchristlichen Krypta. Sie wurde um 1100 von Viktorinermönchen errichtet.

Römische Bäder
Via Terme tägl. 9:30 – 13, 15:30 – 19
forumtraiani.it

19

Cabras

C4 1300 Rathaus, Piazza Eleonora d'Arborea 1
comune.cabras.or.it

Der Ort mit den einstöckigen Häusern liegt sieben Kilometer westlich von Oristano am Rand des Stagno di Cabras, des größten Süßwassersees und der größten Marsch Sardiniens (21 km²). Er ist durch Kanäle mit dem Meer verbunden. Das Vorkommen von Süß- und Salzwasser lockt eine reiche Vogelwelt an, darunter Bless- und Purpurhühner sowie Wanderfalken.

Die phönizische Vergangenheit zeigt sich in den langen, spitz zulaufenden Fischerbooten, den aus Binsen und Schilf gefertigten *is fassonis*. Ein phönizisches Erbe ist auch die *sa merca*: Bei dieser Art des Marinierens wird Fisch in Pflanzenblätter aus dem See gewickelt und in Salzwasser eingeweicht.

In einem modernen Komplex an der Lagune präsentiert das **Museo Civico Giovanni Marongiu di Cabras** Funde aus Tharros *(siehe S. 152f)* und von anderen archäologischen Stätten und erklärt auch das ethnografische und ökologische Profil der Gegend. Zu den faszinierendsten Exponaten zählen die nuraghischen Skulpturen, die als Giganten von Mont'e Prama bekannt sind – 3000 Jahre alte und bis zu 2,5 Meter hohe Bogenschützen, Boxer und Krieger aus Sandstein. Sie sind die einzigen bekannten Skulpturen aus nuraghischer Zeit.

Einige Kilometer westlich liegt die Laguna di Mistras. An dem durch Sandbänke vom Meer getrennten See leben Graureiher, Flamingos, Kormorane und Fischadler.

Museo Civico Giovanni Marongiu di Cabras
Via Tharros 121 tägl. 10–18 museocabras.it

↓ *Giganten von Mont'e Prama, Museo Civico Giovanni Marongiu di Cabras*

20

San Salvatore

C4 corsadegliscalzi.it

Die weißen *cumbessias* bei der Kirche San Salvatore dienen jedes Jahr von Ende August bis Anfang September neun Tage lang als Unterkünfte für Pilger, die zum Fest des Heiligen hierherkommen. Der Barfußlauf *(corsa degli scalzi)* während des Fests erinnert an einheimische Jugendliche, die im Mittelalter vor den Sarazenen aus dem Dorf flohen, jedoch zurückkehrten, um die Heiligenstatue zu retten.

San Salvatore entstand im 17. Jahrhundert auf dem Areal eines nuraghischen Brunnenheiligtums. Schon im 6. Jahrhundert musste dieses einer unterirdischen Kirche weichen. Im Seitenschiff linker Hand führt eine Treppe zum Hypogäum mit sechs Kammern, zwei rechteckige flankieren einen Gang, der zu einem Atrium mit Brunnen führt, um das drei weitere Kammern liegen. Das Hypogäum ist teilweise aus dem Felsen gehauen. Die gewölbten Decken bestehen aus Sand- und Ziegelsteinen. Die Wände sind

Vernaccia – sardischer Weißwein

Der goldgelbe bis bernsteinfarbene Vernaccia wächst auf den fruchtbaren Böden nördlich von Oristano. Es ist Sardiniens berühmtester Dessertwein. Gekeltert wird er in Cabras, San Vero Milis, Zeddiani, Narbolia, Riola und Baratili. Der starke Wein (15 Vol.-%) muss mindestens drei Jahre lang in großen Eichenfässern reifen. Es gibt Touren zu den Weinbergen sowie Verkostungen in den Weinkellereien von Cabras.

Unter Naturschutz: Flamingos im seichten Wasser des Stagno Sale Porcus ↑

mit römischen Graffiti (4./5. Jh.) bedeckt, sie zeigen Tiere (Elefanten, Panther und Pfaue), Helden und Götter (Herakles im Kampf mit dem Nemeischen Löwen, Mars und Venus mit einem kleinen geflügelten Amor). Es gibt einige wenige arabische Inschriften über Allah und Mohammed sowie Zeichnungen von Schiffen, die Experten für Votivbilder halten.

Die mehrmals wiederholten lateinischen Buchstaben RVF, verschlungen wie in einem Monogramm, scheinen aus dem Phönizischen zu kommen und bedeuten wohl »heile, rette, gib Gesundheit«.

In den 1960er Jahren war der Platz vor der Kirche beliebte Kulisse für Italo-Western und verwandelte das winzige Dorf eine Zeit lang in eine Westernstadt.

Östlich des Heiligtums stehen die Ruinen Domu 'e Cubas, römische Thermen mit mehrfarbigen Mosaikböden.

21

Stagno Sale Porcus

C4 23 km nordwestl. von Cabras über SP6 & SP7

Das Marschland des Sale Porcus gehört zu den größten Naturschutzgebieten der Sinis-Halbinsel, seine weißen Sanddünen sind dicht mit Macchia bewachsen. Im Winter und Frühling leben hier über 10 000 Rosaflamingos und Tausende Kraniche, Wildgänse, Kormorane und Stockenten. Das Schutzgebiet zieht auch seltene Arten an, etwa Trauerseeschwalben und Purpurhühner.

Im Sommer verwandelt die Verdunstung den See in eine weiße Ebene mit einer dicken Salzkruste, über die man problemlos gehen kann. Früher wurde hier Salz gewonnen, um Wurst zu salzen, daher der Name Sale Porcus, was grob übersetzt »Wurstsalz« bedeutet.

1982 wurde der Stagno Sale Porcus zur Riserva Naturale Orientata und steht nun unter dem Schutz der **LIPU** (Lega Italiana Protezione Uccelli, italienischer Verband für Natur- und Vogelschutz). Der Verband ist Anlaufstelle für Ornithologen. Eine umweltverträgliche Art für die Erkundung des Areals sind Pferdeausritte. Wer mehr über nachhaltigen Urlaub erfahren will, ist bei **Engea Sardegna** richtig, der regionalen Sektion von Ente Nazionale Guide Equestri Ambientali (National Body for Equestrian Environmental Guides).

LIPU
i Sezione LIPU Oristano, Strada 16 E 2, Arborea
W lipu.it

Engea Sardegna
i Via Umberto I 37, Silvano Pietra W cavalloecavalli.it

Schon gewusst?

Die rosa Farbe der Flamingos stammt von Pigmenten in ihrer Nahrung (Algen, Krebse).

Torre 'e Seu – der spanische Turm bewacht das Meer bei San Giovanni di Sinis

22 San Giovanni di Sinis

C4 · 40 · www.tharros.sardegna.it

Der Badeort am Rand der Sinis-Halbinsel war einst für seine Fischerhütten aus Holz und Schilf bekannt. Heute gibt es nur noch wenige, die größte Gruppe liegt östlich der Hauptstraße, nicht weit vom antiken Tharros *(siehe S. 152f)*.

Im winzigen Dorf steht die frühchristliche Kirche San Giovanni, mit San Saturnino *(siehe S. 65)* in Cagliari ist sie die älteste Kirche Sardiniens. Sie stammt aus dem 5. Jahrhundert, doch ein Großteil ihrer heutigen Form ist das Ergebnis von Umbauten im 9./10. Jahrhundert.

Nahe San Giovanni di Sinis liegt das WWF-Naturschutzgebiet Torre del Sevo, in dem einige der letzten Zwergpalmen der Region wachsen. Man erreicht es über eine Schotterstraße vom nördlichen Ende des Orts. Am Tor führt ein Pfad zum Meer und zum spanischen Turm Torre 'e Seu.

23 Arborea

C5 · 3800 · Viale A. Omodeo 5
W comune.arborea.or.it

Der Ort wurde 1928 im typischen Schachbrettmuster moderner Städte von den Faschisten angelegt. Alle öffentlichen Bauten (Schule, Kirche, Hotel und Rathaus) stehen an der Piazza Maria Ausiliatrice, von der die Hauptstraßen abgehen. Die Boulevards säumen Bäume, Gärten umgeben die zweistöckigen neogotischen Häuser.

> Entdeckertipp
> **Marceddì**
> Südlich von Arborea liegt das kleine Fischerdorf Marceddì mit einem spanischen Wachturm. Es ist für seine köstlichen Muscheln bekannt. Bei Marceddì liegt die frühere phönizische Siedlung Neapolis. Die Lagune ist ideal zur Vogelbeobachtung.

Das **Museo della Bonifica** widmet sich dem großen Landgewinnungsprogramm der 1920er und 1930er Jahre. Zudem werden archäologische Funde aus der Umgebung gezeigt, darunter einige aus der nördlich von Arborea gelegenen römischen Nekropole S'Ungroni.

Museo della Bonifica
Corso Italia 44
Mo 9:30–12:30, Mi 10–12:30, 16–19, Do 10–12:30, Sa 16–19
W museoarborea.it

24 Santa Giusta

C5 · 4800 · Via Garibaldi 84 · W comune.santagiusta.or.it

Der Ort am Rand des Sees und der Marsch Santa Giusta entstand auf den Ruinen der Römerstadt Ottona. Die **Basilica di Santa Giusta**, ein pisanisch-romanisches Juwel mit arabischen und lombardischen Elementen, wurde im frühen 12. Jahrhundert

Schon gewusst?

Arborea wurde unter den Faschisten angelegt und hieß ursprünglich Mussolinia.

erbaut. Ihre schmale Fassade zieren Dreifach-Spitzbogenfenster. Die Säulen im Inneren sind unterschiedlich und stammen ursprünglich aus den nahen antiken Städten Neapolis, Tharros und Othoca. Aus der Sakristei blickt man auf den See, eines der besten Angelreviere Sardiniens. Dort sieht man noch *fassonis*, Riedgrasboote phönizischer Art. Im Mai findet am Festtag der hl. Giusta eine Regatta statt. Spezialität der Region ist *bottarga* (gesalzener Meeräschenrogen).

Basilica di Santa Giusta
Via Manzoni 2 +39 0783 359 205 tägl. 8–17:30

25

Paulilatino

C4 2200 Viale della Libertà 33 comune.paulilatino.or.it

Das Dorf am Rand der Basalthochebene von Abbasanta umgeben Olivenhaine und Korkeichenwälder. Die dunklen Steinhäuser haben aragonische Türen und schmiedeeiserne Balkone. Aus dem gleichen Stein wurde San Teodoro (17. Jh.) gebaut. Die aragonisch-gotische Kirche mit Fensterrose besitzt einen Glockenturm mit Zwiebelkuppel. Das **Museo Etnografico Palazzo Atzori** widmet sich der Volkskunst.

Etwa vier Kilometer entfernt führt eine Abzweigung von der SS131 zum Nuraghen-Heiligtum **Santa Cristina**. Es ist von einer Steinmauer umgeben. Der Brunnentempel, der der lokalen Muttergöttin gewidmet ist, stammt aus dem 1. Jahrtausend v. Chr. Der Charakter der Stätte wurde durch den Bau der Kirche Santa Cristina gewahrt, zu der noch heute Gläubige strömen. Sie ist umgeben von *muristenes* (Pilgerunterkünfte). Rechts von der Kirche befinden sich in einem weiteren archäologischen Bereich eine gut erhaltene Nuraghe und zwei rechteckige nuraghische Steinbehausungen.

Museo Etnografico Palazzo Atzori
Via Nazionale 127 unterschiedl. Zeiten (siehe Website) museopalazzoatzori.com

Santa Cristina
km 114 300, SS131 Cagliari–Sassari tägl. 8:30–Sonnenuntergang pozzosantacristina.com

San Giovanni di Sinis am Rand der Sinis-Halbinsel war einst für seine Fischerhütten aus Holz und Schilf bekannt. Heute gibt es nur noch wenige.

Insel Spargi im La-Maddalena-Archipel (siehe S. 172–175)

Norden und Costa Smeralda

Hier, in der felsigen Gallura-Region, sollen die ersten Bewohner der Insel vor 450 000 bis 150 000 Jahren an Land gekommen sein, nachdem sie das Meer zwischen der Toskana und Sardinien überquert hatten. In der frühen Jungsteinzeit entwickelte sich in Arzachena eine einzigartige Kultur, die Megalithen-Gräber hinterließ. In der Bronzezeit war die vulkanische Logudoro-Region – eine der fruchtbarsten Gegenden der Insel – von der nuraghischen Zivilisation besiedelt.

Im 8. Jahrhundert v. Chr. gründeten die Phönizier die Stadt Olbia. Unter den Römern avancierte sie zum bedeutenden Hafen. Im Mittelalter zwangen jedoch häufige Piratenüberfälle die Einwohner von Olbia und anderen Orten, sich weiter ins Binnenland zurückzuziehen. Dort entstanden Städte wie Tempio Pausania und Sassari, die in der Folgezeit aufblühten, während die Küstengegend verwaiste.

Bis zu den 1960er Jahren änderte sich daran wenig. Doch dann verhalf ein Finanzkonsortium unter Leitung Aga Khans der Costa Smeralda zu neuer Blüte. Der Zustrom an Touristen hat die Küste seither in einem unvorstellbaren Maß verändert. Zahllose Villen, Hotels und Yachthäfen schossen aus dem Boden.

Norden und Costa Smeralda
Monacia-d'Aullène
Sotta
Figari
Chera
Pianottoli-Caldarello
Chiova-d'Asino
Korsika (FRANKREICH)
Bonifacio
Straße von Bonifacio
Punta Falcone
Capo Testa
Santa Teresa Gallura
Porto Pozzo
Punta di li Francesi
Campovaglio
Portobello di Gallura
Vignola Mare
Bassacutena
Golfo dell'Asinara
Costa Paradiso
Aglientu
Luogosanto
Isola Rossa
Lago del Liscia
Trinità d'Agultu e Vignola
Gallura
Castelsardo
Codaruina
Aggius
Luras
Tempio Pausania
Calangianus
Lago di Casteldoria
Terme di Casteldoria
Sedini
La Variante
Monte Limbara 1362 m
Platamona Lido
Marina di Sorso
Laerru
Perfugas
Coghinas
Sorso
Silis
Sennori
Nulvi
Martis
Berchidda
Osilo
Chiaramonti
Monte Sassu 640 m
Lago del Coghinas
S. Elente
Sassari
Tula
Oschiri
Santissima Trinità di Saccargia
Punta di Senalonga 1076 m
Ossi
Usinì
Ploaghe
Monte di Alà
Mannu
Florinas
Uri
Ardara
Chilivani
Monte Lerno 1094 m
Ittiri
Logudoro
Ozieri
Pattada
Buddusò
Mores
Borutta
Westküste
Seiten 134–167
Thiesi
Torralba
Bergregion und Barbagia
Seiten 112–133
Osidda
Monteleone Rocca Doria
Nule
Bultei
Benetutti

Norden und Costa Smeralda

Highlights

1. La-Maddalena-Archipel
2. Santissima Trinità di Saccargia
3. Sassari

Sehenswürdigkeiten

4. Porto Rotondo
5. Golfo Aranci
6. Olbia
7. Palau
8. Santa Teresa Gallura
9. Porto Cervo
10. Arzachena
11. Sant'Antonio di Gallura
12. Calangianus
13. Luogosanto
14. Aggius
15. Buddusò
16. Berchidda
17. Tempio Pausania
18. San Teodoro
19. Alà dei Sardi
20. Ozieri
21. Tavolara
22. Castelsardo
23. Pattada
24. Isola Rossa

❶

La-Maddalena-Archipel

E1 · von Palau · Via Giulio Cesare 7, La Maddalena · +39 0789 790 211 · lamaddalenapark.it

Sieben größere und zahlreiche kleinere Inseln bilden den Arcipelago di La Maddalena, der 1997 zum maritimen Nationalpark erklärt wurde. Der Archipel liegt an der Straße von Bonifacio zwischen Sardinien und Korsika. Die Inseln besitzen zerklüftete Küsten, von Wind und Wasser geformte Felsen und eine unverwüstliche Macchia-Vegetation. Im 18. Jahrhundert wurde die strategisch günstig gelegene Inselgruppe als Marinestützpunkt genutzt. Heute ist der Archipel ein Paradies für Segler, Fans des Unterwasserfischens und für Liebhaber unberührter Strände.

Restaurant

Zi Antò

In dem gemütlichen Restaurant mit Bar am Strand genießt man grandiose Aussichten auf das türkisblaue Meer und die Felsformationen der Küste. Die Speisekarte verzeichnet Fischgerichte mit lokal gefangenem Fisch, Panini und Pizzas. Die Terrasse ist begehrt.

Località Punta Tegge, La Maddalena
+39 0789 722 150

€€€

①

La Maddalena

von Palau · 11 200
comunelamaddalena.it

La Maddalena auf der Insel gleichen Namens ist die einzige Stadt des gesamten Archipels. Sie wurde 1770 gegründet und ersetzte ein kleines Dorf am Ufer der Bucht von Cala Gavetta. Nach einer erfolglosen Invasion der Franzosen 1793 machte der britische Admiral Horatio Nelson zwischen Oktober 1803 und Januar 1805 La Maddalena zur Marinebasis für seine Flotte. 1887 nutzten die Herrscher des Hauses Savoyen die strategische Lage der Insel, als der gesamte Archipel Marinestützpunkt wurde. In dieser Zeit blühte die Stadt auf, wie einige erhaltene Gebäude aus dem 19. Jahrhundert zeigen, die die Via Amendola säumen. Zeugen der militärischen Vergangenheit findet man an der Piazza Garibaldi, wo im Rathaus eine Kanonenkugel zu

Hafen von La Maddalena – der einzigen Stadt auf der Inselgruppe ↓

Highlight

Schon gewusst?

Der Sockel der New Yorker Freiheitsstatue besteht aus Granit vom La-Maddalena-Archipel.

sehen ist, die vom Versuch der Franzosen stammt, Sardinien zu erobern. Einige Straßen weiter nördlich steht die Kirche Santa Maria Maddalena. Zwei Kandelaber und ein Silberkruzifix im Inneren waren Geschenke von Admiral Nelson.

Heute spielt das Leben um die Piazza Umberto I und Piazza Garibaldi. Von Letzterer geht die Via Garibaldi ab, auf der die Einheimischen gern ihren Abendspaziergang machen. Am Hafen, der 20 Minuten Fahrt mit der Fähre von Palau *(siehe S. 188)* entfernt ist, gibt es ein großes Angebot an Bootstouren.

②

Panoramastraße

Die Panoramastraße (45 km) führt in einer Schleife um die Insel La Maddalena. Sie bietet eine wunderbare Sicht auf den Archipel, Korsika und die vier korsischen Inseln von Lavezzi.

Highlights auf La Maddalena selbst sind die schönen Buchten Cala Spalmatore, Stagno Torto und Baia Trinità, der Monte Guardia Vecchia, höchster Berg der Insel mit dem Savoyer Fort San Vittorio auf dem Gipfel, und die Felseninsel Giardinelli, die mit La Maddalena durch einen schmalen Streifen Land verbunden ist. Im Norden liegen Porto Massimo, die Buchten Abbatoggia und Cala d'Inferno und mit Forte dei Colmi eine weitere große Festung der Insel.

Unterwegs liegt das **Museo Archeologico Navale »Nino Lamboglia«** im Nordwesten der Stadt. Das Museum zeigt Funde aus dem »Schiff von Spargi«, einem römischen Frachter, der im 2. Jahrhundert Schiffbruch erlitt und in den 1950er Jahren entdeckt wurde.

Museo Archeologico Navale »Nino Lamboglia«
Località Mongiardino
Mo–Sa 10–13
sardegnacultura.it

→ *Baia Trinità, einer der vielen attraktiven Haltepunkte bei einer Tour um La Maddalena*

Schon gewusst?

Die Römer nannten den Archipel *Cuniculariae* (Kanincheninseln).

③
Budelli

von La Maddalena, Palau

Das schöne unbewohnte Eiland ist wegen der Spiaggia Rosa bekannt, dem Strand mit rosafarbenem Sand. Er erhält seine Farbe von den Schalen der Mikroorganismen, die das Ufer bewohnen. Aus Umweltschutzgründen ist der Strand heute für Besucher gesperrt, doch man kann ihn mit Parkführern aus der Ferne bewundern.

Andererseits ist die unberührte Naturszenerie der Insel Attraktion genug. Das klare saubere Wasser macht Budelli bei Tauchern beliebt. Sie erfreuen sich an der Unterwasserwelt oder am Unterwasserfischen.

↑ *Maritime Abenddämmerung: Segelboote vor der Küste von Budelli*

→ *Glitzerndes türkisblaues Wasser: die Cala Corsara auf der Insel Spargi*

④
Spargi

von La Maddalena
lamaddalenapark.it

Spargi hat lediglich einen Durchmesser von etwas mehr als zwei Kilometern und ist unbewohnt. Auf der kargen Insel mit der steilen, unzugänglichen Küste gibt es einen hübschen Badestrand, der jedoch keinerlei Einrichtungen aufweist. An der Südküste nahe der Cala Corsara fand man ein Römerschiff. Seine Fracht ist nun im Museo Archeologico Navale »Nino Lamboglia« *(siehe S. 173)* in La Maddalena ausgestellt.

⑤
Santo Stefano

von La Maddalena

Die kleine Insel liegt auf halbem Weg zwischen Palau und der Insel Maddalena. Die Hauptsehenswürdigkeit der Insel ist die Festung Santo Stefano (oder San Giorgio) aus dem späten 18. Jahrhundert, die auch Fortezza di Napoleone genannt wird. Von hier aus startete Napoléon 1793 seinen Einfall auf der Insel La Maddalena.

Am Strand von Pesce an der Westküste liegt ein ruhiges Feriendorf.

TOP 3 Bootstouren im Archipel

Fil Rouge Sail
giteavelafilrouge.it
In einem ruhigen, komfortablen Segelboot erkundet man die türkisen Gewässer und weißen Strände.

Leone di Caprera
leonedicaprera.com
Im kleinen Retro-Motorboot aus den 1950er Jahren kreuzt man durch die Inselwelt.

Elena Tour Navigazioni
esclusiveinbarca.com
Chartern Sie ein Boot mit Skipper sowie Strandausrüstung.

Highlight

⑥
Caprera

von Palau **+39 0789 790 211**

Die zweitgrößte Insel des Archipels mit 45 Kilometern Küste ist über den 600 Meter langen künstlichen Landstreifen Passo della Moneta mit La Maddalena verbunden. Die vom Meer umspülte zerklüftete Landschaft besteht aus rosa Granitfelsen und Macchia. Wanderer können die Stufen zur Spitze des 212 Meter hohen Monte Teialone, des höchsten Punkts von Caprera, erklimmen.

1855 wurde die Insel Eigentum von Giuseppe Garibaldi, einem der Gründerväter des modernen Italien. Sein Anwesen ist heute Teil des Museums **Compendio Garibaldino**. Ein Rundgang durch das Anwesen führt u. a. durch Ställe, Ankerplätze und die Casa Bianca (weißes Haus), in der Garibaldi wohnte. In den Ställen gibt es noch eine alte Dreschmaschine, die mit Dampf funktionierte. In der Casa Bianca erinnern Exponate an Garibaldis Leben: Waffen, Flaggen, Bilder, Kleidung (sein berühmtes rotes Hemd) und ein Modell der Schlacht von Solferino sind zu sehen. Garibaldis Lieblingszimmer war der Salon. Der Kalender und die Uhren zeigen noch das Datum und die genaue Zeit seines Todes: 2. Juni 1882, 18.20 Uhr.

An der Südwestspitze der Insel liegt das Centro Velico Caprera, eine der ältesten und bekanntesten Segelschulen Italiens.

Compendio Garibaldino

Sommer: Mo 8:30 – 13, Di – So 8:30 – 19:30; Winter: unterschiedl. Zeiten
1. Jan, 25. Dez
garibaldicaprera.beniculturali.it

→ *Statue von Giuseppe Garibaldi im Compendio Garibaldino*

Garibaldi und Caprera

Der italienische Held und Revolutionär Giuseppe Garibaldi (1807–1882) floh 1849 nach dem Sturz der römischen Republik auf die Insel Caprera. Er verliebte sich in die Insel und beschloss 1855, den größten Teil zu kaufen, den Rest des Lands erhielt er von englischen Freunden als Geschenk. Garibaldi, der eine Schlüsselrolle bei der Einigung Italiens spielte, ließ sich 1857 endgültig auf Caprera nieder und starb dort 1882.

Strand auf Caprera (siehe S. 175), *eine der Inseln im La-Maddalena-Archipel*

❷

Santissima Trinità di Saccargia

C2 von Sassari, dann 10 km auf der SS131, anschließend auf der SS597 nach Olbia +39 347 000 7882 oder +39 0794 350 19 tägl. 9–18 (Winter: vorab anrufen)

Die romanische Kirche in einem windgepeitschten Tal ist das berühmteste Gotteshaus der Insel. Der einerseits schlichte, andererseits imponierende Bau verströmt eine Aura feierlicher Spiritualität.

Die schön erhaltene Santissima Trinità di Saccargia ist die wichtigste romanische Kirche Sardiniens. Um das Jahr 1112 soll der örtliche Regent die Kirche für die Kamaldulensermönche gestiftet haben, die sie mit der Hilfe toskanischer Handwerker vergrößerten. Der offene Portikus des Baus ist der einzige seiner Art auf der Insel. Die Fresken in der Apsis werden pisanischen Künstlern zugeschrieben und gehören zu den wenigen Überbleibseln romanischer Freskenmalerei auf Sardinien.

↑ *Feierliche Atmosphäre: das durch kleine Öffnungen in den Seitenwänden erhellte Kirchenschiff*

Entdeckertipp
Mesu'e Montes
Gleich südlich der Kirche liegt die Nekropole Mesu'e Montes, eine große archäologische Stätte voller Felsengräber. Von hier hat man einen grandiosen Blick über das Tal.

Highlight

←
Das imposant-feierliche Äußere der Kirche sowie die farbenfrohen Fresken in der Apsis

→
Schnittzeichnung der Santissima Trinità di Saccargia

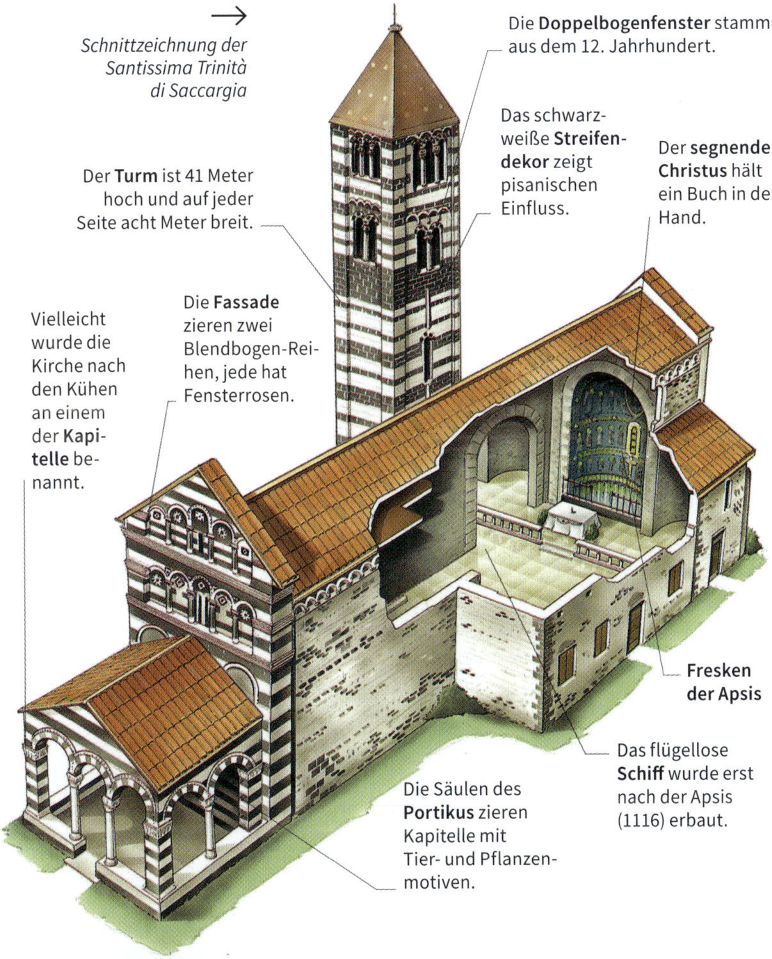

3

Sassari

C2 · 127 000 · Palazzo di Città, Via Sebastiano Satta 13 · +39 079 200 8072 · turismosassari.it

Sardiniens zweitgrößte Stadt ist ein kommerzielles und kulturelles Zentrum. Sassari liegt zwischen Olivenhainen und bewirtschafteten Tälern auf einer Hochebene, die sich zum Meer hin neigt. Die Stadt hat eine lange Geschichte der Invasionen, Eroberungen und Aufstände. Pisaner, Genuesen und Aragonier versuchten sie zu unterwerfen, doch die Bürger konnten ihre Unabhängigkeit wahren.

①

Duomo

Piazza Duomo · +39 079 232 067 · Mo – Fr 8:45 –12, 16:30 –19, Sa, So 9 – 11:30, 17–19

Die Kathedrale von Sassari ist San Nicola (hl. Nikolaus) gewidmet. Mit ihrer Größe und der imposanten Barockfassade steht sie im Kontrast zur kleinen eleganten Piazza Duomo (18. Jh.). Der Dom, der im Lauf der Jahrhunderte vergrößert wurde, steht an der Stelle einer romanischen Basilika. Spuren des Originalbaus sieht man noch unten an der Fassade und am Glockenturm.

Ende des 15. Jahrhunderts erfuhr der Originalbau grundlegende Umbauten, die ihm auch seine ungewöhnlichen Proportionen verliehen. Die Seitenmauern werden von Pfeilern gestützt, die mit Wasserspeiern in Form von mythischen Tieren verziert sind, das Innere ist gotisch.

Im späten 18. Jahrhundert wurde der obere Teil der Fassade durch Verzierungen radikal umgestaltet: Voluten, Blumen, Putten und Fantasiefiguren kamen hinzu. In der Mitte steht die Statue von San Nicola, daneben sind in Nischen die Märtyrer Gavino, Proto und Gianuario zu sehen. Der untere Teil des Campanile wurde später mit einem Achteck aus mehrfarbigen Majolikafliesen geschmückt, die den ursprünglich lombardischen Stil dieses Teils überdecken. Der restaurierte Innenraum bewahrt trotz des üppig verzierten Barockaltars seine klaren gotischen Linien. Das Chorgestühl (18. Jh.), eine Arbeit sardischer Künstler, ist besonders sehenswert.

Das Museo del Duomo erreicht man durch die Cappella Aragonese (aragonische Kapelle) zur Rechten.

Der Duomo (rechts) gegenüber der Kirche San Giacomo ↓

> Expertentipp
> **Sassari erkunden**
>
> Nehmen Sie sich zumindest den Vormittag Zeit, um die Altstadt zu erkunden. Sie besitzt noch die originale Anlage mit Gassen, die von größeren Straßen abgehen. Am Beginn des Corso Trinità gibt es Überreste der alten Stadtmauern.

Highlight

↑ *Blick auf die Altstadt Sassaris vom Corso Vittorio Emanuele II*

Es beherbergt ein Tafelbild eines anonymen Künstlers aus dem 15. Jahrhundert. Auch eine Silberstatue von San Gavino ist zu sehen, mit Prägearbeiten, wie sie Ende des 17. Jahrhunderts in Mode waren.

②
Santa Maria di Betlem

Piazza Santa Maria **+39 079 235 740** **tägl. 7–12, 17–20 (Winter: bis 19)**

Die Kirche Santa Maria di Betlem steht auf dem gleichnamigen Platz am nordwestlichen Zugang zur Stadt. Sie wurde 1106 von Benediktinermönchen errichtet und später den Franziskanern gestiftet. Der elegante Originalbau wurde im 18. und 19. Jahrhundert mehrfach umgebaut, sodass die ursprüngliche leichte, klare Form verloren ging. Einziger erhaltener Teil ist die Fassade (13. Jh.) mit kleinen Säulen und einer hübschen Fensterrose (15. Jh.). Das einst karge gotische Innere prägen nun üppige Barockdekorationen und Altäre, doch die Seitenkapellen sind in ihrem ursprünglich spätgotischen Stil erhalten. Jede von ihnen ist einem Handwerk gewidmet, zur Erinnerung an die soziale Rolle der Kirche innerhalb der Gemeinde. Diese wird am 14. August, dem Tag von *Di li candareri*, gefeiert. Dann werden in einer Prozession Votivkerzen der einzelnen Gilden von der Chiesa del Rosario hierhergetragen.

Um den Kreuzgang wurde teilweise eine Mauer gezogen. Sein Brigliadore-Brunnen aus Granit (14. Jh.) war einst die Hauptquelle der Wasserversorgung Sassaris.

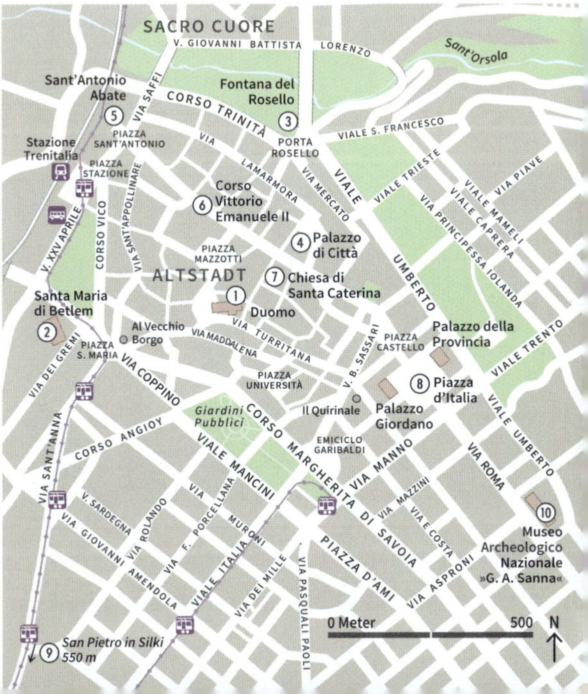

③ Fontana del Rosello

Via Col di Lana +39 079 200 807 Di – So 9 – 19, So 10 – 14

An der Piazza Mercato führt zur Rechten der Kirche Santissima Trinità eine kleine, Col di Lana genannte Steintreppe zur Fontana del Rosello, dem sehenswerten Brunnen außerhalb der Stadtmauern am unteren Ende der Valverde-Schlucht.

Eine Wasserstelle hat es hier seit mindestens dem 13. Jahrhundert gegeben. Künstler aus Genua, die noch eine Vorliebe für den klassischen Renaissancestil hegten, nutzten dies im frühen 17. Jahrhundert und schufen den Brunnen.

Der Sockel besteht aus zwei übereinanderliegenden weißen und grünen Marmorblöcken, an denen acht Löwenhäupter als Wasserspeier fungieren. An jeder Ecke der Basis verkörperte eine Statue eine der vier Jahreszeiten. Die Originale wurden während der Aufstände 1795/96 zerstört und 1828 ersetzt.

In der Mitte der Fontana del Rosello sind um eine bärtige, Giogli genannte Gottheit kleine Türme angeordnet, die die Stadt verkörpern.

In der Mitte sind um eine bärtige, Giogli genannte Gottheit kleine Türme angeordnet, die die Stadt verkörpern. Zwei Bogen auf der Brunnenspitze schützen die Statue des hl. Gavinus.

Leider ist von dem steilen Tal und den Wäldern, die einst die Naturkulisse für dieses kleine Renaissancejuwel bildeten, nur sehr wenig erhalten. Doch dies hat die Liebe der Einwohner zu ihrem Brunnen, der heute ein Wahrzeichen der Stadt ist, nicht erschüttern können.

④ Palazzo di Città

Corso Vittorio Emanuele II 35 +39 079 201 5122 Di – Sa 9 – 13, 15 – 19, So 10 – 14

Der klassische Palazzo wurde zwischen 1826 und 1829, nach der Zerstörung des an diesem Platz stehenden Rathauses, gebaut. Der piemontesische Architekt Giuseppe Cominotti, der den Platz zwischen den Büroräumen und dem neuen Theater in Hufeisenform aufteilte, war vom Theater Carignano in Turin inspiriert. Im 20. Jahrhundert zog der Stadtrat in den Palazzo Ducale um, doch das Theater ist noch in Betrieb. Der Bau beherbergt auch eine Touristeninfo und ein kleines Museum zur Stadt- und Kulturgeschichte. Es präsentiert lokale Trachten sowie Bilder und Aquarelle (19. Jh.), die das ländliche

Hotels

Piazza Azuni 18
Das zentral gelegene Gästehaus hat moderne Zimmer mit Aussicht auf die Stadt.

Piazza Domenico Alberto Azuni 18
+39 340 312 5972
€€€

La Perla
Das einladende B&B offeriert luftige Zimmer und ein köstliches Frühstück.

Via Monte Grappa 78 **chic accommodation.it**
€€€

Stella del Golfo
Das B&B liegt außerhalb der Stadt, bietet dafür aber Meerblick aus den Zimmern und von den Terrassen.

Str. Vicinale Marchetto 10
+39 079 390 000
€€€

und städtische Alltagsleben sowie religiöse Feste und Stadtereignisse zeigen. Sehenswert sind Eugenio Tavolaras Darstellungen von Karneval und Ostern.

Während der Prozession *Di li candareri* am 14. August *(siehe S. 179)* grüßt der Bürgermeister vom Balkon des Palazzo und wünscht den Einwohnern »*a zent'anni*« (ein 100-jähriges Leben). Die Teilnehmer jubeln ihm dann zu oder buhen ihn aus – je nach der Qualität seiner Arbeit im letzten Jahr.

← *Die Fontana del Rosello aus Marmor, die von der Statue San Gavinos gekrönt wird*

↑ *Barockfassade von Sant'Antonio Abate aus dem 18. Jahrhundert*

⑤
Sant'Antonio Abate

Via Aurelio Saffi
tägl. 7–10 (Sa auch 16:30–19:30)

Die Barockfassade der Kirche (frühes 18. Jh.) dominiert mit ihren harmonischen Proportionen den von Bäumen gesäumten Platz am Ende des Corso Trinità. Der Innenraum (Lateinisches Kreuz) birgt einen der elegantesten Hochaltäre Sassaris, den ein geschnitztes und vergoldetes Altarbild ziert. Bartolomeo Augusto aus Genua malte die Tafeln im späten 18. Jahrhundert.

Die Kirche steht an der Piazza Sant'Antonio, einst Standort des alten Nordtors mit gleichem Namen und Mittelpunkt des geschäftlichen und politischen Lebens. Einzige Zeugen der Vergangenheit sind Teile der mittelalterlichen Stadtmauer und ein mit Zinnen versehener Turm.

⑥
Corso Vittorio Emanuele II

Die Hauptstraße der Stadt mit Läden aller Art führt durch das Herz der Altstadt und verbindet die Piazza Sant'Antonio mit der Piazza Cavallino. Am Corso stehen Häuser aus dem 19. Jahrhundert und Gebäude, die von den Aragoniern (16. Jh.) stammen. Oft erhascht man einen Blick in die Höfe und Innenbereiche, die ihren früheren Glanz erahnen lassen.

⑦
Chiesa di Santa Caterina

Piazza Santa Caterina
+39 079 231 692 **Sa 17–21, So 10–13**

Die Ende des 16. Jahrhunderts für die Jesuiten erbaute Kirche kombiniert sardische Gotik mit Renaissance-Elementen. Innen sind Gemälde von Giovanni Bilevelt zu sehen.

Entdeckertipp
Ruhiger Park
In der südwestlichen Vorstadt liegt der hübsche Parco di Monserrato, eine wiederbelebte Grünfläche mit vielen baumbestandenen Spazierwegen und zahlreichen historischen Gebäuden.

Schon gewusst?

Sassari ist Geburtsort zweier italienischer Präsidenten: Francesco Cossiga und Antonio Segni.

(8)
Piazza d'Italia

Der wohlproportionierte Platz liegt am Rand eines Stadtviertels aus dem 19. Jahrhundert. Ihn säumen klassizistische Gebäude, hohe Palmen und gepflegte Blumenbeete. Über allem wacht eine Statue von König Vittorio Emanuele II.

Einer der schönsten Bauten ist der klassizistische Palazzo della Provincia (Sitz der Provinzregierung). Der Sitzungssaal ist öffentlich zugänglich. An den Wänden hängen Gemälde, die wichtige politische Ereignisse der Stadt zeigen, etwa *Die Verkündung der Sassari-Statuten* und *Giovanni Maria Angioy zieht in Sassari ein*. Die angrenzenden Königsgemächer wurden 1884 anlässlich des Besuchs des Königs und der Königin von Sardinien gebaut. Im Sommer finden im Hof Konzerte und Theateraufführungen statt.

Unter den Bargone- und Crispi-Arkaden im Nordwesten des Platzes sind die ältesten Bars und *pasticcerie* (Konditoreien) der Stadt untergebracht. Von hier gelangt man zur palmenbestandenen Piazza Castello.

(9)
San Pietro in Silki

Via delle Croci +39 079 216 067 tägl. 7–12, 16–19

Die romanische Kirche an einem baumumstandenen Platz heißt wohl nach dem mittelalterlichen Viertel, das hier im 12. Jahrhundert entstanden war. Hinter der schlichten Fassade (17. Jh.) verbirgt sich ein Atrium, das zum gotischen Schiff mit vier Seitenkapellen führt. Die erste wurde in der zweiten Hälfte des 15. Jahrhunderts der Madonna delle Grazie gewidmet. Sie wurde nach einer Statue der Jungfrau benannt, die man in einer Säule auf dem Kirchplatz gefunden hatte und die zu den besten katalanisch-gotischen Statuen Sardiniens gehört.

Gegenüber steht das Kloster Frati Minori. Seine Bibliothek mit über 14 000 Büchern aus aufgelösten Franziskanerklöstern ist eine der besten der Insel.

(10)
Museo Archeologico Nazionale »G. A. Sanna«

Via Roma 64 wegen Renovierung geschlossen musei.sardegna.beniculturali.it

Das archäologische Museum wurde von der Familie Sanna dem italienischen Staat gestiftet. Sie ließ es 1931 für die Funde bauen, die Giovanni Antonio Sanna,

Entdeckertipp
Römische Rekonstruktion

Geschichtsliebhaber werden von einer Besichtigung des Castrum Romano La Crucca (www.facebook.com/castrumromano.lacrucca) begeistert sein. Das rekonstruierte hölzerne Römerfort liegt westlich in La Crucca.

← *Der elegante Palazzo della Provincia an der Piazza d'Italia*

eine Größe der Inselgeschichte und Leiter der örtlichen Mine, zusammentrug.

Zwei Etagen sind den verschiedenen Epochen der sardischen Kultur von der Jungsteinzeit bis zum Mittelalter gewidmet. Pfeilspitzen, nuraghische Bronzestatuetten, Amphoren, Möbel, Waffen, Werkzeug, Schmuck, Keramik und andere Exponate sind in chronologischer Reihenfolge ausgestellt. Im Erdgeschoss illustrieren Bilder die Entwicklung Sardiniens, in jedem Raum hängen Zeittafeln zur Inselgeschichte.

Auch Rekonstruktionen prähistorischer Bauten sind zu sehen, etwa Wohnhäuser, *domus de janas* (Felsengräber) und Gigantengräber. Im letzten Saal befindet sich zwischen Grundrissen, Sarkophagen und Statuen ein rekonstruiertes Bodenmosaik aus einer römischen Patriziervilla nahe Turris Libisonis (heute: Porto Torres). Darauf sieht man Hummer, Seepferdchen und Robben. Im nächsten Raum zeigt eine Galerie Arbeiten sardischer Künstler ab dem 14. Jahrhundert.

Die Abteilung für traditionelles Kunsthandwerk präsentiert Trachten, Schmuck und Musikinstrumente, die noch heute in Nordsardinien verwendet werden.

Restaurants

Al Vecchio Borgo

In anheimelndem Ambiente serviert das Lokal authentische sardische Gerichte aus regionalen Zutaten, etwa gebratene Zucchiniblüten, frisches Seafood und Pasta.

Largo Porta Utzeri 2 So +39 079 201 5052

€€€

Il Quirinale

Das geräumige, moderne Restaurant nahe der Piazza d'Italia bietet eine gute Auswahl an Seafood- und Fleischgerichten, aber auch exzellente Pizzas. Auf der gepflegten Weinkarte stehen viele regionale Weine.

Via Camillo Benso Conte di Cavour 3 Mo ilquirinale.it

€€€

↓ *Fassade sowie Ausstellungsraum des Museo Archeologico Nazionale*

Freizeitboote und Luxusvillen an der Marina von Porto Rotondo ↑

SEHENSWÜRDIGKEITEN

4

Porto Rotondo

E1 · Via Rudargia 8
portorotondo.eu

Porto Rotondo ist weniger ein Ort als ein genau geplantes Feriendorf, das während des Costa-Smeralda-Booms aus dem Nichts gestampft wurde. Die Gebäude, die um den Yachthafen entstanden, sollten so weit wie möglich in die natürliche Umgebung eingepasst werden. Das Ergebnis ist ansprechend, Porto Rotondo ist trotz seines leicht künstlichen Flairs ein sehr beliebter Urlaubsort.

Den Kai und die Piazzetta San Marco säumen bekannte Designerläden. Im Sommer sind die Cafés und Restaurants voller Besucher, die dort speisen, Freunde treffen oder einfach das bunte Treiben beobachten. Außerhalb der Saison ist der Ort dagegen sehr ruhig und wirkt sogar etwas verlassen.

In der nach Plänen des Bildhauers Andrea Cascella erbauten Kirche San Lorenzo befinden sich mehrere Holzstatuen von Mario Ceroli, die biblische Figuren und Szenen darstellen.

Direkt außerhalb von Porto Rotondo liegt die malerische Landzunge Punta della Volpe, die den Golfo di Marinella vom Golfo di Cugnana trennt.

5

Golfo Aranci

E1 · 2500
Via Libertà 74
comune.golfoaranci.ss.it

Der Name »Aranci« bedeutet Orangen, doch Orangenhaine gibt es hier nicht. Der Ort verdankt seinen Namen einer falschen Interpretation der Bezeichnung Golfu di li Ranci – »Golf der Krabben«. Golfo Aranci gehörte früher zu Olbia, wurde 1979 jedoch ein selbstständiger Ort. Seit 1882 verbindet eine zunehmende Zahl von Fähren das Festland mit dem Hafen von Golfo Aranci. Corsica Ferries – Sardinia Ferries *(siehe S. 204)* bietet eine Direktverbindung von Livorno aus.

Die Gewässer beherbergen mit dem **MuMart** eine der Attraktionen Sardiniens. Das Unterwassermuseum mit zeitgenössischen Skulpturen

↑ *Blick von Golfo Aranci übers Wasser zur Insel Figarolo*

erreicht man in einem U-Boot, in das 30 Besucher passen. Zu sehen sind 14 Kunstwerke mit Bezug zum Meer, die meisten mit menschlichen Formen. Sie wurden von einer Gruppe italienischer und internationaler Künstler geschaffen. Zwischen den Skulpturen schwimmen Fische und Quallen. Man kann sie sich auch tauchend oder schnorchelnd ansehen. Die Stelle liegt nicht weit vom Terza Spiaggia (dritter Strand) und ist mit Bojen markiert.

MuMart
Porto di Golfo Aranci
golfoaranci.eu/da-visitare/mumart-il-museo-sommerso

6 Olbia

E2 61 000
helloolbia.com

Olbia ist nur etwa 200 Kilometer von Civitavecchia auf dem italienischen Festland entfernt und war immer – noch vor Cagliari – der zentrale Anlaufpunkt der Insel. Der Flughafen direkt außerhalb der Stadt, der die Costa Smeralda bedient, hat diese Rolle zementiert.

Olbia fungiert als Zwischenstopp auf dem Weg zur Küste. Attraktionen der modernen Stadt sind die Zisternen auf der Piazza Margherita – Zeichen römischer Herrschaft – und die romanische Kirche San Simplicio (11. Jh.), die im 13. Jahrhundert erweitert wurde.

In der Via Milano im Zentrum Olbias öffnet dienstags (8–14 Uhr) der Mercato Porto Romano mit Bioprodukten, Brot, Wurst und Handwerk.

In der Nähe von Olbia gibt es zwei sehenswerte prähistorische Stätten: die Nuraghe Cabu Abbas (4 km nordöstlich) und den heiligen Brunnen Sa Testa.

Um Cabu Abbas zu erreichen, folgt man vom alten Hafen in Olbia aus dem Corso Umberto und dann der Via d'Annunzio. Hinter dem Bahnhof sehen Sie die Kirche Santa Maria Cabu Abbas. Von dort führt eine Schotterstraße zum Gipfel. Der Aufstieg dauert etwa eine Viertelstunde. Oben hat man einen herrlichen Blick auf die Insel Tavolara. Den Mittelpunkt bildet ein Brunnen mit einem Turm. Hier fand man 1937 die Überreste von Opfergaben – verbrannte Knochen und Keramik.

Zum heiligen Brunnen Sa Testa fährt man über die SP82 nach Golfo Aranci zum Hotel Pozzo Sacro. Dort führen 17 Stufen zur Brunnenkammer hinab.

Schöne Aussicht
Romantische Ruinen

Die Ruinen des Castello di Pedres (13. Jh.) außerhalb von Olbia liegen auf einem Hügel mit herrlicher Aussicht auf die Landschaft und das Meer. Unterhalb der Festung befindet sich das Gigantengrab Su Monte de s'Ape.

Die Verwandlung der Costa Smeralda

Anfang der 1960er Jahre wurde ein Küstenstreifen im Nordosten Sardiniens, die Costa Smeralda (Smaragdküste) zum exklusivsten Urlaubsgebiet des Mittelmeerraums. Noch 1962 waren die Strände das Revier von Weidevieh. Dann wurde der Consorzio Costa Smeralda gegründet, um das Areal touristisch zu erschließen. Das Konsortium gründete einen Architektenausschuss, der die Baumaßnahmen überwachen sollte. Die Architekten Luigi Vietti, Jacques Couëlle, Giancarlo und Michele Busiri Vici, Antonio Simon Mossa, Raimond Martin und Leopoldo Mastrella planten die Resorts mit Luxushotels, Villen, Feriendörfern sowie den berühmten Yachtclub und die prestigeträchtige Golfanlage.

7

Palau

E1 4200
+39 0789 707 025
palauturismo.com

Palau ist Ausgangspunkt für Ausflüge zum La-Maddalena-Archipel *(siehe S. 172–175)*, verdankt seine Anziehungskraft aber auch der Schmalspurbahn, die von Sassari über Tempio nach Palau fährt und Teil des Trenino Verde *(siehe S. 205)* ist. Im Sommer herrscht vor allem im Yachthafen und am Fähranleger Hochbetrieb. Von hier aus kann man einige der faszinierendsten und berühmtesten Orte an der Küste besuchen, z. B. das zerklüftete Vorgebirge des Capo d'Orso (Bärenkap), das in einem vom Wind geformten bärenförmigen Felsen endet.

Für Ausblicke auf die Küste fahren Sie auf der Straße zum Monte Altura nördlich zur Punta Sardegna. Dann geht es zu Fuß zum Strand der Cala di Trana. Besonders schön ist die Aussicht bei Sonnenaufgang, auch wenn moderne Bauten langsam, aber sicher die einzigartige Schönheit dieses Teils von Sardinien zerstören.

Porto Cervo ist das Herz der Costa Smeralda und ein Urlaubsziel des internationalen Jetsets. Der Ferienort besitzt zwei Yachthäfen.

8

Santa Teresa Gallura

D1 5400 Piazza Vittorio Emanuele I 24
santateresagallura turismo.com

Das Gebiet um Santa Teresa war bereits zur Römerzeit besiedelt und wegen seiner Granitvorkommen auch für Pisa von Bedeutung. Der heutige Ort wurde unter den Savoyern neu im Schachbrettmuster aufgebaut. Alle Straßen laufen an einem Platz zusammen, an dem die Kirche San Vittorio steht. Die Stadt lebt vom Fischfang und vom Fremdenverkehr.

Auf der felsigen Landzunge befindet sich die Torre Longosardo, ein aragonischer Turm (16. Jh.). Er bietet einen Blick auf die Bucht Porto Longone und die weißen Klippen des nur zwölf Kilometer entfernten Bonifacio auf Korsika.

Links läuft die Küste in den Strand Rena Bianca aus. Er endet nicht weit von der Isola di Municca. Auf der winzigen Insel befinden sich die Überreste eines römischen Steinbruchs.

Etwa fünf Kilometer entfernt verbindet eine schmale Sandbank das felsige Capo Testa mit dem Festland. Die Landspitze erreicht man über eine hübsche Straße entlang den Buchten Colba und Santa Reparata. Ein Spaziergang durch die Steinbrüche, die schon die Römer mit dem Granit für ihre Säulen im Pantheon ver-

Der Bärenfelsen des Capo d'Orso und Blick auf Palau von der Punta Sardegna

Sommerabend mit Luxusyachten an der Marina von Porto Cervo ↑

sorgten, führt, begleitet vom Duft der Macchia, zum Leuchtturm von Capo Testa.

9

Porto Cervo

E1 +39 0789 90 5602 marinadiporto cervo.com

Porto Cervo ist das Herz der Costa Smeralda und ein Urlaubsziel des internationalen Jetsets. Der Ferienort besitzt zwei Yachthäfen, in denen einige der eindrucksvollsten Luxusyachten der Welt ankern. Im Sommer finden hier erstklassige Sportveranstaltungen wie Regatten und Golfturniere statt. Der traditionelle Abendbummel am Kai, der von Designerläden auf einer Seite und von protzigen Yachten auf der anderen gesäumt wird, ist ein Muss. Sehenswert ist die Kirche Stella Maris mit einem Gemälde, das El Greco zugeschrieben wird.

Zu den schönen Stränden bei Porto Cervo gehört etwa Liscia Ruja, zehn Kilometer im Süden, an der Cala di Volpe.

Eiscafé

Gelateria 15 SottoZero
Hier erhält man nach Ansicht der Einheimischen das beste Eis von Santa Teresa Gallura – testen Sie das mit Pistazienöl aromatisierte *gelato* bei Ihrem Rundgang durch die Stadt.

D1 Via XX Settembre 15, Santa Teresa Gallura
+39 0789 754 082

€€€

Bar

Baretto
Die stark touristische, gleichwohl attraktive Cocktailbar am Hauptplatz von Santa Teresa Gallura serviert fantastische Piña Coladas mit frischer Ananas. Auch die Barsnacks an der Theke sind nicht zu verachten.

D1 Piazza V. Emanuele 23, Santa Teresa Gallura
ilbarettosanta teresa.com

Hotels

Tenuta Pilastru
Der in die gallurische Landschaft eingebettete romantische Rückzugsort bietet auch einige schöne Felsformationen.
E1 **Località Pilastru km 5, Arzachena**
tenutapilastru.it.
€€€

Stazzo Lu Ciaccaru
Der elegante Steinbau besitzt schöne Zimmer und einen Pool. Wanderwege führen durch die beschaulich-ländliche Umgebung.
E1 **Località Lu Ciaccaru, Arzachena**
stazzoluciaccaru.it
€€€

Hotel Relais ValKarana
Der einstige Bauernhof am Lago del Liscia ist familienfreundlich. Die Zimmer bieten Aussicht auf den See oder die Berge.
E1 **Località Lu Lioni, Sant'Antonio di Gallura**
valkarana.com
€€€

Der pilzförmige Fels »Fungo« oberhalb von Arzachena ↑

10 Arzachena

E1 14 000
Piazza Risorgimento 8
arzachenaturismo.com

Noch in den 1960er Jahren war Arzachena ein beschauliches Fischerdorf, heute liegt es im Zentrum der glitzernden Costa Smeralda und ist stark verändert. Ein durch stetige Winderosion seltsam geformter, »Fungo« (Pilz) genannter Fels überragt die Kleinstadt. In der Umgebung gibt es zahlreiche Spuren prähistorischer Siedlungen. Sie wurden im **Archäologiepark Arzachena** zusammengefasst, darunter die Nuraghe Albucciu, die Tomba dei Giganti Coddu Vecchju und die Nekropole Li Muri.

Zwei Kilometer östlich von Arzachena liegt die gut erhaltene Nuraghe Albucciu. Sie ist insofern ungewöhnlich, als sie einen Granitfelsen in ihre Konstruktion integriert hat. Sehenswert sind ein Gang und eine Scheinkuppel. Im Inneren gibt es eine Leiter zur oberen Ebene, wo das Alltagsleben einst stattfand.

Das imposante Gigantengrab Coddu Vecchju liegt fünf Kilometer südwestlich der Stadt. Das Mehrfachgrab geht auf die Bronzezeit zurück. Im Zentrum der Stätte befindet sich eine vier Meter hohe Stele, umgeben von einer halbkreisförmigen Mauer aus in die Erde eingelassenen Steintafeln.

Die neolithische Nekropole von Li Muri liegt acht Kilometer westlich von Arzachena. Sie besteht aus mehreren Grabkammern, die von konzentrischen Steinkreisen umgeben werden. Diese Kreise ähneln den megalithischen Grabstätten auf Korsika und in den französischen und spanischen Pyrenäen. Sie sind Zeugnis einer Zeit, die Archäologen als Arzachena-Kultur bezeichnen.

Archäologiepark Arzachena
Viale Costa Smeralda 56
Stätten: tägl. 9 – 20, Li Muri, Li Lolghi 10 – 18
gesecoarzachena.it

11 Sant'Antonio di Gallura

E1 1500 **Rathaus, Piazza Matteo Ruzittu 1** **comune.santantonio digallura.ot.it**

Das Dorf war seit jeher ein Zentrum für Landwirtschaft und Schafzucht. Im historischen Ortskern liegt die Kirche San Antiono Abate. Im September feiert man hier das Fest von Sant'Antonio, San Michele und Sant'Isidoro mit einer farbenprächtigen Prozession. Geschmückte Ochsen und Traktoren folgen den Heiligenstatuen durch die Straßen.

Im Herzen des Orts gibt es einen kleinen Archäologiepark, der für seine faszinie-

renden erodierten Felsformationen bekannt ist. Die Stätte war in prähistorischer Zeit besiedelt.

12 Calangianus

D2 4000 Rathaus, Via Sant'Antonio 2
comune.calangianus.ot.it

Die Wälder rund um Calangianus sind deutlich von der Korkernte gezeichnet: Die Korkeichen haben die typische rötliche Farbe, die sich so lange hält, bis die Borke wieder wächst, während die Korkstreifen selbst zum Trocknen aufeinandergehäuft werden.

Calangianus ist Zentrum der Korkproduktion in der Gallura mit Werkstätten und Fabriken, die das Material verarbeiten. Eine Handelsschule konzentriert sich auf die Kultivierung der Korkeichen und die Nutzung der Borke. Ein altes Kloster im Zentrum des Orts wurde zum **Museo del Sughero** umgewandelt. Es ist der Geschichte der Korkproduktion gewidmet.

Sehenswert im historischen Zentrum ist die kleine Pfarrkirche Santa Giusta (17. Jh.) an einem kleinen abgeschiedenen Platz.

Zwölf Kilometer nordwestlich von Calangianus stehen einige prähistorische Dolmen. Gehen Sie durch das Dorf in Richtung Luogosanto, und biegen Sie kurz vor dem Ortsende rechts ab. Folgen Sie am Ende der Teerstraße der Schotterstraße nach rechts, die zum Dolmen di Ladas führt, dem beeindruckendsten dieser Steingräber. Der sechs Meter lange und 2,20 Meter breite Dolmen besitzt einen rechteckigen Grundriss und ist mit zwei Granitplatten bedeckt.

Museo del Sughero
Via San Francesco 3
Wiedereröffnung nach Restaurierung erwartet

Entdeckertipp
Wilde Oliven

Nördlich von Calangianus stehen im Naturschutzgebiet Olivastri Millenari di Santo Baltolu einige fast 4000 Jahre alte Olivenbäume (www.facebook.com/olivastrimillenariluras).

13 Luogosanto

D1 1800 Rathaus, Piazza della Basilica 2
comuneluogosanto.ss.it

Luogosanto ist für seinen bitteren Honig bekannt, der gern zu *seadas* serviert wird. Das Hirtendorf ist mit seiner grünen Umgebung und den vom Wind ausgehöhlten rosa-grauen Felsen ein typisches Dorf der Gallura. Alle sieben Jahre findet mit einer farbenfrohen, feierlichen Zeremonie die Öffnung der Porta Santa (heiligen Tür) der Basilica di Nostra Signora di Luogosanto statt. Der Festtag des hl. Quirico endet mit einem Abendessen für alle Dorfbewohner, bei dem es *carr'e cogghju* gibt – Schweinefleisch und Kohl.

Zwei Kilometer südlich von Luogosanto ragt die 410 Meter hoch gelegene Einsiedelei San Trano auf. Die Kirche wurde Anfang des 13. Jahrhunderts zum Gedenken an die beiden Einsiedler San Nicola und San Trano errichtet, die der Legende zufolge in der kleinen Höhle hinter dem Altar lebten.

Im nahen Park mit kleinen Plätzen und Treppen entspringt die Filetta-Quelle, die für ihr frisches Trinkwasser bekannt ist.

→ Radfahrer vor der Basilica di Nostra Signora im beschaulichen Hirtendorf Luogosanto

Restaurant

Punto di Ristoro Nuraghe Majori
Wenn Sie den Tag in der nahen Nuraghe verbracht haben, ist dieses rustikale Lokal für Pizza und Pasta ideal, um den Hunger zu stillen. Hier kann man auch regionalen Honig, Würste, Käse und Eingelegtes kaufen.

D2 Via Palau, km 2, Tempio Pausania +39 320 306 0634

€€€

14 Aggius

D2 1500 Rathaus, Via Pasquale Paoli 39 comuneaggius.it

Die Natur formte dieses Dorf und seine Umgebung. Eine Felsnase aus Granit dominiert die Landschaft um Aggius, auch den Parco Capitza und das Labyrinth von Felsformationen in der nahe gelegenen Valle della Luna.

Aggius gehörte einst der Familie Doria aus Genua, später wurde es von den Aragoniern regiert. Seinen Wohlstand verdankt es dem Abbau und der Verarbeitung von Granit. Auch das lokale Kunsthandwerk besitzt große wirtschaftliche Bedeutung. Dies gilt vor allem für die Teppichherstellung, bei der in jedem Stadium traditionelle Techniken angewendet werden.

Es macht Freude, durch Aggius zu spazieren. Seine liebevoll restaurierten alten Steinhäuser gehören zu den hübschesten der Gallura-Region. Am ersten Sonntag im Oktober wird hier das Fest *di li 'Agghiani* für Junggesellen gefeiert, eine Art Heiratsmarkt, bei dem traditionell *suppa cuata* (Brot- und Käsesuppe) serviert wird.

Die Straße nach Isola Rossa führt zum Valle della Luna mit interessanten Felsformationen. In der Nähe liegt die große Nuraghe Izzana, die man über eine rechts von der Hauptstraße abbiegende Schotterstraße erreicht.

15 Buddusò

E3 3800 Rathaus, Piazza Fumu 1 comunebudduso.ss.it

In römischer Zeit war Buddusò (damals Caput Thirsi) ein Halt an der Straße von Karalis (Cagliari) nach Olbia.

In jüngerer Zeit hat die Kleinstadt eine Zeit des Wohlstands erlebt, dank der Nachfrage nach qualitativ hochwertigem Granit und Kork.

Den regionalen dunklen Stein sieht man bei den Häusern, die die Pflasterstraßen im Zentrum säumen. Hier steht auch die Kirche Santa Anastasia mit sehenswerten Bildern in der Sakristei.

Eine Tour durch die Monti di Alà ist ein schöner Tagesausflug. In der Nähe liegen die Nuraghen Iselle (an der Straße nach Pattada) und Loelle (Richtung Mamone).

16 Berchidda

D2 2700 Rathaus, Piazza del Popolo 5 comune.berchidda.ot.it

Berchidda befindet sich am Südhang des Monte Limbara in einer bergigen Landschaft, die sich bis zum Monte Azzarina erstreckt. Das Dorf lebt insbesondere von Schafzucht, Molkereiprodukten, Korkverarbeitung und Weinbau. Hier gibt es den Vermentino (einen der besten sardischen Weißweine), und auch der hiesige Pecorino-Käse ist von bester Qualität.

Etwa vier Kilometer vom Zentrum entfernt erreicht man nach einem steilen Anstieg die Ruinen des Castello di Montacuto, einst die Burg von Adelasia di Torres und ihrem Gatten Ubaldo Visconti, bevor sie unter die Herr-

↑ *Ideal für eine Kaffeepause: die Altstadt von Tempio Pausania*

Expertentipp
Wein im Museum
Erfahren Sie alles über Vermentino und andere Weine im Museo del Vino in Berchidda – inklusive Verkostung (www.muvisardegna.it).

schaft der Familien Doria und Malaspina vom Festland geriet. Im Hintergrund erhebt sich der Monte Limbara, das geografische Herz der Gallura-Region.

17

Tempio Pausania

D2 14 000 Rathaus, Piazza Gallura 3 comune.tempiopausania.ot.it

Moderne Gebäude drängen im Hauptort der Gallura-Region zunehmend die Altstadt in den Hintergrund, wo sich zwei- und dreistöckige Häuser aus Granit mit den typischen Balkonen verstecken.

← *Eine Bergziege vor den grandiosen Felsformationen des Valle della Luna bei Aggius*

Nahe der zentralen Piazza Gallura mit dem Rathaus steht die Kathedrale aus dem 15. Jahrhundert, die Anfang des 19. Jahrhunderts umgebaut wurde. Einen Besuch lohnen auch das Oratorio del Rosario und die Kirche Santa Croce.

Einen kurzen Spaziergang den Viale San Lorenzo hinab findet man die Rinaggiu-Quellen, deren mineralreiches Wasser Heilwirkung besitzt. Neben den traditionellen Feiern findet hier im Juli ein internationales Folklore-Festival statt.

In der Nähe führt von der SS133 eine Abzweigung zur Nuraghe Maiori, einer gut erhaltenen megalithischen Anlage.

Wenn Sie auf der SS392 etwa 17 Kilometer Richtung Süden fahren, erreichen Sie fast schon den Gipfel des 1362 Meter hohen Monte Limbara. Von der Teerstraße aus kann man ihn in wenigen Minuten zu Fuß erklimmen. Auf dem Weg liegt auch der Giardino Botanico di Curadoreddu, etwa sechs Kilometer von Tempio Pausania entfernt. Dort kann man spektakuläre Felsenbecken und Wasserfälle bewundern. Das Wasser fließt von einer massiven Felsformation zur anderen abwärts und bildet dabei Kaskaden und formt Mulden. Am beeindruckendsten ist dieses Naturschauspiel im Winter.

Kork in der Gallura

Kork aus der Borke der Korkeiche war in der Gallura schon immer ein wichtiger Wirtschaftszweig. Heute werden um Tempio Pausania über 90 Prozent der Korken für Italien produziert. Kork wird auch für Kunsthandwerk und als Bau- und Isoliermaterial eingesetzt. Es kann erst vom Baum geschält werden, wenn dieser 25 bis 30 Jahre alt ist. Die erste poröse Schicht ist wertlos. Neun oder zehn Jahre nach dem ersten Schälvorgang erhält man die erste gewinnbringende Borkenschicht.

↑ *Piazza und Kirche von San Teodoro bei Abendstimmung*

18

San Teodoro

F2 5000 Piazza Mediterraneo 1
santeodoroturismo.it

Südlich der Landspitze Capo Coda Cavallo, gleich gegenüber der Felseninsel Tavolara, liegt San Teodoro. Es ist ein hervorragender Ausgangspunkt für Ausflüge an den langen Sandstrand Cinta, der den Stagno di San Teodoro vom Meer trennt. Das Gebiet mit See und Marschland nahe der Orientale Sarda gehört zu den wenigen noch verbliebenen Marschgebieten an der Küste südlich von Olbia. Auf dem Wasser sieht man häufig Stockenten und Blesshühner. Bei Gefahr bilden sie schnell große Gruppen und machen Lärm, um sich zu verteidigen. Man sieht auch oft Reiher, Seeregenpfeifer sowie kreisende Turmfalken, die zu Italiens kleinsten Greifvögeln zählen.

Felsen, Macchia und Wälder von gewaltigen Korkeichen mit abgeschälten Borkenstreifen prägen die Landschaft um Alà dei Sardi.

19

Alà dei Sardi

E2 1900 Rathaus, Via Roma 74
comune.aladeisardi.ot.it

Felsen, Macchia und Wälder von gewaltigen Korkeichen mit abgeschälten Borkenstreifen prägen die Landschaft um Alà dei Sardi. Das Plateau, auf dem der Ort über der Bucht von Olbia liegt, ist der letzte Ausläufer des felsigen Landesinneren.

Alà dei Sardi mag keine großen Sehenswürdigkeiten zu bieten haben, doch die charmante Hauptstraße wird von kleinen, für die Gegend typischen Häusern aus Granit gesäumt. Das Dorf ist bekannt für seine Rindfleisch- und Honigprodukte. Außerhalb steht der größte Windpark Italiens.

In der Umgebung von Alà dei Sardi liegen Schmuckstücke antiker Monumente. Etwa drei Kilometer südöstlich, nahe der Straße nach Sos Sonorcolos, liegt die gut erhaltene Nuraghe Boddò.

Folgt man nördlich von Alà dei Sardi den Wegweisern Richtung Monti, kreuzt die Straße ein großes Plateau mit unterschiedlichen Felsformationen. An einer Gabelung biegt die Straße ab und führt zur romanischen Kirche San Pietro l'Eremita. Immer wieder gewähren auf diesem Weg Lücken Aussicht aufs Meer und auf die unverwechselbaren Umrisse der Insel Tavolara.

20

Ozieri

D3 10 000 Piazza San Francesco
welcometozieri.it

Das in einer Senke gelegene Ozieri zählt zu den reizvollsten Attraktionen im Nordosten Sardiniens. Die faszinierende Geschichte der Stadt reicht Jahrtausende zurück und hat zu unserem Wissen über die frühesten pränuraghischen Kulturen beigetragen.

Die Stadt passt sich mit ihrer vielfältigen Architektur

Entdeckertipp
Merkwürdige Sammlung

Das Museum Taverna dell'Aquila (Via Tempio 6) in Ozieri zeigt alte regionale Weine und Likörflaschen sowie alte medizinische Utensilien, Fossilien und landwirtschaftliche Geräte.

und Anlage perfekt an den bergigen Standort an. Auf den hohen Häusern kann man gelegentlich blumenübersäte Dachterrassen ausmachen. Hauptsehenswürdigkeiten der Altstadt sind die Piazza Carlo Alberto und die Piazza Don Pietro Satta, in deren Mitte ein Brunnen, die Fontana Grixoni (19. Jh.), steht. Die klassizistische Kathedrale am Rand der Altstadt birgt ein herrliches Polyptychon (16. Jh.). Es stammt von einem nur als Maestro di Ozieri bekannten Künstler. Die Tafeln stellen das Wunder der Madonna von Loreto dar und zeigen spanische wie flämische Einflüsse.

Das **Museo Archeologico** im Kloster San Francesco (17. Jh.) zeigt Funde aus Grabungen in der Umgebung. Die meisten Exponate stammen aus der Ozieri-Kultur, die hier in der Zeit von 3500 bis 2700 v. Chr. dominierte.

In der Umgebung von Ozieri gibt es archäologische Stätten und Ruinen, etwa *domus de janas* in Butule, die Nekropole San Pantaleo und einen Dolmen in Montiju Coronas.

Die **Grotta di San Michele** liegt hinter Ozieris Krankenhaus in der Nähe des Sportstadions. Hier fand man bemalte Keramiken, aber auch Menschenknochen, die Statuette einer Muttergöttin und Obsidianstücke vom Monte Arci.

Die Funde unterstützen die Theorie, dass von der älteren Bonu-Ighinu-Kultur (4700–4000 v. Chr.) bis in die Zeit der Ozieri-Ära Kontinuität herrschte.

Museo Archeologico di Ozieri
Piazza Pietro Micca
Di–Fr 9–13, 15–19 (Sa, So bis 18) **museo.comune.ozieri.ss.it**

Grotta di San Michele
Vicolo S. Michele
+39 079 77 1131
Di–So 10–13, 14–17 (Sommer: 15–18)

21 Tavolara

F2 **20**
visittavolara.com

Die Insel besteht aus einem 500 Meter hohen Kalksteinberg. Die Ostseite ist militärisches Sperrgebiet, doch in der tief gelegenen Sandzone Spalmatore di Terra gibt es Strände, einen kleinen Hafen, diverse Restaurants und ein paar Häuser. Tavolara bildet mit den Inseln Molara und Molarotto ein Wasserschutzgebiet. Höhlen und Spalten überziehen die Klippen. Im Bereich Spalmatore di Terra wachsen Seelilien. Wacholder, Strohblumen, Rosmarin und Mastixsträucher bedecken den Fels. Tavolara ist auch Heimat von über 150 Mufflons.

Carlo Alberto, König von Piemont und Sardinien, soll auf der Insel gelandet sein, um die legendären »Ziegen mit den goldenen Zähnen« zu suchen (das Phänomen basiert auf dem Gras, das die Tiere fressen). Er war so fasziniert von der Insel, dass er ihren einzigen Bewohner, Paolo Bertoleoni, zum »König von Tavolara« erklärte. Im Sommer verkehren Boote von Olbia *(siehe S. 187)* und Porto San Paolo aus.

Shopping

Naturalmente Sardo

Der preisgekrönte Käsehersteller ist für den Greviera di Ozieri bekannt, einen mittelreifen Kuhmilchkäse mit einer charakteristischen Blasenstruktur. Im Laden und online gibt es auch Pecorino, Ricotta und frischen Joghurt, alles Produkte aus der Region Logudoro.

D3 **Monte Inni, Ozieri** **naturalmentesardo.com**

Unverwechselbare Silhouette: Blick vom Strand Spalmatore di Terra auf die Kalksteinklippen von Tavolara

22

Castelsardo

C2 5900 Via Vittorio Emanuele 2 comune.castelsardo.ss.it

Der auf einer vulkanischen Landspitze gelegene Ort wurde 1102 von der genuesischen Adelsfamilie Doria gegründet und hieß bis 1448 Castelgenovese. Danach wurde er nach den neuen Eroberern der Stadt Castelaragonese genannt. Seinen heutigen Namen erhielt der Ort 1767.

Das dominanteste Bauwerk ist das Castello dei Doria (13./14. Jh.). Es beherbergt das **Museo dell'Intreccio** (Museum für Korbwaren), das Korbflechtarbeiten aus traditionellen Materialien wie Palmblättern, Affodill und Schilf zeigt. Von der Terrasse des Kastells genießt man einen schönen Weitblick, an klaren Tagen sogar bis nach Korsika.

Die Kathedrale **Sant'Antonio Abate** ragt am Meer auf. Sie wurde im 17. Jahrhundert an der Stelle einer romanischen Kirche errichtet. Ihr Glockenturm ist mit Majolikaziegeln gedeckt. Von oben hat man eine schöne Sicht aufs Meer. Im Kirchenschiff gibt es interessante Holzschnitzereien (16. Jh.).

Am Karfreitag findet die Lunissanti-Prozession statt. Durch die von Fackeln erhellten Straßen ziehen Kapuzenmänner im Rhythmus jahrhundertealter Gesänge. Der Umzug endet im Zentrum des oberen Teils von Castelsardo in der Kirche **Santa Maria delle Grazie**. Den Bau mit unscheinbarer Fassade betritt man durch ein Seitenportal. Im Inneren befindet sich das Kruzifix *Cristo Nero* (Schwarzer Christus) aus dem 14. Jahrhundert.

An der SS134, in der Nähe von Multeddu und nicht weit entfernt von Castelsardo, erhebt sich die imposante Roccia dell'Elefante (Elefantenfels) oder Sa Pedra Pertunta (Durchlöcherter Fels). Der massive Block aus dunklem Trachyt wurde durch Winderosion geformt und besitzt eine unheimliche Ähnlichkeit mit einem Elefanten, der seinen Rüssel hebt. In antiker Zeit war der Ort eine Begräbnisstätte, an seinem Fuß sieht man noch zwei kleine Öffnungen für *domus de janas* (Felsengräber).

Weinkeller

Cantina Ligios

Die hübsch gelegene Weinkellerei außerhalb von Castelsardo bietet Touren durch die Weinberge sowie Verkostungen ihrer Produkte an, darunter Cannonau und andere kräftige Rotweine, die aus einer Mischung von Cabernet Sauvignon und Syrah bestehen.

D2 Via G. Mazzini 68, La Muddizza cantinaligios.it

Schon gewusst?

Die Länge der Küstenlinie Sardiniens beträgt ein Viertel derjenigen von Italien.

Castelsardo, Mitglied der I borghi più belli d'Italia *(der schönsten Orte Italiens)* ↑

Museo dell'Intreccio
Via Marconi unterschiedl. Zeiten (siehe Website) mimcastelsardo.it

Cattedrale di Sant'Antonio Abate
Piazza Duomo +39 339 245 4387 unterschiedl. Zeiten

Santa Maria delle Grazie
Piazza della Misericordia
+39 331 802 9507
Schlüssel beim Priester

23 Pattada

D3 3000 Rathaus comune.pattada.ss.it

Pattada liegt inmitten eines Gebiets mit vielen Nuraghen und anderen historischen Relikten. Die weltbekannten Stahlmesser des Orts werden hier seit Jahrhunderten dank ergiebiger Eisenerzvorkommen hergestellt. Die Dorfschmiede arbeiten noch immer nach traditioneller Art: Sie fertigen Klingen aus Stahl und Griffe aus Tierhorn oder Holz.

Nahe Pattada liegen die weiträumigen, durch Wiederaufforstung entstandenen Grünzonen Fiorentini mit den Ruinen der mittelalterlichen Burg Olomene.

24 Isola Rossa

D1 170

Wo die Ausläufer der Berge der Gallura zum Meer abfallen, hat der Wind die rosafarbenen Granitfelsen zu fantastischen Gestalten geformt. Das kleine Fischerdorf Isola Rossa liegt unterhalb eines imposanten Wachturms (16. Jh.) auf einer Landspitze. Das Dorf erhielt seinen Namen (»rote Insel«) nach der kleinen, rötlichen Felsinsel in der Bucht. Jeden Tag werden die Fischerboote auf den Strand vor dem Dorf gezogen, nachdem der Fang des Tages eingebracht ist.

Es lohnt sich, hier die Küste zu erkunden. Dies gilt besonders für die östliche Seite, wo der Monte Tinnari über dem Meer aufragt. Richtung Westen wird die Küste langsam flacher bis zur Mündung des Rio Coghinas unweit von Castelsardo.

Nahe Isola Rossa liegt der Ort Trinità d'Agultu, der sich im 19. Jahrhundert um die gleichnamige Kirche herum entwickelte. Wie so häufig auf Sardinien wurde die einfache Landkirche später zum Heiligtum und zu einer Pilgerstätte.

Bei religiösen Festen und Wallfahrten wird der Ort zum regionalen Handelszentrum.

> Entdeckertipp
> **Architekturjuwel**
> Nördlich von Isola Rossa liegt La Cupola (1969), das Kuppelhaus des Regisseurs Michelangelo Antonioni. Für die Konstruktion wurde ein riesiger Ballon aufgeblasen und mit Beton bedeckt. Die »Binishell« des Architekten Dante Bini ist am Zerbröckeln.

Tour durch den Logudoro

Länge 115 km **Rasten** Ozieri, Martis **Schwierigkeit** leicht

Die eindrucksvollen romanischen Kirchen im Norden Sardiniens sind das Ergebnis des Zusammentreffens unterschiedlicher Kulturen. Nach dem Untergang des Römischen Reichs spielte Sardinien erst wieder nach dem Jahr 1000 eine zentrale Rolle im Mittelmeerraum, als Kaufleute, Soldaten und Prediger aus Pisa und Genua auf die Insel kamen. Es ist schwierig zu beurteilen, welchen Anteil einheimische Künstler und Handwerker an den Kirchen hatten und wie hoch jener aus Pisa und Genua war. Wie auch immer – die Sakralbauten, von deren Art nur wenige auf dem italienischen Festland zu finden sind, machen diese Tour zu einem faszinierenden Tagesausflug.

Der Name **San Pietro di Simbranos** (oder delle Immagini) stammt vom Flachrelief an der Fassade, das einen Abt und zwei Mönche zeigt (die *immagini* oder »Bilder«).

Nostra Signora di Tergu steht auf den Ruinen eines Klosters, das toskanische Mönche errichteten.

Außerhalb von Martis liegt die **Foresta Fossile di Carrucana**, ein bei einem Vulkanausbruch vor Millionen Jahren versteinerter Wald.

Im 12. Jahrhundert errichteten Mönche aus Vallombrosa **San Michele di Salvènero** in Ploaghe. Derzeit steht die Kirche unbeachtet an einer verkehrsreichen Straßenkreuzung.

Santissima Trinità di Saccargia ist das markanteste Beispiel romanischer Architektur in Nordsardinien *(siehe S. 178f)*.

Die 1107 geweihte **Santa Maria del Regno** in Ardara ist für ihren *Retablo Maggiore di Ardara* berühmt. Die Bilder der Altarstufe schuf der Sarde Giovanni Muru (1515).

↑ *Dekoratives Kapitell der Santissima Trinità di Saccargia*

Zur Orientierung
Siehe Regionalkarte S. 170f

↑ *Nostra Signora di Castro auf einem Hügel außerhalb von Oschiri*

Schon gewusst?

Logudoro bedeutet »Goldland« – wahrscheinlich ein Bezug zur Fruchtbarkeit der Gegend.

Nostra Signora di Castro in Oschiri am Ufer des Lago del Coghinas vereint lombardische und regionale Architekturelemente. Die Kirche wurde in der zweiten Hälfte des 12. Jahrhunderts erbaut.

Sant'Antioco di Bisarcio in Ozieri zeigt pisanische und französische Elemente. Von den anderen Kirchen der Region unterscheidet sie sich durch ihre architektonische Komplexität, die sich im zweistöckigen Portal, den kleinen Fenstern und den dekorativen Details der Fassade zeigt.

0 Kilometer 6
N ↑

REISE-INFOS

Auf der Orientale Sarda

Reiseplanung **202**

Auf Sardinien unterwegs **204**

Praktische Hinweise **208**

SARDINIEN REISEPLANUNG

Mit den folgenden Informationen zu Planung, Einreise und Aufenthalt sind Sie optimal auf Ihre Sardinien-Reise vorbereitet.

Auf einen Blick

Währung
Euro

Ausgaben pro Tag

Sparsam	Preisbewusst	Luxus
100 €	200 €	300+ €

Mineralwasser	Kaffee	Bier	Menü (2 Pers.)
1 €	2 €	4 €	60 €

Italienische Ausdrücke

Guten Tag	Buongiorno
Auf Wiedersehen	Arrivederci
Bitte	Per favore
Danke	Grazie
Sprechen Sie Deutsch?	Parla tedesco?
Ich verstehe nicht	Non capisco

Strom
In Italien gibt es Wechselstrom mit 230 Volt und 50 Hz. Zweipolige Euronorm-Stecker passen immer.

Einreise
Alle Staaten des Schengener Abkommens verzichten auf Kontrollen an gemeinsamen Grenzen. Bei der Einreise werden stichprobenartig Kontrollen durchgeführt – jedoch wird wegen der Terrorgefahr bei der Einreise auf dem Luftweg verstärkt kontrolliert. Sie müssen sich mit Personalausweis oder Pass ausweisen können, auch Kinder jeden Alters brauchen einen eigenen Ausweis.

Wenn Sie mit einem Tier einreisen wollen, benötigen Sie einen EU-Heimtierausweis (Infos auf: www.bmel.de).

Sicherheitshinweise
Aufgrund unvorhersehbarer Entwicklungen kann es zu Änderungen und Einschränkungen kommen. Aktuelle Hinweise zur Einreise sowie Sicherheitshinweise finden Sie beim deutschen Auswärtigen Amt (www.auswaertiges-amt.de), beim österreichischen Bundesministerium für europäische und internationale Angelegenheiten (www.bmeia.gv.at) oder beim Eidgenössischen Departement für auswärtige Angelegenheiten der Schweiz (www.eda.admin.ch).

Zoll
Bürger der EU und der Schweiz dürfen Waren für den Eigenbedarf zollfrei ein- und ausführen. Passagiere aus EU-Staaten können Flughäfen durch einen »Blue Channel« ohne Zollkontrolle verlassen, sofern sie ausschließlich Waren aus EU-Staaten mit sich führen. Bei der Ein- und Ausreise nach und von Italien muss eine Bargeldmenge, die den Betrag von 10 000 Euro übersteigt, deklariert werden.

Versicherungen
In Krankheitsfällen genießen EU-Bürger und Bürger der Schweiz aufgrund des europäischen Sozialversicherungsabkommens Krankenversicherungsschutz, wenn sie gesetzlich versichert sind und die Europäische Krankenversicherungskarte (EHIC) mit sich führen. Nicht eingeschlossen ist etwa ein Krankenrücktransport. Eine zusätzliche Auslandsreise-Krankenversicherung ist empfehlenswert.

Impfungen

Bei der Einreise nach Italien sind keine Pflichtimpfungen vorgeschrieben. Sie sollten allerdings im Rahmen der Reisevorbereitung Ihren sowie den Impfschutz Ihrer Kinder gegen Masern, die weltweit auf dem Vormarsch sind, überprüfen. Prophylaxe gegen Mückenstiche wird empfohlen, da es immer wieder zu Ausbrüchen von West-Nil-Fieber und Toskanafieber kommt.

Bezahlen

Mit **MasterCard, Visa, American Express** oder **Diners Club** können Sie in Italien fast alles bezahlen sowie Geld abheben. Auch mit einer Debitkarte wie der **girocard** (sowohl mit V-Pay- als auch Maestro-Logo) können Sie bezahlen bzw. Geld abheben (allg. Notrufnummer bei Kartenverlust +49 116 116). Geldautomaten sind in fast allen Banken und an fast jeder Ecke zu finden.

Die Obergrenze für Barzahlungen in Italien beträgt 3000 Euro. Daher wird von der Zahlung hoher Geldbeträge in bar bei der Abwicklung von An- und Verkäufen von wertvollen Objekten (z. B. Grundstücken, Yachten) ausdrücklich abgeraten.

Hotels

Auf Sardinien gibt es ein großes Angebot an unterschiedlichen Übernachtungsmöglichkeiten – vom luxuriösen Fünf-Sterne-Hotel bis zum preisgünstigen Hostel. Camping, B & Bs und *agriturismo* (Urlaub auf dem Bauernhof) sind beliebte Alternativen. In der Hochsaison (Juli, August) sind Unterkünfte schnell ausgebucht und die Preise am höchsten. In einigen Städten zahlt man eine Tourismussteuer (meist ein paar Euro pro Nacht). Überprüfen Sie, ob die Steuer bei Ihrer Übernachtung inklusive ist. Hotels müssen ihre Gäste polizeilich melden und ihnen einen Bezahlbeleg *(ricevuta fiscale)* aushändigen.

Agriturismo
W agriturismo.it

Reisende mit besonderen Bedürfnissen

Sardiniens historische Dörfer und Städte sind für behinderte Reisende nicht sehr gut ausgestattet, obwohl es mittlerweile Verbesserungen gibt. Fragen Sie im regionalen Tourismusbüro nach, welche Angebote verfügbar sind. Die italienische Eisenbahn Trenitalia *(siehe S. 204f)* bietet spezielle Zugreservierungen an sowie einen Service an den Bahnhöfen.

Sprache

Amtssprache ist Italienisch, doch das Sardische *(sardu)* wird noch häufig gesprochen. Diese romanische Sprache hat noch mehr lateinische Elemente bewahrt als das Italienische – so steht *domus* für Haus anstelle von *casa*. Das Sardische weist auch Einflüsse aus dem Arabischen, Spanischen und Katalanischen auf, was der turbulenten Geschichte der Insel geschuldet ist. In ländlichen Gebieten wird selten Englisch gesprochen, doch die Insulaner sind freundlich – ein paar Wörter Italienisch schaden nicht.

Öffnungszeiten

Mittags Die meisten Kirchen und kleinen Läden sind ein paar Stunden geschlossen.
Montags Einige Museen, Restaurants und Cafés schließen den ganzen Tag.
Sonntags Läden sind begrenzt geöffnet. Restaurants sind meist mittags geschlossen. Während der Messe ist Urlaubern der Zutritt zu Kirchen verwehrt. Der öffentliche Nahverkehr ist eingeschränkt.
Feiertage Läden, Kirchen, Museen und einige Restaurants schließen früher oder sind den ganzen Tag geschlossen.

Feiertage

1. Jan	**Neujahr** *(Capodanno)*
6. Jan	**Dreikönig** *(Epifania)*
März / Apr	**Ostermontag** *(Lunedì di Pasqua)*
25. Apr	**Tag der Befreiung** *(Anniversario della Liberazione)*
1. Mai	**Tag der Arbeit** *(Festa del Lavoro)*
2. Juni	**Tag der Republik** *(Festa della Repubblica)*
15. Aug	**Mariä Himmelfahrt** *(Ferragosto)*
1. Nov	**Allerheiligen** *(Ognissanti)*
8. Dez	**Unbefleckte Empfängnis** *(Immacolata Concezione)*
25. Dez	**Weihnachten** *(Natale)*
26. Dez	**Stefanstag** *(Santo Stefano)*

AUF SARDINIEN UNTERWEGS

Ob Sie per Flugzeug oder (Auto-)Fähre nach Sardinien reisen – in den Orten kommt man am besten zu Fuß voran, auf dem Land meist mit Bussen oder per Auto.

Auf einen Blick

Öffentlicher Nahverkehr

Cagliari

1,30 €

Einzelticket
Bus & Tram (online)

Sassari

1,30 €

Einzelticket
Bus & Tram

Olbia

1,30 €

Einzelticket
Bus

Tipp

Vermeiden Sie Bußgelder – stempeln Sie Ihr Ticket ab.

Geschwindigkeitsbegrenzung

»Schnellstraßen«

90 km/h

Nationalstraßen

90 km/h

Innerhalb von Ortschaften

50 km/h

Anreise mit dem Flugzeug

Die wichtigsten Flughäfen Sardiniens sind die Flughäfen Cagliari Elmas im Süden, Alghero Fertilia im Nordwesten und Olbia Costa Smeralda im Nordosten. Alle drei liegen in der Nähe der jeweiligen Städte und bieten Taxiservice und öffentliche Transportmittel in die Städte *(siehe Kasten rechts).*

Europäische Airlines fliegen von diversen großen Städten und vom Festland Italiens das ganze Jahr über Sardinien an. Fernstreckenpassagiere müssen oft in Italien oder in einer europäischen Hauptstadt umsteigen.

Anreise übers Meer

Sardinien erreicht man von den italienischen Fährhäfen am Mittelmeer aus, die alle per Zug erreichbar sind. Im Sommer ist der Fahrplan dichter, doch wer im Juli und August Urlaub machen will, sollte vorab buchen, vor allem wenn man ein Auto oder Motorrad mitnehmen will. Die Überquerung kann eine gewisse Zeit dauern (14 Stunden von Neapel nach Cagliari), auf einigen Routen geht es schneller (fünf Stunden von Piombino nach Olbia). Es gibt auch Nachtfahrten, für die man eine Kabine buchen kann.

Fährpassagen gibt es von Neapel, Civitavecchia, Piombino, Livorno und Genua aus. Sie legen auf Sardinien in Olbia, Golfo Aranci, Porto Torres, Arbatax und Cagliari an. Einige Fähren verkehren auf der Straße von Bonifacio zwischen Sardinien und Korsika. Die schnellste Verbindung besteht zwischen Santa Teresa di Gallura und Bonifacio (50 Minuten). Es gibt verschiedene Fähranbieter, verlässlich sind **Moby** und **Corsica Ferries – Sardinia Ferries.**

Corsica Ferries – Sardinia Ferries
W corsica-ferries.de
Moby
W moby.it

Zugreisen

Trenitalia organisiert den Zugverkehr auf Sardinien, er ist effizient, aber bisweilen langsam. Mehrmals am Tag gibt es Verbindungen von Cagliari nach Sassari, Porto Torres und

Von den Flughäfen in die Städte

Flughafen	Entfernung	Taxipreis	Nahverkehr	Fahrtdauer
Alghero Fertilia	10 km	25 €	Bus	25 Min.
Cagliari Elmas	8 km	20 €	Zug	20 Min.
Olbia Costa Smeralda	5 km	15 €	Bus	10 Min.

Golfo Aranci. Die Zugfahrt dauert zwischen drei und vier Stunden. Tickets kann man online buchen, da jedoch nur eine begrenzte Anzahl zur Verfügung steht, sollte man dies rechtzeitig tun. Die meisten Zugfahrten in den Norden der Insel erfordern ein Umsteigen in Ozieri-Chilivani. Es gibt auch regelmäßige Regionalzüge zwischen Cagliari, Iglesias und Carbonia, ebenso wie zwischen Alghero und Sassari – die Fahrkarten auf diesen Strecken sind teilweise erstaunlich günstig.

Für Sardinien sind auch Bahnpässe bei **Eurail** oder **Interrail** erhältlich, sie rechnen sich allerdings nur, wenn man weitere Reisen in Italien und Europa plant. Bisweilen muss man für bestimmte Züge und Strecken einen Aufschlag zahlen. Achten Sie auf die jeweilige Gültigkeit Ihres Passes.

Eine Zugfahrt bietet entspanntes Reisen. Man sieht die faszinierende Landschaft der Insel an sich vorbeiziehen. Der Service des **Trenino Verde** (kleiner grüner Zug) bedient genau diesen Aspekt. Er wird von Sardiniens wichtigster Bahngesellschaft, der Azienda Regionale Sarda Trasporti (ARST), betrieben. Der Zug verkehrt auf fünf unterschiedlichen Strecken: Palau – Tempio, Macomer – Bosa, Mandas – Sorgono, Mandas – Seui und Arbatax – Gairo. Die Züge fahren das ganze Jahr, mit zusätzlichen Fahrten im Sommer. Die Preise variieren je nach Länge der Strecke.

Eurail
W eurail.com
Interrail
W interrail.eu
Trenino Verde
W treninoverde.com
Trenitalia
W trenitalia.com

Busreisen

Die Verkehrsgesellschaft **ARST** betreibt die Busverbindungen auf der Insel und deckt die meisten Städte, Dörfer und Ferienorte ab. Weitere Busunternehmen bedienen bestimmte Städte und Provinzen. Die Fahrtzeiten sind vor allem auf dem Land länger, auf weiteren Strecken muss man meist umsteigen. Tickets *(biglietti)* gibt es in Kiosken, Tabakläden und an Busbahnhöfen. Fernbusse fahren meist vor den Bahnhöfen oder vom Hauptplatz der Gemeinden ab.

Beachten Sie, dass Fahrpläne je nach Wochentag oder Jahreszeit völlig unterschiedlich sind. Sonntags und an Feiertagen verkehren Busse weniger häufig. Für Informationen zu Fahrplänen sollten Sie das regionale Tourismusbüro kontaktieren oder sich auf der Website von **Sardegna Mobilità** orientieren, dem offiziellen Portal der Verkehrsbetriebe auf der Insel.

Die Busse in Städten sind effizient und besucherfreundlich. Die Gültigkeit der Tickets ist zeitlich begrenzt. Man muss sie an den Entwertern im Bus abstempeln. Tagestickets sind meist eine gute Option.

ARST
W arst.sardegna.it
Sardegna Mobilità
W sardegnamobilita.it

Taxis

Taxis sind auf Sardinien nicht unbedingt das beste Transportmittel, sie machen allerdings Sinn, wenn Sie per Flugzeug ankommen. Man kann Taxis nicht auf der Straße heranwinken, sondern muss zu einem offiziellen Taxistand gehen (meist vor dem Bahnhof, auf dem Hauptplatz oder bei Sehenswürdigkeiten) oder sie telefonisch ordern. Bei einem Funktaxi läuft der Taxameter ab dem Anruf. Extragebühren fallen für jedes Gepäckstück an, für Fahrten zwischen 22 und 6 Uhr, an Sonn- und Feiertagen sowie für Fahrten vom und zum Flughafen. Übrigens: Auf Sardinien gibt es keine Uber-Taxis.

Routenplaner

Diese Karte zeigt die kürzeste Verbindung für Autofahrten zwischen den wichtigsten Städten und Orten auf Sardinien. Die unten angegebenen Fahrtzeiten gelten für die direkte Streckenverbindung.

Alghero – Olbia	2 Std.
Alghero – Porto Torres	40 Min.
Alghero – Sassari	35 Min.
Cagliari – Bosa	2 Std.
Cagliari – Iglesias	1 Std.
Cagliari – Oristano	1 Std.
Olbia – Dorgali	1,5 Std.
Olbia – Nuoro	1 Std.
Olbia – Santa Teresa Gallura	1 Std.

Autofahren
Wer die grandiose Landschaft der Insel oder entlegene Gebiete erkunden will, ist am besten mit einem Auto unterwegs, da der öffentliche Nahverkehr begrenzt ist.

Mit dem Auto auf die Insel
Es gibt viele Autofähren nach Sardinien *(siehe S. 204)*. Wer mit dem eigenen, nicht italienisch registrierten Auto nach Sardinien reist, muss die Fahrzeugpapiere mitführen. Gleiches gilt für Versicherungen und Führerschein (der nationale, in einem Land der EU ausgestellte Führerschein ist in Italien gültig).

Autofahren auf Sardinien
Italiener genießen den Ruf, rasante Autofahrer zu sein, machen Sie sich daher mit den Straßenverkehrsregeln *(siehe rechts)* vertraut. Viele Straßen auf der Insel sind kurvenreich und haben enge Biegen, wenn sie sich über Hügel und durch Täler schlängeln. Planen Sie Autotouren daher sorgfältig, und rechnen Sie mehr Zeit ein. Kleine Straßen auf dem Land sind oft durch Schafherden blockiert, was die Autofahrt verlängert. Die Straßenschilder sind nicht immer eindeutig, bzw. sie sind gar nicht vorhanden, wenn man sie benötigt. In diesem Fall fragen Sie am besten jemanden nach dem Weg, Sarden helfen gern. Ein mögliches Problem ist das Benzin, im Inselinneren gibt es weniger Tankstellen. Für einige Destinationen müssen Sie Schotterstraßen in Kauf nehmen, etwa für den Weg zu archäologischen Stätten. Führen Sie eine aktuelle Straßenkarte mit (oder laden Sie eine auf Ihr Smartphone). Führerschein und Fahrzeugpapiere sollten Sie immer dabeihaben. Die Polizei *(carabinieri)* macht stichprobenartige Kontrollen.

Autovermietung

Die internationalen Autovermietungen haben Büros auf Sardinien. Um einen Wagen in Italien zu mieten, muss man mindestens 21 Jahre alt sein (Alter je nach Fahrzeugkategorie unterschiedlich) und den Führerschein ein Jahr besitzen. Bei Fahrern unter 25 Jahren kann eine Jungfahrergebühr verlangt werden. Es kann preisgünstiger sein, den Wagen vorab zu buchen.

Parken

Im Winter ist das Parken an Stränden kostenlos, den Rest des Jahres fallen meist Gebühren an. Oft ist ein Parkplatzwächter anwesend. Auf den Straßen kennzeichnen blaue Linien gebührenpflichtige Parkplätze, bei weißen Linien darf man kostenlos parken. Gelbe Linien stehen für reservierte Plätze, etwa für die Einheimischen, die entsprechende Ausweise haben. Die historischen Zentren von Cagliari, Sassari, Alghero und Oristano sind zu bestimmten Zeiten Fußgängerzonen ohne Parkmöglichkeit.

Straßenverkehrsregeln

Sicherheitsgurte vorn und hinten sind Pflicht. Telefonieren mit Handy ohne Freisprecheinrichtung ist verboten. Im Fall einer Panne sind ein Warndreieck und eine orangefarbene Sicherheitsweste erforderlich. Die Promillegrenze beträgt 0,5, für Fahrer mit weniger als drei Jahren Praxis und für Fahrer unter 21 Jahren 0,0. Es ist verboten, Abfall aus dem Fenster zu werfen, insbesondere Zigarettenkippen (wegen der Gefahr von Waldbränden). Für Motorrad- und Mopedfahrer und ihre Beifahrer gilt Helmpflicht.

Tagsüber müssen auf allen Straßen außerhalb geschlossener Ortschaften entweder das Abblendlicht oder Tagfahrleuchten eingeschaltet sein. Bei einer Panne oder einem Unfall wählen Sie den Notruf (116) von **Automobile Club d'Italia (ACI)** bzw. den polizeilichen Notruf (112 oder 113).

ACI
W aci.it

Motorrad- und Motorroller-vermietung

Motorräder und Scooter kann man in den meisten Orten der Insel stunden- oder tageweise mieten. Man braucht dafür einen Führerschein und muss seinen Pass bei der Vermietung hinterlegen. In jedem Fall benötigt man einen Helm.

Radfahren

Die ruhigen Straßen entlang der Küste und durch die erstaunlichen Landschaften im Innern der Insel sind ideal für lange Fahrradtouren. Touristenbüros informieren über schöne Radtouren vor Ort. Die Website von **Piste Ciclabili** bietet eine Karte mit Radwegen und radfreundlichen Routen für Erkundungen. In den meisten Orten und Städten Sardiniens kann man Fahrräder mieten. Es besteht keine Helmpflicht, doch es ist sinnvoll, einen Helm zu tragen.

Wer etwas mehr Adrenalinausstoß sucht, wird die steilen Bergstraßen lieben, die sich gut zum Mountainbiken eignen. **MTB Sardinia** und **Dolcevita Bike Tours** sind erfahrene Anbieter für Mountainbike-Touren abseits der üblichen Routen.

Cagliaris öffentliches Bikesharing-System heißt **Cabubi**. An verschiedenen Stationen in der Stadt kann man sich die Räder ausleihen. Zur Verfügung stehen auch E-Räder, Tandems und Fahrräder mit Körben und Anhängern.

Cabubi
W www.playcar.net/micromobility
Dolcevita Bike Tours
W dolcevitabiketours.com
MTB Sardinia
W mtbsardinia.com
Piste Ciclabili
W piste-ciclabili.com

Bootsverleih

Wer ein Boot ausleiht, kann verschiedene Destinationen vom Meer aus erreichen. **Olbia Boat Rental** und **Sardinia Boat Charter** vermieten Boote aller Art. Alternativ können Sie sich in den Häfen umschauen. Dort gibt es meist ebenfalls Verleihstellen.

In vielen Häfen kann man auch Yachten chartern. Die Preise variieren je nach Zeitdauer bzw. danach, ob eine komplette Crew eingeschlossen ist.

Olbia Boat Rental
W olbiaboatrental.com
Sardinia Boat Charter
W sardiniaboatcharter.com

Zu Fuß, Wandern und Klettern

Die historischen Zentren bzw. Altstäde der meisten sardischen Orte sind kompakt, die Hauptsehenswürdigkeiten liegen also nicht weit auseinander, sodass man sie am besten zu Fuß erkundet.

Das oft unberührte ländliche Innere der Insel ist zerklüftet und eignet sich ideal für Wanderungen, Felsklettern und Treckingtouren. Bedenken Sie bitte, dass es dort nur wenige und weit auseinanderliegende touristische Einrichtungen gibt. Die Beschilderung von Wegen lässt zu wünschen übrig, und es gibt wenige Schutzhütten. Nehmen Sie gute Wanderkarten und genügend zu essen und zu trinken mit. Bisweilen muss man kilometerweit bis zum nächsten Dorf gehen.

PRAKTISCHE HINWEISE

Ein paar wenige Kenntnisse der lokalen Gegebenheiten genügen – hier finden Sie die wichtigsten Hinweise und Tipps für Ihren Aufenthalt auf Sardinien.

Auf einen Blick

Notrufnummern

Euro-Notruf	Polizei
112	**113**

Krankenwagen	Feuerwehr
118	**115**

Zeit

Es gilt die Mitteleuropäische Zeit (MEZ). Sommerzeit: letzter So im März bis letzter So im Oktober.

Leitungswasser

Wasser aus dem Hahn kann man auf Sardinien bedenkenlos trinken – außer Sie finden einen anderen Hinweis.

Trinkgeld

Bedienung	10 %
Hotelportier	1 € pro Gepäckstück
Zimmermädchen	1 € pro Tag
Barmänner und -frauen	Rechnung aufrunden
Taxifahrer	10 %

Information

Die Tourismusinformation von **Cagliariturismo** liegt im Rathaus. Viele andere sardische Orte haben ebenfalls Informationsbüros. Hilfreich sind auch die Websites von ENIT und Sardegnaturismo *(siehe Kasten S. 209)*.

Cagliariturismo
Via Roma 145, Cagliari **+39 070 677 8173** **cagliariturismo.it**

Persönliche Sicherheit

Sardinien ist eine sichere Insel, doch auch hier sind in touristischen Gegenden Taschendiebe unterwegs. Treffen Sie also ein paar Vorsichtsmaßnahmen. Um auf Versicherungsleistungen Anspruch zu haben, müssen Sie einen Diebstahl innerhalb von 24 Stunden im nächsten Polizeirevier melden und sich den Bericht *(denuncia)* aushändigen lassen.

Behalten Sie im Kopf, dass es im Sommer auf Sardinien oft Waldbrände gibt.

Falls Ihr Ausweis gestohlen wurde oder Sie in ein ernsthaftes Verbrechen oder einen schweren Unfall verwickelt wurden, sollten Sie sich bei Ihrem **Konsulat** melden.

Deutsches Konsulat
Via R. Garzia 9, 09126 Cagliari **+39 070 307 229** **italien.diplo.de**

Österreichisches Konsulat
Via Orlando 17, 09127 Cagliari **+39 070 756 8805** **bmeia.gv.at**

Schweizer Konsulat
Via XX Settembre 16, 09125 Cagliari **+39 070 663 661** **eda.admin.ch**

Gesundheit

Im Sommer bietet Guardia Medica Turistica (Notfallzentum) medizinische Versorgung für Besucher in touristischen Gegenden. In der Nebensaison und im Winter muss man ein Krankenhaus aufsuchen. Medizinische Versorgung erhalten gesetzlich Versicherte mit der EHIC-Karte *(siehe S. 202)*. Die anfallenden Kosten werden von der Krankenkasse des Patienten erstattet. Bei kleineren Beschwerden sind Sie in der Apotheke *(farmacia)* richtig. Die Adressen von Apotheken mit Nacht- oder Wochenenddienst stehen an der Tür.

Rauchen, Drogen, Alkohol
In Italien gilt seit 2005 in allen öffentlichen Gebäuden und Lokalen ein Rauchverbot. In Raucherzonen und im Freien ist Rauchen erlaubt. Besitz von und Handel mit Drogen sind verboten. Es drohen hohe Geldbußen und Freiheitsstrafen. Die Promillegrenze beträgt 0,5, für Fahranfänger liegt sie bei 0,0.

Ausweispflicht
Sie müssen Ihren Personalausweis oder Pass immer mit sich führen (Kopie genügt). Gegebenenfalls müssen Sie das Original innerhalb von 24 Stunden vorweisen.

Umweltbewusst reisen
Sarden sind sehr umweltbewusst, vor allem wenn es um den Schutz ihrer Landschaft und der Strände geht. Die regionale Wirtschaft können Besucher unterstützen, wenn sie in einem familiengeführten *agriturismo* übernachten, auf Märkten und in kleinen Läden vor Ort einkaufen und die Attraktionen auf dem Land besichtigen. **Ecobnb** listet diejenigen B&Bs auf, die von umweltbewussten Betreibern geführt werden. **Sardinia Slow Experience** bietet nachhaltige Touren an, um die regionalen Gemeinden zu unterstützen. Verhalten Sie sich bitte auch der Fauna und Flora der Insel gegenüber respektvoll. Wildtieren sollten Sie nicht zu nahe kommen und sie auch nicht füttern. Bitte beachten Sie: Es ist untersagt, Sand und Muscheln von sardischen Stränden zu entfernen.

Ecobnb
W ecobnb.com
Sardinia Slow Experience
W sardiniaslowexperience.com

LGBT
Homosexualität ist auf Sardinien weitgehend akzeptiert, vor allem in größeren Städten wie Cagliari und Olbia. In kleineren Orten gelten allerdings noch traditionelle Konventionen, dort sollte man seine Zuneigung nicht offensiv zur Schau stellen.

Etikette in Kirchen
Beim Kirchenbesuch sollten Knie und Schultern bedeckt sein. Sprechen Sie nicht laut, und machen Sie keine Fotos, außer Sie haben vorher um Erlaubnis gebeten.

Mobiltelefone und WLAN
WLAN ist auf Sardinien weitverbreitet. In Cafés und Restaurants darf man WLAN bei Verzehr kostenlos benutzen. Auch Hotels und Ferienwohnungen haben oft WLAN. Öffentliche WLAN-Hotspots gibt es in größeren Städten und vereinzelt auch in den Ferienorten am Meer.

Alle in Europa üblichen Smartphones und auch alte GSM-Handys funktionieren problemlos. Seit 2017 sind die Roaming-Gebühren in der EU entfallen. Sie zahlen für den normalen Handy-Gebrauch in Italien also nur so viel wie sonst auch (Fair-Use-Regel).

Post
Briefmarken *(francobolli)* werden in Tabakläden *(tabacchi)* und in Postfilialen verkauft. Standardbriefe und Postkarten ins europäische Ausland kosten 1,15 Euro.

Steuern
Die Mehrwertsteuer in Italien (IVA) liegt bei 22 Prozent. Der ermäßigte Steuersatz (10 %) gilt u. a. für Arzneimittel, Hotel- und Restaurantrechnungen (ein ermäßigter Satz von vier Prozent für Grundnahrungsmittel und Bücher). Nur Besucher aus Ländern außerhalb der EU können sich die Mehrwertsteuer rückerstatten lassen.

Rabatte
Viele Museen und Sehenswürdigkeiten gewähren allen unter 18 Jahren und über 65 verbilligten Eintritt. Auch Studentenermäßigungen sind häufig, vor allem in größeren Städten wie Cagliari und Sassari.

Websites und App

www.italia.it
Dies ist die Website von Italiens nationaler Tourismusinformation ENIT.

www.sardegnaturismo.it
Dies ist die offizielle Sardinien-Website von Sardegnaturismo.

www.cagliariturismo.it
Hier informiert die Hauptstadt der Insel.

CTM Busfinder
Offizielle App für das Bussystem in Cagliari.

REGISTER

Seitenzahlen in **Fettschrift** verweisen jeweils auf Haupteinträge.

A

Abbasanta **160**
Abbasanta-Plateau 167
ACI (Automobile Club d'Italia) 207
Aga Khan 169
Aggius **192**
Agriturismo **38**
Alà dei Sardi **194**
Alagon, Artaldo di 120
Ales **162f**
Alghero **138–145**
  Karte 138
  Spaziergang **144f**
Alkohol 207, 209
  Promillegrenze 207
  siehe auch Wein
Amsicora 161
Andrea Pisano 77
Antike Monumente *siehe* Prähistorische Stätten
Antiochus, hl. 86
Antiquarium (Oristano) **155**
Antiquarium Turritano (Porto Torres) 156
Antonioni, Michelangelo 174
  La Cupola (Isola Rossa) 197
Apotheken 208
App 209
Araber 50
Arbatax **100**
Arborea 50, **166**
Arborea, Eleonora d' **50**, 155
Arborea, Mariano d' 120f
Arborea, Mariano II d' 154f
Arbus **80**, 81
Archäologie
  Museen **27**
  siehe auch Nuraghen; Prähistorische Stätten
Architektur
  Bosas pastellfarbene Häuser 11
  Costa Smeralda **187**
  Mittelalterliche Architektur **27**
Ardara 198
Argentiera **158**
Aritzo **128**
Arrubiu, Nuraghe (Orroli) 106
Arzachena **190**
Arzachena, Archäologiepark 190
Ärzte 208
Asinara, Parco Nazionale dell' **157**
  Albino-Esel **37**
Associazione Italiana Paesi Dipinti 125
Astronomie
  Osservatorio Astronomico Caliumi (Monte Armidda) 104
Atlantis 26
Augusto, Bartolomeo 183
Ausweispflicht 209
Autofahren 206f
  Autovermietung 207
  Geschwindigkeitsbegrenzung 204
  siehe auch Touren

B

Baia Chia **88**
Barbagia *siehe* Bergregion und Barbagia
Barbagia, Karneval 33
Bärenfelsen (Capo d'Orso) 188f
Bari Sardo **105**
Bars
  Cagliari und Süden 64
  Norden und Costa Smeralda 189
  Westküste 153
Basilica di San Gavino (Porto Torres) 156
Basilica di Santa Giusta 166f
Basilica of Sant'Antioco 86f
Bastione San Remy (Cagliari) **60f**, 67
Bastioni und Forte della Maddalena (Alghero) **138f**
Baunei 108
Behinderte Reisende *siehe* Reisende mit besonderen Bedürfnissen 203
Belvì **127**, 133
Benedikt VIII., Papst 50
Berchidda **192f**
Bergregion und Barbagia 18, **112–133**
  Hotels 117, 124
  Regionalkarte 114f
  Restaurants 129
  Shopping 121
  Touren **130**, **133**
  Wein 123, 126
Bergwerke
  Argentiera 158
  Montevecchio-Mine (Guspini) 81
  Museo dell'Arte Mineraria (Iglesias) **77**
Bertoleoni, Paolo 195
Bier
  Cagliari und Süden 87
Bilevelt, Giovanni 183
Bithia 49, 88
Bitti **120f**, 130f
Blumen **31**
Bonifatius VIII., Papst 50
Bono **121**
Boote
  Anreise übers Meer 204
  Bootsverleih 207
  Inselhüpfen **29**
  La-Maddalena-Archipel 174
Bosa 11, **148–151**
  Karte 149
Bosa Marina **150f**
Brauchtum **32f**
Brauereien
  Cagliari und Süden 87
Brigata Sassari 52
Bronzen **70**
Brunnen
  Fontana del Rosello (Sassari) **182**
Buddusò **192**
Budelli (La-Maddalena-Archipel) **174**
Buenos Aires 64
Buggerru **82**
Burgen und Festungen
  Bastione San Remy (Cagliari) **60f**, 67
  Bastioni und Forte della Maddalena (Alghero) **138f**
  Castello Aymerich (Laconi) 127
  Castello di Pedres (Olbia) 187
  Castello di Salvaterra (Iglesias) **76**
  Castello Malaspina (Bosa) **150**
Burgos **120**
Busiri Vici, Giancarlo und Michele 187
Busse 205

C

Cabras **164**
Cagliari 50, **60–67**
  Erkundungstouren 21
  Karte 61
  Spaziergang **66f**
Cagliari–Sorgono, Bahnstrecke **133**
Cagliari und Süden 16, **56–91**
  Brauereien 87
  Café 64

Erkundungstouren 20f
Hotels 81, 90
Regionalkarte 58f
Restaurants 63, 77, 83, 87
Wein 89
Cala di Volpe 189
Cala Fico (San Pietro) 74
Cala Fuili 99
Cala Goloritzé 39
Cala Gonone 108
Cala Luna 99
Cala Sisine 99
Calangianus **191**
Calasetta **83**
Camping
Codula di Luna 98
Capo Caccia **146f**
Capo Carbonara 106
Capo d'Orso 188f
Capo Falcone 157
Capo Ferrato 107
Capo Frasca 81
Capo Malfatano 84f
Capo Pecora 81
Capo Spartivento 88
Capo Testa 39, 188f
Caprera (La-Maddalena-Archipel) **175–177**
Capula, Giovanni
Torre dell'Elefante (Cagliari) 67
Torre di San Pancrazio (Cagliari) 66
Carbonia **87**
Cardu, Stefano 62
Carlo Alberto, König von Piemont und Sardinien 195
Carlo Emanuele III, König von Sardinien 74
Carloforte (San Pietro) 74f
Carta de Lógu 50, 155
Casa Deriu (Bosa) **148**
Casa Museo di Antonio Gramsci (Ghilarza) 161
Cascella, Andrea 186
Castello (Cagliari) **66f**
Castello Aymerich (Laconi) 127
Castello di Pedres (Olbia) 187
Castello di Salvaterra (Iglesias) **76**
Castello Malaspina (Bosa) **150**
Castelsardo **196f**
Castiadas 107
Castrum Romano La Crucca (Sassari) 184
Cattedrale (Bosa) **148**
Cattedrale (Oristano) **154**
Cattedrale de Santa Chiara (Iglesias) **77**
Cattedrale di Santa Maria (Alghero) **140f**
Cavalcata Sarda 33
Cavaro, Michele 62
Cavaro, Pietro 155
Cavoli 106
Ceroli, Mario 186
Chia 88
Chiesa di San Francesco (Iglesias) **76**
Chiesa di Santa Caterina (Sassari) **183**
Cima, Gaetano 127
Cittadella dei Musei (Cagliari) **62**, 66
Ciusa, Francesco 63
Civico Museo Archeologico Villa Abbas (Sardara) 27, 79
Codula di Luna **98f**
Wandern 13, 98
Colba 188
Colonne di Carloforte (San Pietro) 74
Cominotti, Giuseppe 182
Compendio Garibaldino (Caprera) 175
Corbeddu Salis, Giovanni 124
Cornus 161
Corso Umberto (Oristano) **155**
Corso Vittorio Emanuele II (Bosa) **149**
Corso Vittorio Emanuele II (Sassari) **183**
Cossiga, Francesco 53, 184
Costa del Sud 88
Costa de Masua **82**
Costa Rei 107
Costa Smeralda 53
Verwandlung **187**
siehe auch Norden und Costa Smeralda
Costa Verde **81**
Couëlle, Jacques 187
Cuglieri **160f**

D

De Seta, Vittorio 125
Deledda, Grazia 52
Museo Deleddiano (Nuoro) **116**
Deshayes, Vizekönig 122
Desulo **129**
Dörfer
Brauchtum **32f**
Dorgali **100f**
Doria, Familie
Aggius 192
Berchidda 193
Castelsardo 196
Monteleone Rocca Doria 159
Drinks *siehe* Bars; Essen und Trinken; Wein
Drogen 209
Dünen **31**
Is Arenas Biancas 72
Piscinas-Dünen **72f**
Sabbie d'Oro Pistis 72
Torre dei Corsari 72
Duomo (Sassari) **180**

E

Efisio, Sant' (Ephysius von Cagliari) 128
EHIC 202,
Einreise 202, 208
Eiscreme *(gelato)* 39
Norden und Costa Smeralda 189
Ostküste 102
Westküste 154
Eleanora d'Arborea, Sanluri 78
El Greco 189
Engea Sardegna 165
Erkundungstouren
2 Tage in Cagliari 21
7 Tage in Nordsardinien 22f
7 Tage in Südsardinien 24f
Escala del Cabirol (Capo Caccia) 146f
Esel, weiße
Asinara **37**
Essen und Trinken **34f**
Nougat **128**
Olivenöl 162
Pecorino 13, **34**
Safran **78**
Seafood 11, **35**
su filindeu (Fadennudeln) **35**
siehe auch Bars; Restaurants; Wein
Etikette in Kirchen 209
Events *siehe* Feste und Festivals
EXMA (Cagliari) **65**

F

Fähren
Anreise übers Meer 204
Familien, Sardinien für **38f**
Feiertage 203
Felsen, Landschaft **30**
Felsenkunst
Grotta del Bue Marino 99
Fertilia **141**
Feste und Festivals 10, **33**, **46f**
Sa Sartiglia (Oristano) **155**
Su Nenniri (Bari Sardo) 105
Festungen *siehe* Burgen und Festungen
Feuerwehr 208
Figari, Filippo 60
Filetta-Quelle (Luogosanto) 191

Filigranschmuck **44**
Flamingos **36**, 65
Flughäfen 205
Flugreisen 204
Flumineddu, Fluss 101, 108
Fonni **126**
Fontana del Rosello (Sassari) **182**
Fordongianus **163**
Foresta Fossile di Carrucana 198
Forte della Maddalena (Alghero) **138f**
Fralomar Diving Centre (Nora) 90
Frammento di Vuoto (Pomodoro) 86f
Frankreich 51
Französische Revolution 51
Freizeitparks **39**
  Parco Sardegna in Miniatura 68

G

Gairo **106**
Galerien *siehe* Museen und Sammlungen
Galleria Comunale d'Arte (Cagliari) **63**
Gallura 50, 103, 169
  Kork **193**
Galtelli **102**
Gärten *siehe* Parks und Gärten
Garibaldi, Giuseppe 51
  Compendio Garibaldino (Caprera) 175
  Forte della Maddalena (Alghero) 139
Gavino, Märtyrer 156, 180
Gavoi **125**
gelato (Eis) 39
  Norden und Costa Smeralda 189
Geld 203
Genna Maria Parco Archeologico (Villanovaforru) 80
Genna-Silana-Pass 108
Gennargentu, Nationalpark **96f**, 128
Gerberhandwerk
  Museo delle Conce (Sas Conzas) 151
Geschichte **26f**, **48–53**
Gesundheit 208
Gherardesca, Graf Ugolino della 76
Ghilarza **161**
Gianuario, Märtyrer 156, 180
Giara-Pferde **36**
Giardino Botanico di Curadoreddu 193
Gigantengräber **71**
Giro d'Italia 53
Gola Su Gorropu **101**
Golfo Aranci **186f**
Golfo dell'Asinara 156
Gräber
  Grotta della Vipera (Cagliari) **63**
  Necropoli Anghelu Ruju **141**
  Necropoli di Sas Concas **117**
  Necropoli Tuvixeddu (Cagliari) **63**
  Nekropole Montessu 89
  Su Motti (Orroli) 106
  Tombe dei Giganti **71**
  Tophet (Sant'Antioco) 86f
Gramsci, Antonio **161**
  Casa Museo di Antonio Gramsci (Ghilarza) 161
  Geburtsort 163
Gregoland (Porto Cervo) 40
Gregor der Große, Papst 50
Grotta Corbeddu 124
Grotta del Bue Marino 99
Grotta della Vipera (Cagliari) **63**
Grotta di Nettuno (Capo Caccia) 146f
Grotta di San Michele (Ozieri) 195
Grotta di Su Mannau (Fluminimaggiore) 41
Grotta Sa Oche 124f
Grotte di Su Marmuri (Ulassai) 41, 105
Grotte Is Zuddas (Santadi) 41, 89
Grüne Küste *siehe* Costa Verde
Guglielmo, Meister 61
Guspini **81**

H

Handeln 45
Handwerk/Kunsthandwerk **44f**
Hirtenmesser **45**
Historische Gebäude
  Casa Deriu (Bosa) **148**
  Palazzo Boyl (Cagliari) 67
  Palazzo Civico (Cagliari) **60**
  Palazzo d'Albis (Alghero) **139**
  Palazzo di Città (Sassari) **182f**
  Porta due Leoni (Cagliari) 67
  Torre dell'Elefante (Cagliari) 67
  Torre di Porta Terra (Alghero) **138**
  Torre di San Pancrazio (Cagliari) 66
  Torre di Sulis (Alghero) 145
  siehe auch Burgen und Festungen; Kirchen und Kathedralen
Höhlen **30**, **41**
  Grotta Corbeddu 124
  Grotta del Bue Marino 99
  Grotta di Nettuno (Capo Caccia) 146f
  Grotta di San Michele (Ozieri) 195
  Grotta di Su Mannau (Fluminimaggiore) 41
  Grotta Sa Oche 124f
  Grotte di Su Marmuri (Ulassai) 41, 105
  Grotte Is Zuddas (Santadi) 41, 89
  Sa Oche e Su Bentu (Oliena) 41
  siehe auch Bergwerke; Untergrund
Hotels
  Bergregion und Barbagia 117, 124
  Buchung 203
  Cagliari und Süden 81, 90
  Norden und Costa Smeralda 183, 190
  Ostküste 101, 104
  Westküste 141, 151

I

Iglesias **76f**
  Karte 76
Ignazio da Laconi, Sant' 127
Impfungen 203
Industrialisierung **52**
Information 208
Inseln **29**
Internet 209
Is Arenas Biancas 72
Isola Foradada (Capo Caccia) 147
Isola Municca 188
Isola Rossa **197**
Italien 51, 52f
Izzana, Nuraghe 192

J

Jakob II., König von Aragón 50
Jerzu **105**
Jesuiten 124

K

Karl II., König von Spanien 51
Karl V., Kaiser 139
Karneval, Barbagia 33
Karten
  Alghero 138, 144f
  Bergregion und Barbagia 114f
  Bosa 149
  Cagliari 61
  Cagliari – Sorgono, Bahnstrecke 133
  Cagliari und Süden 58f

Castello (Cagliari) 66f
Iglesias 76
Logudoro 198f
La-Maddalena-Archipel 173
Monte Albo 130
Norden und Costa Smeralda 170f
Nuoro 117
Orientale Sarda 108
Oristano 155
Ostküste 94f
Routenplaner 206
Sardinien 14f
Sassari 181
Trenino Verde 110f
Westküste 136f
Karthager **49**
Nora 90
Tempel von Antas 82
Käse
Pecorino 13, **34**
Westküste 159
Kathedrale Santa Maria di Monserrato (Tratalias) 88
Kathedrale Sant'Antonio Abate (Castelsardo) 196f
Keramik **44**
Kinder **38f**
Kirchen und Kathedralen 209
Basilica di San Gavino (Porto Torres) 156
Basilica di Santa Giusta 166f
Basilica di Sant'Antioco 86f
Cattedrale (Bosa) **148**
Cattedrale (Cagliari) **61**, 66
Cattedrale (Oristano) **154**
Cattedrale de Santa Chiara (Iglesias) **77**
Cattedrale di Santa Maria (Alghero) **140f**
Chiesa di San Francesco (Iglesias) **76**
Chiesa di Santa Caterina (Sassari) **183**
Duomo (Sassari) **180**
Kathedrale San Pantaleo 133
Kathedrale Santa Maria di Monserrato (Tratalias) 88
Kathedrale Sant'Antonio Abate (Castelsardo) 196f
Nostra Signora di Castro (Oschiri) 199
Nostra Signora di Montenero (Monte Ortobene) 117
Nostra Signora di Tergu 198
San Francesco (Oristano) **155**
San Francesco und Kreuzgang (Alghero) **140**, 144
San Michele (Alghero) 145
San Michele di Salvènero (Ploaghe) 198
San Pietro (Bosa) **150**
San Pietro di Simbranos 199
San Pietro in Silki (Sassari) **184**
San Salvatore **164f**
San Saturnino (Cagliari) **65**
San Trano, Einsiedelei (Luogosanto) 191
Santa Chiara (Oristano) **155**
Santa Cristina (Paulilatino) 167
Santa Maria (Uta) 78
Santa Maria del Regno (Ardara) 198
Santa Maria delle Grazie (Castelsardo) 196f
Santa Maria di Betlem (Sassari) **181**
Santa Maria Navarrese 100
Sant'Antioco di Bisarcio (Ozieri) 199
Sant'Antonio Abate (Sassari) **183**
Santissima Trinità di Saccargia **178f**, 198
Santuario della Madonna d'Itria (Mamoiada) 122
Santuario di San Cosimo (Mamoiada) 122
Klettern **41**
Kolumbus, Christoph 138
Königreich Sardinien **51**
Konstantin, Kaiser 156, 159
Korbflechten **45**
Museo dell'Intreccio (Castelsardo) 196f
Kork **193**
Calangianus 191
Handwerk **45**
Museo del Sughero (Calangianus) 191
Krankenhäuser 208
Kreditkarten 203
Kriminalität 208
Kunst
Wandbilder auf Sardinien **125**
siehe auch Museen und Sammlungen
Kunsthandwerk *siehe* Handwerk / Kunsthandwerk

L

La Caletta (San Pietro) 74
La Cupola (Isola Rossa) 197
La Giara di Gesturi **91**
La Maddalena (La-Maddalena-Archipel) **172f**
La-Maddalena-Archipel 10, **172–175**
Bootstouren 174
Karte 173
La Marmora, Alberto 146
Laconi **127**, 133
Ladas -Dolmen 191
Lago del Temo 159
Lago di Gusana 126
Landschaften **30f**
Lanusei **105**
Lawrence, D. H. 133
Le Prigionette (Capo Caccia) 146
Lebenserwartung 100
Leder
Museo delle Conce (Sas Conzas) 151
Leitungswasser 208
LGBT 209
LIPU (Lega Italiana Protezione Uccelli / Italienischer Verband für Natur- und Vogelschutz) 165
Liscia Ruja 189
Lodè 130
Logudoro **198f**
Lula 130
Luogosanto **191**

M

Macchia 12
Monte Arcosu **88**
Macomer **158**
Maiori, Nuraghe 193
Malaspina dello Spino Secco, Familie 150
Malaspina, Familie 193
Malteserorden 162
Malvasia 91
Mamoiada **122**
MAN (Nuoro) 116
Mandas 110
Mannu, Fluss 83
Mantarbu, Foresta di 111
Marceddì **166**
Marghinotti, Giovanni 60
MAR-Miniera Argentiera 158
Marschen und Salzebenen (Cagliari) **65**
Martin, Raimond 187
Masken 33, 121, 155
Maestro di Sanluri 62
Museo delle Maschere Mediterranee (Mamoiada) 122
Mastrella, Leopoldo 187
Masua 82
Mates, Joan 62
Maxentius 159
Meana 133
Melis, Melkiorre 148
Menhir-Museum (Laconi) 127
Messer **45**
Museo del Coltello Sardo (Arbus) 80
Pattada 197

Mesu'e Montes 178
Mittelalter **50**
Mittelalterliche Architektur **27**
Mobiltelefone 209
Molara 195
Molarotto 195
Mönchsrobben 30, **37**
Monte Albo **130f**
Monte Arci 162
Monte Arcosu **88**
Monte Armidda 104
Monte Azzarina 192
Monte d'Accoddi 48
Monte Ferru 160
Monte Limbara 193
Monte Ortobene **117**
Monte Rasu 120
Monte Teialone 175
Monte Tinnari 197
Monte Tiscali 96
Monteleone Rocca Doria **159**
Montessu, Nekropole 89
Montevecchio-Mine (Guspini) 81
Mossa, Antonio Simon 117, 187
Motorräder 207
Mufflons **37**
MuMart (Golfo Aranci) 186f
Muravera **107**
Muru, Giovanni 198
Museen und Sammlungen
  Antiquarium (Oristano) **155**
  Antiquarium Turritano (Porto Torres) 156
  Archäologiemuseen **27**
  Casa Derlu (Bosa) **148**
  Casa Museo di Antonio Gramsci (Ghilarza) 161
  Cittadella dei Musei (Cagliari) **62**, 66
  Civico Museo Archeologico Villa Abbas (Sardara) 27, 79
  Compendio Garibaldino (Caprera) 175
  EXMA (Cagliari) **65**
  Galleria Comunale d'Arte (Cagliari) **63**
  Kinder **39**
  MAN (Nuoro) 116
  MAR-Miniera Argentiera 158
  Menhir-Museum (Laconi) 127
  MuMart (Golfo Aranci) 186f
  Museo Archeologico (Carbonia) 87
  Museo Archeologico (Ozieri) 195
  Museo Archeologico (Sant'Antioco) 86f
  Museo Archeologico Comprensoriale (Teti) 127
  Museo Archeologico di Dorgali 100f
  Museo Archeologico Navale »Nino Lamboglia« (La Maddalena) 173
  Museo Archeologico Nazionale (Cagliari) 27, 62
  Museo Archeologico Nazionale di Nuoro **116**
  Museo Archeologico Nazionale »G. A. Sanna« (Sassari) 27, **184f**
  Museo Archeologico Patroni (Nora) 90f
  Museo Civico Archeologico Genna Maria (Villanovaforru) 80
  Museo Civico d'Arte Siamese Stefano Cardu (Cagliari) 62
  Museo Civico Giovanni Marongiu di Cabras 27, 164
  Museo dei Palaeoambienti Sulcitani E. A. Martel (Carbonia) 87
  Museo del Coltello Sardo (Arbus) 80
  Museo del Costume (Nuoro) **116f**
  Museo del Duomo (Cagliari) 61
  Museo del Duomo (Sassari) 180f
  Museo del Sughero (Calangianus) 191
  Museo Deleddiano (Nuoro) **116**
  Museo della Bonifica (Arborea) 166
  Museo dell'Arte Mineraria (Iglesias) **77**
  Museo della Tecnologia Contadina (Santu Lussurgiu) 162
  Museo delle Ceroplastiche (Sanluri) 78
  Museo delle Conce (Sas Conzas) 151
  Museo delle Maschere Mediterranee (Mamoiada) 122
  Museo dell'Intreccio (Castelsardo) 196f
  Museo di Scienze Naturali (Belvì) 127
  Museo Etnografico (Sant'Antioco) 86f
  Museo Etnografico »Le Arti Antiche« (Macomer) 158
  Museo Etnografico Palazzo Atzori (Paulilatino) 167
  Museo Etnografico Sa Domu Antiga (Santadi) 89
  Museo Risorgimentale Duca d'Aosta (Sanluri) 78
  Museo Storico Etnografico (Sanluri) 78
  Parco Museo S'Abba Frisca (Dorgali) 101
  Pinacoteca Nazionale (Cagliari) 62
  San Sperate 78
  Taverna dell'Aquila Museum (Ozieri) 195
Musik
  Obertongesang 33
Musiu, Gianni 91
Mussolini, Benito 52, 87

N

Nachhaltigkeit
  Strände **42f**
  Umweltbewusst reisen 209
Nationalparks
  Asinara **157**
  Gennargentu **96f**, 128
Naturwunder **30f**
Nebida 82
Necropoli di Anghelu Ruju **141**
Necropoli di Sas Concas **117**
Necropoli Tuvixeddu (Cagliari) **63**
Nelson, Admiral Horatio 172
Nicola, San (hl. Nikolaus) 180
Nicola, San, Einsiedler 191
Nora **90f**
Norden und Costa Smeralda 19, **168–199**
  Bars 189
  Eiscafé 189
  Erkundungstouren 22f
  Hotels 183, 190
  Regionalkarte 170f
  Restaurants 172, 185, 192
  Shopping 195
  Tour **198f**
Nostra Signora di Castro (Oschiri) 199
Nostra Signora di Montenero (Monte Ortobene) 117
Nostra Signora di Tergu 198
Notrufnummern 208
Nougat **128**
Nudeln
  su filindeu **35**
Nuoro **116f**
  Karte 117
Nuraghen **27**, **70f**
  Arrubiu (Orroli) 106
  Boddò 194
  Genna Maria Parco Archeologico (Villanovaforru) 80
  Izzana 192
  Losa (Abbasanta) 160
  Maiori 193
  Parco dei Sette Fratelli 91

Santuario Nuragico di Santa Vittoria (Serri) 79
Serra Orrios **101**
Su Nuraxi **68f**
Tempel von Antas **82f**
Tiscali **118f**
Nurra-Ebene 159

O

Oasi Biderosa 103
Obertongesang 33
Öffentlicher Nahverkehr 204
Öffnungszeiten 203
Olbia **187**
Oliena **124f**
Olivenbäume 191
Olivenöl
Seneghe 162
Ollolai **122f**
Orgosolo **125**
Schäferessen **32**
Orientale Sarda **108f**
Oristano **154f**
Karte 155
Orosei **102f**
Orroli **106**, 110
Orto Botanico (Cagliari) **63**
Orto Botanico Linasia (Iglesias) **76f**
Oschiri 199
Osservatorio Astronomico Caliumi (Monte Armidda) 104
Ostküste 17, **92–111**
Hotels 101, 104
Regionalkarte 94f
Restaurants 102, 107
Shopping 107
Touren **108**, **110f**
Ottana **121**
Outdoor-Abenteuer **40f**
Ozieri **194f**, 199
Ozieri, Maestro di 195

P

Palau **188**
Palazzo Boyl (Cagliari) 67
Palazzo Civico (Cagliari) **60**
Palazzo d'Albis (Alghero) **139**
Palazzo di Città (Sassari) **182f**
Pan di Zucchero **31**, 82
Panoramastraße (La Maddalena) **173**
Parco Archeologico di Monte Sirai (Carbonia) 87
Parco dei Sette Fratelli **91**
Parco di Monserrato (Sassari) 183
Parco Museo S'Abba Frisca (Dorgali) 101
Parco Nazionale dell'Asinara **157**
Parco Sardegna in Miniatura 68
Parken 207
Parks und Gärten
Giardino Botanico di Curadoreddu 193
Orto Botanico (Cagliari) **63**
Orto Botanico Linasia (Iglesias) **76f**
Parco Aymerich (Laconi) 127
Parco di Monserrato (Sassari) 183
Partito Sardo d'Azione 52
Pass, Personalausweis 202, 209
Passo della Moneta 175
Pattada **197**
Paulilatino **167**
Pecorino 13, **34**
Perdasdefogu **106**
Persönliche Sicherheit 208
Petroglyphen
Grotta del Bue Marino 99
Petrus, Apostel 74
Pferde
Giara-Pferde (Wildpferde) **36**
La Giara di Gesturi 91
Reiten **40**
Philippus, Cassius 63
Phönizier **49**, 57
Bithia 49, 88
Cagliari 60, 64
Nora **90f**
Parco Archeologico di Monte Sirai (Carbonia) 87
Sant'Antioco 86
Tharros 152
Tophet (Sant'Antioco) 86f
Piazza d'Italia (Sassari) **184**
Piazza Eleonora d'Arborea (Oristano) **155**
Piemont 51
Pietro III, aragonesischer König 138
Pinacoteca Nazionale (Cagliari) 62
Piscinas-Dünen **72f**
Platon 26
Plinius d. Ä. 88
Ploaghe 198
Poetto, Strand (Cagliari) **64**
Polizei 208
Polo, Marco 138
Pomodoro, Giò
Frammento di Vuoto 86f
Pomptilla, Attilia 63
Porta due Leoni (Cagliari) 67
Porto Cervo **189**
Porto Conte 39
Porto Giunco 106
Porto Longone 188
Porto Rotondo **186**
Porto Torres **156**
Posada **103**
Post 209
Prähistorische Stätten 13, **48f**
Archäologiepark Arzachena 190
Genna Maria Parco Archeologico (Villanovaforru) 80
Menhir Sa Perda Pintà 122
Menhir-Museum (Laconi) 127
Mesu'e Montes 178
Monte d'Accoddi 48
Necropoli di Sas Concas **117**
Necropolis Anghelu Ruju **141**
Necropoli Tuvixeddu (Cagliari) **63**
Nekropole Montessu 89
Nuraghe Arrubiu (Orroli) 106
Nuraghe Boddò 194
Nuraghe Izzana 192
Nuraghe Losa (Abbasanta) 160
Nuraghe Maiori 193
Nuraghe S'Urbale 127
Nuraghen **27**, **70f**
Parco Archeologico di Monte Sirai (Carbonia) 87
Parco dei Sette Fratelli 91
Santuario di Monte d'Accoddi 156
Santuario Nuragico di Santa Vittoria (Serri) 79
Serra Orrios **101**
Su Motti (Orroli) 106
Su Nuraxi **68f**
Tempel von Antas **82f**
Tiscali **118f**
Proto, Märtyrer 156, 180
Ptolemäus 86, 88
Punta La Marmora 96
Punta Muggianeddu 129
Punta Spalmatore (San Pietro) 74
Pusceddu, Paolo 80

Q

Quartu Sant'Elena **91**

R

Rabatte 209
Radfahren 207
San Pietro 74
Rathäuser
Palazzo Civico (Cagliari) **60**
Rauchen 209
Reise-Infos **202–209**
Reisende mit besonderen Bedürfnissen 203
Rena Bianca 188
Reni, Guido 61

Restaurants
Bergregion und Barbagia 129
Cagliari und Süden 63, 77, 83, 87
Eiscafés 39
Norden und Costa Smeralda 172, 185, 192
Ostküste 102, 107
Westküste 139, 154, 157
siehe auch Bars; Essen und Trinken
Rinaggiu-Quellen 193
Roccia dell'Elefante (Castelsardo) 196
Römer **26**, **49**
Bithia 88
Castrum Romano La Crucca (Sassari) 184
Fordongianus 163
Nora 90
Porto Torres 156
Römische Bäder (Fordongianus) 163
Römisches Amphitheater (Cagliari) **60**
Tempel von Antas 82f
Tharros 152
Villa di Tigellio (Cagliari) **64**

S

Sa Oche e Su Bentu (Oliena) 41
Sa Pedra Pertunta (Castelsardo) 196
Sa Perda Pintà, Menhir 122
Sabbie d'Oro Pistis 72
Sadali 110
Safran **78**
Sagra del Redentore 33
Salis, Maestro 162
Salzebenen (Cagliari) **65**
San Francesco (Oristano) **155**
San Francesco und Kreuzgang (Alghero) **140**, 144
San Giovanni di Sinis **166**
San Michele (Alghero) 145
San Michele di Salvènero (Ploaghe) 198
San Pantaleo, Kathedrale 133
San Pantaleo, Nekropole 195
San Pietro (Bosa) **150**
San Pietro, Insel **74f**
San Pietro di Simbranos 199
San Pietro in Silki (Sassari) **184**
San Salvatore **164f**
San Saturnino (Cagliari) **65**
San Sperate 78
San Teodoro **194**
San Trano (Luogosanto) 191
Sanddünen **31**
Is Arenas Biancas 72
Piscinas-Dünen **72f**
Sabbie d'Oro Pistis 72
Torre dei Corsari 72
Sanluri **78**
Sanna, Familie 184
Sanna, Giovanni Antonio 184f
Santa Caterina di Pittinuri 160f
Santa Chiara (Oristano) **155**
Santa Cristina, Nuraghen-Heiligtum (Paulilatino) 167
Santadi **89**
Santa Giusta **166f**
Santa Maria (Uta) 78
Santa Maria del Regno (Ardara) 198
Santa Maria di Betlem (Sassari) **181**
Santa Maria Navarrese **100**
Sant'Anna-Pass 130
Sant'Antioco 83, **86f**
Sant'Antioco di Bisarcio (Ozieri) 199
Sant'Antonio Abate (Sassari) **183**
Sant'Antonio di Gallura **190f**
Santa Reparata 188
Santa Teresa Gallura **188f**
Sant'Efisio 128
Santissima Trinità di Saccargia **178f**, 198
Santo Stefano (La-Maddalena-Archipel) **174**
Santuario della Madonna d'Itria (Mamoiada) 122
Santuario di Monte d'Accoddi 156
Santuario di San Cosimo (Mamoiada) 122
Santuario Nuragico di Santa Vittoria (Serri) 79
Santu Lussurgiu **162**
S'Archittu 161
Sardara **79**
Sarule **123**
Sa-Sartiglia-Prozession (Oristano) **155**
Sas Conzas **151**
Sassari **180–185**
Karte 181
Savoyen, Haus 51, 61
Schäferessen **32**
Schluchten
Codula di Luna 13, **98f**
Gola Su Gorropu **101**
Schmuck, filigraner **44**
Schnorcheln **43**
Sciola, Pinuccio 125
Buggerru 82
San Sperate 78
Scooter 207
Seafood 11, **35**
Sedilo **158f**
Segni, Antonio 184
Seneghe 162
Serpentara 106
Serra Orrios **101**
Serri **79**
Seui 110
Shopping
Bergregion und Barbagia 121
Handeln 45
Norden und Costa Smeralda 195
Ostküste 107
Steuern 209
Westküste 159
Sicherheit
LGBT 209
Persönliche Sicherheit 208
Sicherheitshinweis 202
Siniscola **104**
Smaragdküste *siehe* Costa Smeralda
Sorgono **126**
Soru, Renato 53
Spalmatore di Terra (Tavolara) 195
Spanien **50f**
Spanischer Erbfolgekrieg (1701–14) 51
Spargi (La-Maddalena-Archipel) **174**
Spaziergänge *siehe* Wanderungen und Spaziergänge
Spiaggia Rosa (Budelli) 174
Sport und Outdoor-Abenteuer **40f**
Spotorno, Domenico 162f
Sprache 203
Stagno Sale Porcus **165**
Stalaktiten und Stalagmiten **30**
Statuetten aus Bronze **70**
Sternenbeobachtung
Osservatorio Astronomico Caliumi (Monte Armidda) 104
Sternenritter **155**
Steuern 209
Stintino **157**
Strände 12, **42f**
Alghero **141**
Bosa Marina **150f**
Cala Gonone 108
Cala Luna 99
Dünen **31**
Familenfreundliche Strände **38**
La Caletta (San Pietro) 74
Oasi Biderosa 103
Poetto (Cagliari) **64**
Santa Maria Navarrese 100
Spiaggia Rosa (Budelli) 174
Strände schützen **42f**
Straßenverkehrsregeln 207

Strom 202
Su filindeu (Fadennudeln) **35**
Su Gologne, Quelle 96, 124
Su Gorropu, Schlucht 96f
Su Monte 159
Su Motti (Orroli) 106
Su Nenniri, Fest (Bari Sardo) 105
Su Nuraxi **68f**
Süden *siehe* Cagliari und Süden
Südküste 88
Sulcis-Archipel
  San Pietro **74f**
Supramonte-Gebirge 101, 124
S'Urbale, Nuraghe 127

T

Tacco di Texile 128
Tauchen **43**
  Fralomar Diving Center (Nora) 90
Taverna dell'Aquila, Museum (Ozieri) 195
Tavolara **195**
Taxis 205
Temo, Fluss 150f
Temo, Lago del 159
Tempel von Antas **82f**
Tempio Pausania **193**
Teti **127**
Tharros **152f**
Tiscali 96, 101, **118f**
Tiscali (Internetdienstleister) 53
Tonara **128f**
Tophet (Sant'Antioco) 86f
Torre dei Corsari 72
Torre del Sevo 166
Torre dell'Elefante (Cagliari) 67
Torre di Mariano II (Oristano) **154**
Torre di Porta Terra (Alghero) **138**
Torre di San Giacomo (Alghero) **139**
Torre di San Pancrazio (Cagliari) 66
Torre di Sulis (Alghero) 145
Torre Salinas 107
Torres, Adelasia di 192
Torres, Judikat 50
Torres, Mariano di 154
Tortolì 111
Touren **28f**
  Logudoro **198f**
  Monte Albo **130f**
  Orientale Sarda **108f**
Tourenanbieter
  Westküste 147
Traditionen **32f**
Trano, San 191
Tratalias **88**
Traumhafte Touren **28**
Trenino Verde **110f**, 151
Trinità d'Agultu 197
Trinkgeld 208
Trinkwasser 208
Türme
  Castello di Salvaterra (Iglesias) **76**
  Nuraghen 70
  Su Nuraxi 68f
  Torre dell'Elefante (Cagliari) 67
  Torre di Sulis (Alghero) 145
  Torre Salinas 107

U

Übernachtung
  Buchung 203
  Ferien auf dem Bauernhof **38**
  siehe auch Hotels
Umweltbewusst reisen 209
Untergrund
  Necropoli Tuvixeddu (Cagliari) **63**
  Unterirdisches Cagliari **64**
  siehe auch Höhlen; Bergwerke
Urzulei 108f
Uta **78**

V

Valle della Luna 192
Vandalen 50
Vernaccia, Wein **164**
Versicherungen 202
Via Alberto Lamarmora (Cagliari) 66
Via Carlo Alberto (Alghero) 145
Via Principe Umberto (Alghero) **140**
Vietti, Luigi 187
Villa di Tigellio (Cagliari) **64**
Villanovaforru **80**
Villanova Monteleone 159
Villanovatulo 110
Villa Santa, General Nino 78
Villasimius **106**
Visas 202
Visconti, Ubaldo 192
Vittorio Amedeo II, König 51
Vittorio Emanuele II, König 64, 149, 184
Vögel
  Cabras 164
  Capo Caccia 146
  Flamingos **36**, 65
  Marschen und Salzebenen (Cagliari) **65**
  San Teodoro 194
  Stagno Sale Porcus **165**
  siehe auch Wildtiere

W

Wachs
  Museo delle Ceroplastiche (Sanluri) 78
Währung 202f
Wälder
  Foresta di Burgos 120
  Foresta di Montarbu 111
  Le Prigionette (Capo Caccia) 146
  Parco dei Sette Fratelli 91
Wandbilder **125**
Wanderungen und Spaziergänge **40**, 207
  Alghero **144f**
  Cagliari 62
  Castello (Cagliari) **66f**
  Codula di Luna 13, 98
  Familienwanderungen **39**
  Gola Su Gorropu 101
  Tiscali 118
Websites 209
Wein 11, **35**
  Bergregion und Barbagia 123, 126
  Cagliari und Süden 89
  Malvasia 91
  Vermentino 193
  Vernaccia **164**
Weltkrieg, Erster 52
  Museo Risorgimentale Duca d'Aosta (Sanluri) 78
Weltkrieg, Zweiter 52
  WWF 88, 166
Westküste 18, **134–167**
  Bars 153
  Hotels 141, 151
  Regionalkarte 136f
  Restaurants 139, 154, 157
  Shopping 159
  Tourenanbieter 147
Wildblumen **31**
Wildtiere 12, **36f**
  Baia Chia 88
  Costa Verde 81
  Monte Arcosu **88**
  Nationalpark Gennargentu **96f**
  Parco dei Sette Fratelli 91
  Parco Nazionale dell'Asinara **157**
  siehe auch Vögel
WLAN 209

Z

Zeit 208
Zoll 202
Zugreisen **29**
  Cagliari – Sorgono **133**
  Trenino Verde **110f**, 151

SPRACHFÜHRER

Notfälle

Hilfe!	**Aiuto!**	[ai'u:to]
Halt!	**Alt!**	[alt]
Rufen Sie einen Arzt!	**Chiami un medico!**	['kia:mi un 'mɛ:diko]
Rufen Sie einen Krankenwagen!	**Chiami un ambulanza!**	['kia:mi un ambu'lantsa]
Rufen Sie die Polizei!	**Chiami la polizia!**	['kia:mi la poli'tsi:a]
Rufen Sie die Feuerwehr!	**Chiami i pompieri!**	['kia:mi i pompi'ɛ:ri]
Wo ist das Telefon?	**Dov'è il telefono?**	['do:vɛ il te'lɛ:fono]
Wo ist das Krankenhaus?	**Dov'è l'ospedale?**	['do:vɛ lospe'da:le]

Grundwortschatz

Ja/Nein	**Sì/No**	[si/nɔ]
Bitte	**Per favore**	[per fa'vo:re]
Danke	**Grazie**	['gra:tsie]
Entschuldigung!	**Mi scusi!**	[mi 'sku:zi]
Guten Tag	**Buon giorno**	[bu'ɔn 'dʒorno]
Auf Wiedersehen	**Arrivederci**	[arrive'dertʃi]
Guten Abend	**Buona sera**	['buɔ:na 'se:ra]
Morgen	**la mattina**	[mat'ti:na]
Vormittag	**la mattinata**	[matti'na:ta]
Nachmittag	**il pomeriggio**	[pome'riddʒo]
Abend	**la sera**	['se:ra]
gestern	**ieri**	[i'ɛ:ri]
heute	**oggi**	['ɔddʒi]
morgen	**domani**	[do'ma:ni]
hier	**qui**	[ku'i]
dort	**là**	[la]
Welche ...?	**Quale ...?**	[ku'a:le]
Was?	**Che cosa?**	[ke 'kɔ:za]
Wann?	**Quando?**	[ku'ando]
Warum?	**Perché?**	[per'ke]
Wo?	**Dove?**	['do:ve]

Nützliche Redewendungen

Wie geht es Ihnen?	**Come sta?**	['ko:me sta]
Sehr gut, danke.	**Molto bene, grazie.**	['molto 'bɛ:ne, 'gra:tsie]
Freut mich, Sie kennenzulernen.	**Piacere di conoscerla.**	[pia'tʃɛ:re di ko'noʃʃerla]
Bis bald.	**A più tardi.**	[a pi'u 'tardi]
In Ordnung.	**Va bene.**	[va 'bɛ:ne]
Wo ist/Wo sind ...?	**Dov'è/ Dove sono ...?**	['do:vɛ/ 'do:ve 'so:no]
Sprechen Sie Deutsch?	**Parla tedesco?**	['parla te'desko]
Ich verstehe nicht.	**Non capisco.**	[non ka'pisko]
Wie lange braucht man bis nach ...?	**Quanto tempo ci vuole per andare a ...?**	[ku'anto 'tɛmpo tʃi vu'ɔle per an'da:re a]
Wie komme ich nach ...?	**Come faccio per arrivare a ...?**	['ko:me 'fattʃo per arri'va:re a]
Tut mir leid!	**Mi dispiace!**	[mi dis'piatʃe]

Nützliche Wörter

groß	**grande**	['grande]
klein	**piccolo**	['pikkolo]
heiß/warm	**caldo**	['kaldo]
kalt	**freddo**	['freddo]
gut (Adjektiv)	**buono**	['buɔ:no]
schlecht	**cattivo**	[kat'ti:vo]
genug	**basta**	['basta]
gut (Adverb)	**bene**	['bɛ:ne]
offen	**aperto**	[a'pɛrto]
geschlossen	**chiuso**	[ki'u:so]
links	**a sinistra**	[a si'nistra]
rechts	**a destra**	[a 'dɛstra]
geradeaus	**sempre diritto**	['sɛmpre di'ritto]
nah	**vicino**	[vi'tʃi:no]
fern	**lontano**	[lon'ta:no]
auf	**su**	[su]
über	**giù**	[dʒu]
früh	**presto**	['prɛsto]
spät	**tardi**	['tardi]
Eingang	**l'entrata**	[en'trata]
Ausgang	**l'uscita**	[u'ʃi:ta]
Toilette	**il gabinetto**	[gabi'netto]
frei	**libero**	['li:bero]
gratis	**gratuito**	[gra'tu:ito]

Telefonieren

Ich möchte ein ... führen.	**Vorrei fare una ...**	[vor'rɛi 'fa:re 'u:na]
Ortsgespräch	**telefonata urbana**	[telefo'na:ta ur'ba:na]
Ferngespräch	**telefonata interurbana**	[telefo'na:ta interur'ba:na]
R-Gespräch	**chiamata a carico del destinatario**	[kia'ma:ta a 'ka:riko del destina'ta:rio]
Kann ich eine Nachricht hinterlassen?	**Posso lasciare un messaggio?**	['pɔsso laʃ'ʃa:re un mes'saddʒo]
Moment, bitte.	**Un attimo, per favore.**	['un 'attimo, per fa'vo:re]
Könnten Sie etwas lauter sprechen?	**Può parlare più forte, per favore?**	[pu'ɔ par'la:re pi'u 'fɔrte, per fa'vo:re]

Shopping

Wie viel kostet das?	**Quanto costa?**	[ku'anto 'kɔsta]
Ich hätte gern ...	**Vorrei ...**	[vor'rɛi]
Haben Sie ...?	**Avete ...?**	[a've:te]
Ich möchte mich nur umsehen.	**Voglio solo dare un'occhiata.**	['vɔ:ʎo 'so:lo 'da:re unokki'a:ta]
Akzeptieren Sie Kreditkarten?	**Accetate carte di credito?**	[attʃet'ta:te 'karte di 'kre:dito]
Wann öffnen/ schließen Sie?	**A che ora apre/ chiude?**	[a ke 'o:ra 'apre/ki'u:de]
das hier	**questo**	[ku'esto]
das da	**quello**	[ku'ello]
preiswert	**a buon prezzo**	[a bu'ɔn 'prɛttso]
teuer	**caro**	['ka:ro]
Kleidergröße	**la taglia**	['ta:ʎa]

Schuhgröße	**il numero**	['nu:mero]
weiß	**bianco**	[bi'aŋko]
schwarz	**nero**	['ne:ro]
rot	**rosso**	['rosso]
gelb	**giallo**	['dʒallo]
grün	**verde**	['verde]
blau	**blu**	[blu]

Läden

Antiquitätenladen	**l'antiquariato**	[antikuari'a:to]
Apotheke	**la farmacia**	[farma'tʃi:a]
Bäckerei	**la panetteria**	[panette'ri:a]
Bank	**la banca**	['baŋka]
Blumenhändler	**il fioraio**	[fio'ra:io]
Buchhandlung	**la libreria**	[libre'ri:a]
Delikatessen	**la salumeria**	[salume'ri:a]
Eisdiele	**la gelateria**	[dʒelate'ri:a]
Fischgeschäft	**la pescheria**	[peske'ri:a]
Friseur	**il parrucchiere**	[parrukki'ɛ:re]
Kaufhaus	**il grande magazzino**	['grande magad'dzi:no]
Konditorei	**la pasticceria**	[pastittʃe'ri:a]
Lebensmittelladen	**il negozio di alimentari**	[ne'gɔ:tsio di alimen'ta:ri]
Markt	**il mercato**	[mer'ka:to]
Metzgerei	**la macelleria**	[maʃelle'ri:a]
Obst-/Gemüsehändler	**il fruttivendolo**	[frutti'vendolo]
Postamt	**l'ufficio postale**	[uf'fi:tʃo pos'ta:le]
Reisebüro	**l'agenzia di viaggi**	[adʒen'tsi:a di vi'addʒi]
Schuhgeschäft	**il negozio di calzature**	[ne'gɔ:tsio di kaltsa'tu:re]
Supermarkt	**il supermercato**	[supermer'ka:to]
Tabakladen	**la tabaccheria**	[tabakke'ri:a]
Zeitungsstand	**l'edicola**	[e'di:kola]

Sightseeing

Informationsbüro	**l'ufficio turistico**	[uf'fi:tʃo tu'ristico]
Bahnhof	**la stazione**	[statsi'o:ne]
Bibliothek	**la biblioteca**	[biblio'tɛ:ka]
Bushaltestelle	**la fermata dell'autobus**	[fer'ma:ta delauto'bus]
Garten	**il giardino**	[dʒar'di:no]
Kirche	**la chiesa, la basilica**	[ki'ɛ:za, ba'zi:lika]
Kunstgalerie	**la pinacoteca**	[pinako'tɛ:ka]
Museum	**il museo**	[mu'zɛ:o]
Wegen Feiertag geschlossen.	**Chiuso per la festa.**	[ki'u:so per la 'fɛsta]

Im Hotel

Haben Sie Zimmer frei?	**Avete camere libere?**	[a've:te 'ka:mere 'li:bere]
Einzelzimmer	**una camera singola**	['ka:mera 'siŋgola]
Doppelzimmer	**una camera doppia**	['ka:mera 'doppia]
Bad/ Dusche	**il bagno/ la doccia**	['ba:ɲo/ 'dottʃa]
Gepäckträger	**il facchino**	[fak'ki:no]
Schlüssel	**la chiave**	[ki'a:ve]
Reservierung	**la prenotazione**	[prenotatsi'o:ne]

Im Restaurant

Haben Sie einen Tisch für ...?	**Avete un tavolo per ...?**	[a've:te un 'ta:volo per]
Ich möchte einen Tisch reservieren.	**Vorrei riservare un tavolo.**	[vor'rɛi riser'va:re un 'ta:volo]
Frühstück	**la colazione**	[kolatsi'o:ne]
Mittagessen	**il pranzo**	['prandzo]
Abendessen	**la cena**	['tʃe:na]
Rechnung	**il conto**	['konto]
Vegetarier	**il vegetariano**	[vedʒetari'a:no]
Kellner	**il cameriere**	[kameri'ɛ:re]
Tagesmenü	**il menù a prezzo fisso**	[me'nu a 'prɛttso 'fisso]
Tagesgericht	**il piatto del giorno**	[pi'atto del 'dʒorno]
Vorspeise	**l'antipasto**	[anti'pasto]
Erster Gang	**il primo**	['pri:mo]
Hauptgang	**il secondo**	[se'kondo]
Beilagen	**il contorno**	[kon'torno]
Dessert	**il dolce**	['doltʃe]
Gedeck	**il coperto**	[ko'pɛrto]
Weinkarte	**la lista dei vini**	['lista dei 'vi:ni]
blutig	**al sangue**	[al 'saŋgue]
halb durch(gebraten)	**a puntino**	[a pun'ti:no]
durch(gebraten)	**ben cotto**	[bɛn 'kɔtto]
Glas	**il bicchiere**	[bikki'ɛ:re]
Flasche	**la bottiglia**	[bot'ti:ʎa]
Teller	**il piatto**	[pi'atto]
Serviette	**la tovaglia**	[to'va:ʎa]
Besteck	**le posate**	[po'za:te]
Messer	**il coltello**	[kol'tɛllo]
Gabel	**la forchetta**	[for'ketta]
Löffel	**il cucchiaio**	[kukki'a:io]

Speisekarte

l'aceto	[a'tʃe:to]	Essig
l'acqua minerale gassata/naturale	['akkua mine'ra:le gas'sa:ta/natu'ra:le]	Mineralwasser mit/ohne Kohlensäure
l'aglio	['a:ʎo]	Knoblauch
l'agnello	[a'ɲɛllo]	Lamm
al forno	[al 'forno]	gebacken
alla griglia	['alla 'gri:ʎa]	gegrillt
l'anatra	['a:natra]	Ente
l'antipasto	[anti'pasto]	Vorspeise
l'aragosta	[ara'gosta]	Languste
l'arancia	[a'rantʃa]	Orange
arrosto	[ar'rɔsto]	gebraten
il baccalà	[bakka'la]	Stockfisch
la birra	['birra]	Bier
la bistecca	[bis'tekka]	Steak
il branzino	[bran'zi:no]	Seebarsch
il brasato	[bra'sa:to]	Schmorbraten
il brodo	['brɔ:do]	klare Brühe
il burro	['burro]	Butter
il caffè	[kaf'fɛ]	Kaffee, Espresso
il carciofo	[kar'tʃɔ:fo]	Artischocke
la carne	['karne]	Fleisch
carne di maiale	['karne di ma'ia:le]	Schwein
il cinghiale	[tʃiŋgi'a:le]	Wildschwein
la cipolla	[tʃi'polla]	Zwiebel

il coniglio	[ko'ni:ʎo]	Kaninchen
la cozza	['kɔttsa]	Miesmuschel
i fagioli	[fa'dʒɔ:li]	Bohnen
il filetto	[fi'letto]	Filet
il formaggio	[for'maddʒo]	Käse
le fragole	['fra:gole]	Erdbeeren
la frittata	[frit'ta:ta]	Omelett
la frutta fresca	['frutta 'freska]	frisches Obst
i frutti di mare	['frutti di 'ma:re]	Meeresfrüchte
i funghi	['fuŋgi]	Pilze
il gamberetto	[gambe'retto]	Garnele
i gamberi	['gamberi]	Krebse
il gelato	[dʒe'la:to]	Eiscreme
l'insalata	[insa'la:ta]	Salat
il latte	['latte]	Milch
la lattuga	[lat'tu:ga]	Kopfsalat
i legumi	[le'gu:mi]	Hülsenfrüchte
la lepre	['le:pre]	Hase
lesso	['lesso]	gekocht
il manzo	['mandzo]	Rind
la mela	['me:la]	Apfel
la melanzana	[melan'dza:na]	Aubergine
la menta	['menta]	Minze
la minestra	[mi'nɛstra]	Suppe
la nocciola	[not'tʃɔ:la]	Haselnuss
la noce	['no:tʃe]	(Wal)Nuss
la noce moscata	['no:tʃe mos'ka:ta]	Muskatnuss
l'olio	['ɔ:lio]	Öl
l'oliva	[o'li:va]	Olive
l'orata	[o'ra:ta]	Goldbrasse
l'ostrica	['ɔstrika]	Auster
il pane	['pa:ne]	Brot
il panino	[pa'ni:no]	Brötchen
la panna	['panna]	Sahne
il parmigiano	[parmi'dʒa:no]	Parmesankäse
le patate	[pa'ta:te]	Kartoffeln
patatine fritte	[pata'ti:ne 'fritte]	Pommes frites
il pecorino	[peko'ri:no]	harter Schafskäse
il pepe	['pe:pe]	Pfeffer
la pesca	['pɛ:ska]	Pfirsich
il pesce	['peʃʃe]	Fisch
i piselli	[pi'sɛlli]	Erbsen
il pollo	['pollo]	Huhn
il pomodoro	[pomo'dɔ:ro]	Tomate
il prosciutto	[proʃ'ʃutto]	Schinken
il ragù	[ra'gu]	Hackfleischsauce
ripieno	[ripi'ɛ:no]	gefüllt
il riso	['ri:zo]	Reis
il sale	['sa:le]	Salz
la salsiccia	[sal'sittʃa]	Wurst
la salvia	['salvia]	Salbei
la scaloppina	[skalop'pi:na]	Kalbsschnitzel
la selvaggina	[selvad'dʒi:na]	Wild
la senape	['sɛ:nape]	Senf
la spremuta	[spre'mu:ta]	frisch gepresster Saft
il succo	['sukko]	Saft
il tè	[tɛ]	Tee
il tonno	['tonno]	Thunfisch
la torta	['tɔrta]	Torte, Kuchen
la triglia	['tri:ʎa]	Meerbarbe
la trota	['trɔ:ta]	Forelle
l'uovo	[u'ɔ:vo]	Ei
l'uva	['u:va]	Traube
la verdura	[ver'du:ra]	Gemüse
il vino	['vi:no]	Wein
il vitello	[vi'tɛllo]	Kalb
la vongola	['voŋgola]	Venusmuschel
lo zafferano	[dzaffe'ra:no]	Safran
la zucca	['tsukka]	Kürbis
lo zucchero	['tsukkero]	Zucker
gli zucchini	[tsuk'ki:ni]	Zucchini
la zuppa	['tsuppa]	Suppe

Zahlen

1	**uno**	['u:no]
2	**due**	['du:e]
3	**tre**	[tre]
4	**quattro**	[ku'attro]
5	**cinque**	['tʃiŋkue]
6	**sei**	[s'ɛ:i]
7	**sette**	['sɛtte]
8	**otto**	['ɔtto]
9	**nove**	['nɔ:ve]
10	**dieci**	[di'ɛ:tʃi]
11	**undici**	['unditʃi]
12	**dodici**	['do:ditʃi]
13	**tredici**	['tre:ditʃi]
14	**quattordici**	[kuat'torditʃi]
15	**quindici**	[ku'inditʃi]
16	**sedici**	['se:ditʃi]
17	**diciassette**	[ditʃas'sɛtte]
18	**diciotto**	[di'tʃɔtto]
19	**diciannove**	[ditʃan'nɔ:ve]
20	**venti**	['venti]
30	**trenta**	['trenta]
40	**quaranta**	[kua'ranta]
50	**cinquanta**	[tʃiŋku'anta]
60	**sessanta**	[ses'santa]
70	**settanta**	[set'tanta]
80	**ottanta**	[ot'tanta]
90	**novanta**	[no'vanta]
100	**cento**	['tʃɛnto]
1000	**mille**	['mille]
2000	**duemila**	[due'mi:la]
5000	**cinquemila**	[tʃiŋkue'mi:la]
1000000	**un milione**	[mili'o:ne]

Zeit

Minute	**un minuto**	[mi'nu:to]
Stunde	**un'ora**	['o:ra]
halbe Stunde	**mezz'ora**	[med'dzo:ra]
Tag	**un giorno**	['dʒorno]
Woche	**una settimana**	[setti'ma:na]
Monat	**un mese**	['me:ze]
Jahr	**un anno**	['anno]
Montag	**il lunedì**	[lune'di]
Dienstag	**il martedì**	[marte'di]
Mittwoch	**il mercoledì**	[merkole'di]
Donnerstag	**il giovedì**	[dʒove'di]
Freitag	**il venerdì**	[vener'di]
Samstag	**il sabato**	['sa:bato]
Sonntag	**la domenica**	[do'me:nika]
Januar	**gennaio**	[dʒen'na:io]

Februar	**febbraio**	[feb'bra:io]
März	**marzo**	['martso]
April	**aprile**	[a'pri:le]
Mai	**maggio**	['maddʒo]
Juni	**giugno**	['dʒu:ɲo]
Juli	**luglio**	['lu:ʎo]
August	**agosto**	[a'gosto]
September	**settembre**	[set'tɛmbre]
Oktober	**ottobre**	[ot'to:bre]
November	**novembre**	[no'vɛmbre]
Dezember	**dicembre**	[di'tʃɛmbre]
Frühling	**primavera**	[prima'vɛ:ra]
Sommer	**estate**	[es'ta:te]
Herbst	**autunno**	[au'tunno]
Winter	**inverno**	[in'vɛrno]
Weihnachten	**Natale**	[na'ta:le]
Heiligabend	**Vigilia di Natale**	[vi'dʒi:lia di na'ta:le]
Karfreitag	**Venerdì Santo**	[vener'di 'santo]
Ostern	**Pasqua**	['paskua]
Neujahr	**Capodanno**	[kapo'danno]
Silvester	**San Silvestro**	[san sil'vestro]
Pfingsten	**Pentecoste**	[pente'kɔste]

Unterwegs

Aufpreis/Zuschlag	**il supplemento**	[supple'mento]
Bahnhof	**la stazione**	[statsi'o:ne]
Boot	**la barca**	['barka]
Bordkarte	**la carta d'imbarco**	['karta dim'barko]
Bus	**l'autobus**	[auto'bus]
Bushaltestelle	**la fermata dell'auto-bus**	[fer'ma:ta delauto'bus]
Einzelfahrschein	**solo andata**	['so:lo an'da:ta]
Eisenbahn	**la ferrovia**	[ferro'vi:a]
Erste Klasse	**prima classe**	['pri:ma 'klasse]
Erwachsener	**l'adulto**	[a'dulto]
Fähre	**il traghetto**	[tra'getto]
Fahrkarte	**il biglietto**	[bi'ʎetto]
Fahrkartenschalter	**la biglietteria**	[biʎette'ri:a]
Fahrplan	**l'orario**	[o'ra:rio]
Flug	**il volo**	['vo:lo]
Flughafen	**l'aeroporto**	[aɛro'pɔrto]
Flugsteig	**l'uscita**	[u'ʃi:ta]
Fundbüro	**l'ufficio oggetti smarriti**	[uf'fi:tʃo od'dʒɛtti smar'ri:ti]
Gepäck	**i bagagli**	[ba'ga:ʎi]
Gepäckannahme	**l'accettazione bagagli**	[attʃettatsi'o:ne ba'ga:ʎi]
Gepäckausgabe	**il ritiro bagagli**	[ri'ti:ro ba'ga:ʎi]
Gleis	**il binario**	[bi'na:rio]
Hin- und Rückfahrt	**andata e ritorno**	[an'da:ta e ri'torno]
Kind (männlich)	**il bambino**	[bam'bi:no]
Kind (weiblich)	**la bambina**	[bam'bi:na]
Kofferkuli	**il carrello**	[ka'rɛllo]
Nichtraucher	**non fumatori**	[non fuma'to:ri]
Pass	**il passaporto**	[passa'pɔrto]
Preis/Tarif	**la tariffa**	[ta'riffa]
Raucher	**fumatori**	[fuma'to:ri]
Reisebus	**la corriera**	[korri'ɛ:ra]
Reservierung	**la prenotazione**	[prenotatsi'o:ne]
Schlafwagen	**il vagone letto**	[va'go:ne 'lɛtto]
Sitzplatz	**il posto**	['posto]
Taxi	**il tassì**	[tas'si]
U-Bahn	**la metropolitana**	[metropoli'ta:na]
Verbindung	**la coincidenza**	[kointʃi'dɛntsa]
Verspätung	**il ritardo**	[ri'tardo]
Zoll	**la dogana**	[do'ga:na]
Zug	**il treno**	['trɛ:no]
Zweite Klasse	**seconda classe**	[se'konda 'klasse]

Rund ums Auto / Straßenverkehr

Ampel	**il semaforo**	[se'ma:foro]
Auto	**l'automobile, la macchina**	[auto'mɔ:bile, 'makkina]
Autobahn	**l'autostrada**	[auto'stra:da]
Autofähre	**il traghetto**	[tra'getto]
Benzin	**la benzina**	[ben'dzi:na]
bleifrei	**senza piombo**	['sɛntsa pi'ombo]
Diesel	**gasolio**	[ga'zɔ:lio]
Einbahnstraße	**il senso unico**	['sɛnso 'u:niko]
Eis	**il ghiaccio**	[gi'attʃo]
Führerschein	**la patente**	[pa'tɛnte]
Fußgängerzone	**la zona pedonale**	['dzɔ:na pedo'na:le]
Gefahr	**il pericolo**	[pe'ri:kolo]
Halteverbot	**il divieto di sosta**	[divi'ɛ:to di 'sɔsta]
Ich möchte ein Auto mieten.	**Vorrei noleggiare una macchina.**	[vor'rɛi noled'dʒa:re 'u:na 'makkina]
Keine Zufahrt	**il divieto d'accesso**	[divi'ɛ:to dat'tʃɛsso]
Kofferraum	**il bagagliaio**	[baga'ʎa:io]
langsamer fahren	**rallentare**	[rallen'ta:re]
Licht einschalten	**accendere le luci**	[at'tʃɛndere le 'lu:tʃi]
Maut	**il pedaggio**	[pe'daddʒo]
Mechaniker	**il meccanico**	[mek'ka:niko]
Motorrad	**la motocicletta**	[mototʃi'kletta]
mit Automatik	**con il cambio automatico**	[kon il 'kambio auto'ma:tiko]
Nebel	**la nebbia**	['nebbia]
Nur für Anwohner	**escluso residenti**	[es'klu:zo resi'dɛnti]
Parkplatz (gebührenpflichtig)	**il parcheggio a pagamento**	[par'keddʒo a paga'mento]
Parkplatz (bewacht)	**il parcheggio custodito**	[par'keddʒo kus'tɔ:dito]
Reparieren Sie?	**Effettua riparazioni?**	[effet'tua ripara'tsio:ni]
Steinschlag	**la caduta massi**	[ka'du:ta 'massi]
Straße	**la strada**	['stra:da]
Straßenarbeiten	**lavori in corso**	[la'vo:ri in 'korso]
Superbenzin	**benzina super**	[ben'dzi:na 'super]
Tankstelle	**la stazione di servizio**	[statsi'o:ne di ser'vi:tsio]
Umgehungsstraße	**raccordo anulare**	[rak'kɔrdo anu'la:re]
Volltanken	**il pieno**	[pi'ɛ:no]

DANKSAGUNG

Dorling Kindersley möchte sich bei allen bedanken, die dieses Buch möglich gemacht haben.

BILDNACHWEIS

l = links; r = rechts; o = oben; u = unten; m = Mitte; d = Detail; g = ganz (ganz oben, unten etc.).

Dorling Kindersley hat sich bemüht, alle Copyright-Inhaber zu ermitteln. Sollte das in einigen Fällen nicht gelungen sein, bitten wir, dies zu entschuldigen. In der nächsten Auflage werden wir Versäumtes gern nachholen.

Dorling Kindersley dankt folgenden Personen, Institutionen, Unternehmen und Bildarchiven für die Erlaubnis, ihre Fotos zu reproduzieren:

4Corners: Alessandro Addis 90o, 195ur; Marco Arduino 188–189u; Pietro Canali 188mlu; Franco Cogoli 176–177.

Alamy Stock Photo: age Fotostock / Carles Soler 128ol / Guido Cozzi 24o; Agencja Fotograficzna Caro / Sorge 40–41o; Claudio H. Artman 111ur; Dorin Marius Balate 22o, 42ur; Lorenzo Bassetti 74mlu; Bernard Bialorucki 148–149o; blickwinkel / S. Meyers 31mr; Eva Bocek 67ol, 102–103o; Milena Boeva 22–23mo; Michael Brooks 16, 54–55, 56–57, 138–139, 183or; David Burton 154o; Andy Christiani 41mlo; CHROMORANGE / Lothar Hinz 77ul; Chronicle 52mlu; Rebecca Cole 191ur; Roger Cracknell 01 / classic 194o; Ian Dagnall 22–23o; Gabriele Dessì 107u; Didi 35mlo; Martin A. Doe 76–77o; Adam Eastland 12–13u; FALKENSTEINFOTO 50ur; Faraway Photos 140u; Paolo De Faveri 147mro; Massimiliano Finzi 49ol; funkyfood London – Paul Williams 126o, 179or; Gianluigibec 8ml; Renato Granieri 46mlo; hemis.fr / Leroy Francis 71or / Bruno Morandi 31u, 122ol, / Philippe Renault 22mo, 70mr; Nicola Iacono 80or; Image Professionals GmbH / Travel-Collection 40–41u; Image Source / David Fettes 12o; imageBROKER / Peter Giovannini 47mr, 153or, 158o, 178ul, 187ur / Reinhard Hölzl 18mu / Alexander Pöschel 50–51o / Joerg Reuther 152mr, / Konrad Wothe 102u, 190–191o, 134–135; Wendy Johnson 173ur; Jon Arnold Images Ltd / Alan Copson 193o; Attila Kleb 33mlo; Tomasz Koryl 200–201; Luis Leamus 26ol; Yadid Levy 11mr, 38ul; Melvyn Longhurst 13ur; Lorenza photography 24mo, 26–27u; M. Sobreira 64u; Dorina Maisto 47mru; Francesco Maltinti 156–157u; MARKA / claudio ciabochi 159u; mauritius images GmbH / Christian Bäck 68–69o; 165o / ClickAlps 174ur / JIRI 83ul; MAWPIX 27ml; Serge Mouraret 116o; Graham Mulrooney 20o; Nature Picture Library / Kristel Richard 36ul; North Wind Picture Archives 48mru; Panther Media GmbH 184–185o; Massimo Piacentino 65ur, 110ml, 121ur, 127ur, 155or, 164or / Skulptur von Francesco Cadeddu 162–163u; Prisma Archivo 50ol; Realy Easy Star 43ml / Toni Spagone 51or, 62–63o, 63mo, 88ul, 150mo, 150ul,151or, 164ul, 180ul, 180–181o, 182mlu, 182u; REDA & CO srl 157ur / Enrico Spanu 20mru; REDA & CO srl / Luca Picciau 10–11u; 97ul; REDA & CO srl / Fabiano Caddeo 86–87u, 175ur / Massimiliano Maddanu 106or / Renato Valterza 37ur; robertharding / Olivieri Olivieri 47or / ProCip 18ol, 112–113; RooM the Agency Mobile / Snapper 131; Chris Rout 157ol; Grega Rozac 198ul; Witold Skrypczak 96–97o, 104–105u; Mauro Spanu 10mlu, 70–71u, 119o, 160ul; Wolfgang Steiner 47ml; David Towers 11ur; Travel Wild 30–31o; Travelwide 24–25o; Universal Images Group North America LLC / DeAgostini / DEA / A. Vergani 45ur / G. Carfagna 185mlu; Chris Willemsen 45or; Jan Wlodarczyk 29ml, 43ur, 125or, 172u; Tim Wright 99mro.

Aquafantasy Park: 39mru.

AWL Images: Katja Kreder 120–121o; Doug Pearson 178–179o; Ken Scicluna 25or.

Bridgeman Images: 52mru; © Look and Learn 52mr / Illustrated Papers Collection 48um; © Luisa Ricciarini 49um.

Sardinien
Barcelona
Genova, Civitavecchia
Bonifacio
Livorno
Genova, Piombino
Civitavecchia
Civitavecchia, Genova
La-Maddalena-Archipel
Isola Maddalena
Isola Caprera
Costa Smeralda
Santa Teresa Gallura
La Maddalena
Palau
Baia Sardinia
Porto Cervo
Cannigione
Arzachena
Cala di Volpe
San Pantaleo
Porto Rotondo
Golfo Aranci
Vignola Mare
Bassacutena
Costa Paradiso
Aglientu
Luogosanto
Isola Rossa
Trinità d'Agultu
Lago del Liscia
Sant'Antonio di Gallura
Luras
Calangianus
Olbia
Olbia Costa Smeralda
Isola Tavolara
Isola Molara
Porto S. Paolo
Loiri
C. Coda Cavallo
Parco Nazionale dell'Asinara
La Reale
Isola Asinara
Fornelli
C. del Falcone
Stintino
Golfo dell'Asinara
Valledoria
Castelsardo
Aggius
Tempio Pausania
Sedini
Porto Torres
Laerru
Berchidda
Monti
Palmadula
Sorso
Sennori
Martis
Lago di Conglainas
Padru
S. Teodoro
Argentiera
Sassari
Oschiri
Cuzzola
Budoni
Alghero
Ploaghe
Logudoro
Santissima Trinità di Saccargia
Alà dei Sardi
Posada
Fertilia
Chilivani
Torpè
Capo Caccia
Ittiri
Pattada
Ozieri
Bucdusò
Lodè
S. Lucia
Siniscola
Capo Comino
Villanova Monteleone
Mores
Tirso
Mamone
Monte Albo
Boruttta
Monteleone Rocca Doria
Bitti
Lula
Bonorva
Bultei
Nule
Orune
Bono
Burgos
Montresta
Padria
Galtellì
Orosei
Marina di Orosei
C. Marrargiu
Bolotana
Nuoro
Bosa
Sindia
Silanus
Bosa Marina
Dorgali
Oliena
Tiscali
Cala Gonone
Macomer
Orani
Tresnuraghes
Ottana
Sarule
Mamoiada
Cuglieri
Sedilo
Orgosolo
Golfo di Orosei
Santu Lussurgiu
Norbello
Lago Omodeo
Ollolai
Gavoi
Codula di Luna
Santa Caterina di Pittinuri
Abbasanta
Ghilarza
Teti
Fonni
Bonarcado
Autis
C. Mannu
Paulilatino
Neoneli
C. di M. Santu
Mar Tirreno (Tyrrhenisches Meer)
Mar di Sardegna (Sardisches Meer)
131
291
127
133
125
131d
597
389
199
129
292
A
B
C
D
E
F
G
1
2
3
4

DK Vis-à-Vis

Vis-à-Vis-Reiseführer

Nordamerika
Kanada
USA
Alaska
Chicago
Florida
Hawaii
Kalifornien
Las Vegas
Neuengland
New Orleans
New York
San Francisco
USA Nordwesten & Vancouver
USA Südwesten & Nationalparks
Washington, DC

Mittelamerika und Karibik
Costa Rica
Karibik
Kuba
Mexiko

Südamerika
Argentinien
Brasilien
Chile
Peru

Afrika
Ägypten
Marokko
Südafrika

Südeuropa
Italien
Apulien
Bologna & Emilia-Romagna
Florenz & Toskana
Gardasee
Ligurien
Mailand
Neapel
Rom
Sardinien
Sizilien
Südtirol
Umbrien
Venedig & Veneto

Spanien
Barcelona & Katalonien
Gran Canaria
Madrid
Mallorca
Nordspanien
Sevilla & Andalusien
Teneriffa

Portugal
Lissabon

Westeuropa
Irland
Dublin

Großbritannien
London
Schottland
Südengland

Niederlande
Amsterdam

Belgien & Luxemburg
Brüssel

Frankreich
Bretagne
Korsika
Loire-Tal
Paris
Provence & Côte d'Azur
Straßburg & Elsass
Südwestfrankreich

Nordeuropa
Dänemark
Kopenhagen

Schweden
Stockholm

Norwegen

Mitteleuropa
Deutschland
Berlin
Bodensee
Dresden
Hamburg
München & Südbayern

Österreich
Wien
Schweiz
Slowenien
Kroatien
Tschechien & Slowakei
Prag
Polen
Danzig & Ostpommern
Krakau
Baltikum
Budapest (Ungarn)

Osteuropa
Moskau
Sankt Petersburg

Südosteuropa
Griechenland Athen & Festland
Griechische Inseln
Kreta

Östliches Mittelmeer
Türkei
Istanbul
Zypern
Jerusalem (Israel)

Südasien
Indien
Delhi, Agra & Jaipur
Indiens Süden
Sri Lanka

Südostasien
Bali & Lombok
Kambodscha & Laos
Malaysia & Singapur
Myanmar
Thailand
Thailand – Strände & Inseln
Vietnam & Angkor

Ostasien
China
Beijing & Shanghai
Japan
Tokyo

Australasien
Australien
Neuseeland

#dkvisavis
www.dk-verlag.de
/dkverlag

www.dk-verlag.de

DK London (aktualisierte Neuauflage)

Autoren Lisa Voormeij, Fabrizio Ardito
Lektorat Georgina Dee, Matthew Grundy Haigh, Elspeth Beidas, Ankita Awasthi Tröger, Rachel Fox, Hilary Bird, Carol King

Gestaltung und Bildredaktion Maxine Pedliham, Bess Daly, Tania da Silva Gomes, Jordan Lambley, Stuti Tiwari Bhatia, Bharti Karakoti, Jason Little, Rohit Rojal, Tom Morse, Steve Crozier, Ellen Root, Susie Watters, Jen Veall, Sumita Khatwani, Rituraj Singh, Vagisha Pushp

Umschlag Jordan Lambley, Bess Daly, Maxine Pedliham

Herstellung Kariss Ainsworth

Kartografie James Macdonald, Asutosh Ranjan Bharati, Rajesh Chhibber, Paul Stafforda

Illustrationen Giorgia Boli, Paola Spampinato, Nadia Viganò

© 1998, 2022 Dorling Kindersley Ltd., London
A Penguin Random House Company

Zuerst erschienen 1998 in Großbritannien bei Dorling Kindersley Ltd., London

Für die deutsche Ausgabe © 1999, 2022
Dorling Kindersley Verlag GmbH, München
Ein Unternehmen der
Penguin Random House Group

Aktualisierte Neuauflage 2023 / 2024

Alle Rechte vorbehalten. Reproduktion, Speicherung in Datenverarbeitungsanlagen, Wiedergabe auf elektronischen, fotomechanischen oder ähnlichen Wegen, Funk und Vortrag – auch auszugsweise – nur mit schriftlicher Genehmigung des Copyright-Inhabers.

Verlagsleitung Monika Schlitzer, DK Verlag
Programmleitung Heike Faßbender, DK Verlag
Redaktionsleitung Stefanie Franz, DK Verlag
Herstellungskoordination Antonia Wiesmeier, DK Verlag

Übersetzung Barbara Rusch, München; Dr. Elfi Ledig, München
Redaktion Dr. Elfi Ledig, München; Petra Sparrer, Köln
Schlussredaktion Susanne Traub-Schweiger, Garmisch-Partenkirchen
Umschlaggestaltung Ute Berretz, München

Satz und Produktion DK Verlag, München
Druck RR Donnelley Asia Printing Solutions Ltd., China

ISBN 978-3-7342-0698-6

18 19 20 24 23 22

MIX
Papier | Fördert gute Waldnutzung
FSC® C018179
FSC www.fsc.org

Dieser Reiseführer wird regelmäßig aktualisiert. Angaben wie Telefonnummern, Öffnungszeiten, Adressen, Preise und Fahrpläne können sich jedoch ändern. Der Verlag kann für fehlerhafte oder veraltete Angaben nicht haftbar gemacht werden. Für Hinweise, Verbesserungsvorschläge und Korrekturen ist der Verlag dankbar. Bitte richten Sie Ihr Schreiben an:

Dorling Kindersley Verlag GmbH
Redaktion Reiseführer
Arnulfstraße 124 • 80636 München
reise@dk.com

Dreamstime.com: Alkan2011 186 – 187o; Steve Allen 147ol; Filippo Arena 30ul; Stefano Argenti 75; Blitzkoenig 174 – 175o; Eva Bocek 38 – 39o, 82 – 83o, 141ol; Damaisin1979 13mr; Dorinmarius 196 – 197u; Dirk Ercken 98 – 99u; Erix2005 8mlu, 28 – 29o, 53or; Petr Goskov 35ur; Janmarijs123 11o; Jorisvo 50mu; Kasto80 29ur; Kuvona 128um; Miroslav Liska 8mlo; Marcosborne 142 – 143; Milosk50 27o, 153mro, 199or; Poike2017 2 – 3; Antonio Scarpi 74mu; Toldiu74 60 – 61o; Unclejo978 46ml; Alessandro Vallainc 20mr, 97mu; Vinciber 109; Hilda Weges 145ur.

Getty Images: 500Px Unreleased Plus / Jean-Luc Bohin 100u; Alinari Archives Florence 52ol / George Tatge 49or; AlKane 73ul; Atlantide Phototravel 147or; Corbis Documentary / Atlantide Phototravel 152 – 153u, 166 – 167o; Corbis Historical / Vittoriano Rastelli 53mlu; De Agostini Picture Library / DEA 48o, 62ul / Archivio J. Lange 49mlu / G. Barone 86or, / M. Carrieri 49mlo, 71ol / G. Cozzi 65or / V. Giannella 73mlu / P. Jaccod 12mlu / L. Romano 78ol; / EyeEm / Dariusz Oczkowicz 8 – 9u; hemis.fr / Lionel Montico 96mo; Lonely Planet Images / Witold Skrypczak 6 – 7, 79u, 153om; Moment / Ellen van Bodegom 23or; Photodisc / Buena Vista Images 53um; Photolibrary / Andrea Pistolesi 19, 168 – 169; Witold Skrypczak 117ur; Stockbyte Unreleased / Michael Pasdzior 129u; ullstein bild Dtl. / Heinrich Hoffmann 52 – 53o; Universal Images Group / AGF / Giorgio Evangelista 160 – 161o / Marka 13o, 46mro / Prisma 51ul / REDA&CO / Fabiano Caddeo 101or, 119mro, 132, 185u, 186ur / Max Cavallari 45 mlu / Riccardo Lombardo 192u / Massimiliano Maddanu 41mru, 42 – 43o, 99ol / Mira Sardegna 123u / Giuseppe Sedda 36 – 37o, 37mu / Enrico Spanu 17, 32o, 34 – 35o, 44ol, 69or, 73mru, 74u, 80 – 81u, 89o, 92 – 93, 163mru / Mauro Spanu 124u; Westend61 72 – 73o; 91ur.

iStockphoto.com: ad_foto 105or; E+ / xenotar 84 – 85; garnet71 47ol; Natalia_Glynkina 34u; imantsu 20ul, 66mlo; mammuthone 46mru; Gabriele Sotgiu 189o; Travel Wild 10mo.

Jebel Sardinia: 32 – 33u.

Library of Congress, Washington D.C.: 51mru.

Parco Museo S'Abba Frisca: Alessandro Spanu 39mlo.

Rassegna dei Vini Novelli Milis: 47mlu.

Ristorante Mirage: 24 – 25mo.

Robert Harding Picture Library: Enrico Spanu 4.

Sherden Overtone Singing School: 33mru.

Shutterstock: Marco Alien 28ur; Paolo Certo 44u, 46mr; Ekaterina Pokrovsky 46mlu.

Umschlag

Vorderseite und Buchrücken: **Dreamstime.com:** Alkan2011.
Rückseite: **Alamy Stock Photo:** agefotostock / Guido Cozzi, Michael Brooks ml; **Robert Harding Picture Library:** Enrico Spanu.

Alle anderen Bilder © Dorling Kindersley
Weitere Informationen:
www.dkimages.com

Zuerst erschienen 1998 in Italien unter dem Titel: *Guida Mondadori: Sardegna.*
© Fabio Ratti Editoria, Milan 1998.
© Dorling Kindersley Ltd., London 1998.